书香中国

全民阅读
经典案例评析

黄晓新 主编

刘建华 屈明颖 副主编

人民出版社

目　录

前　言

　　阅读是获取知识、增长智慧、修养身心的重要方式，是传播传承文明、提高国民素质的重要途径，深入推进全民阅读，对推进中国式现代化建设、促进社会进步具有重要意义。

　　党中央、国务院高度重视全民阅读，党的十八大和二十大报告中都明确号召全民阅读，国务院《政府工作报告》连续 10 多年提出全民阅读。习近平总书记身体力行，在多个场合要求推进全民阅读，建设书香社会。近年来，我国全民阅读战略日渐清晰，法规更加健全，机构日益完善，组织方兴未艾，保障渐成体系，活动蓬勃开展，读物琳琅满目，体验丰富多彩。全民阅读理念深入人心，大众广泛参与，成效逐渐凸显，全社会正在形成爱读书、读好书、善读书的良好氛围，国民阅读兴趣不断提升、国民阅读习惯逐步养成、国民阅读能力得到提高，国民思想道德素养和科学文化素质持续增强，为实现"两个一百年"奋斗目标和中华民族伟大复兴的中国梦提供强大精神动力和智力支持。

　　当全民阅读逐步成为国家战略之时，它比任何时候都呼唤和需要理论的指导和思想的牵引，而蓬勃兴起的全民阅读实践为阅读的理论总结和升华提供了丰富的资源和养分，全民阅读理论在科学规范的调查分析和严谨深入的学术研究基础上取得进展。2019 年 5 月，时任我院党委书记、副院长黄晓新等学者撰写的《阅读社会学——基于全民阅读的研究》由人民出版社出版，这一论著是我国阅读社会学首部成体系的学术理论著作，被学界和业界誉为我国全民阅读领域绽放的一枝理论之花，是阅读社会学领域的"开山之作"。

理论来自实践，又要回到实践接受检验。为了让阅读社会学原理更加通俗易懂，让这一理论更加生动鲜活地指导检验全民阅读实践，创新全民阅读推广，我们编写和汇集一系列案例，拟系统地反映10多年来具有典型意义的全民阅读推广服务创新实践活动和示范项目，分享理论结合实践的创新经验，期待通过这些案例反映出阅读推广活动策划和项目管理中对应的重要理论元素，可以更加透彻地理解理论知识，并应用于解决实际问题，进而为系统地进行全民阅读创新研究提供素材，在社会实践应用领域不断丰富完善深化理论。

本书第一章和其他各章的第一节由黄晓新撰写，第二章由邸昂编写，第三章由刘建华编写，第四章由田菲编写，第五、七章由屈明颖编写，第六章由吴风鸣编写，第八章由秦娟编写，第九章由宋思佳编写，第十章由韩婧编写，刘建华、屈明颖对书稿进行初审，最后由黄晓新修改统稿。

本书的出版，我们要特别感谢人民出版社编辑宰艳红同志的策划组稿和精心编辑，感谢中国新闻文化促进会秘书长吴焕先生的热情鼓励和帮助，感谢阅途文化集团有限公司总经理明相利先生的大力支持，感谢提供图片的所有作者。

由于全民阅读的实践还不够长，其理论尚处于初始阶段，加之自身水平有限，本书一定有不少错漏和待完善的地方，敬请读者批评指正。

中国新闻出版研究院本书编写组

二〇二五年五月十九日

第一章

全民阅读大有学问

阅读是人类社会独有的活动，是人类文明的标志和象征，是人们除直接参与社会实践外，认识自然和社会、获取知识信息的基本途径和手段，是人类一切文化、科学、教育和精神、社会信息交流交往活动的前提和基础。

阅读是人对文字、符号、图像的感知过程，是"作者— 文本（包括文档，下同）—读者"三者构成的社会交流交往活动，其带有广泛社会性。应该说，以语言文字为基础、以知识信息为内容的文本的生产和传播，无论以何种形式呈现，都是供人们阅读才出现和存在的，也只有被读者阅读才能真正实现其社会价值。因此，阅读行为对人类文明的传播和传承、对社会思潮的影响、对主流意识形态的传播、对整个社会核心价值观的塑造极为重要。

全民阅读（Reading for All）作为一项具有国际性倡议的社会活动，最早由联合国教科文组织于 1997 年提出，其字面意思为"让全体国民参与、实现阅读"，主要目的是通过推广普及阅读，促进人的全面发展和社会的全面进步，得到全球各国的普遍响应和践行。

党和国家高度重视全民阅读，早在 2006 年，中宣部等十一个部门联合倡议开展全民阅读活动。2011 年，党的十七届六中全会决议首次提出要"深入开展全民阅读"，2012 年，党的十八大报告明确提出要"开展全民阅读活动"，2017年，党的十九大报告提出建设"社会主义文化强国""完善公共文化服务体系""推动建设学习大国"。2014—2025年连续11年，国务院《政府工作报告》都倡导和推进全民阅读。2016—2017年，全国人大常委会分别通过《中华人民共和国公共文化服务保障法》（以下简写为《公共文化服务保障法》）《中华人民共和国公共图书馆法》（以下简写为《公共图书馆法》）保障全民阅读。

习近平总书记身体力行，多次号召"全民阅读"。2013年3月19日，他在接受金砖国家媒体联合采访时说："我爱好挺多，最大的爱好是读书。"2019年8月21日，他在甘肃读者集团考察时对大家说，人民群众多读书，我们的民族精神就会厚重起来、深邃起来。要提倡多读书，建设书香社会。2019年9月8日，他在给国家图书馆老专家的回信中希望国图"创新服务方式，推动全民阅读，更好满足人民精神文化需求，为建设社会主义文化强国再立新功"。2022年4月，习近平总书记在致首届全民阅读大会的贺信中强调，要"全社会都参与到阅读中来，形成爱读书、读好书、善读书的浓厚氛围"。

这些年来，全民阅读得到全社会热烈响应，战略更加清晰，立法逐步推进，服务体系逐渐完善，重点群体得到关照，内容丰富多彩，组织层出不穷，推广活动如雨后春笋、方兴未艾，已具有相当的实践基础。

目前，有关阅读心理学、阅读教育学、阅读教学与研究、阅读方法等议题的论著和论文比比皆是，主要是对文本的研究和阅读活动的微观认识，突出地表现在更多地运用了心理学、教育学、语言文学等的研究成果来剖析阅读心理过程和心理特质，比如对读者阅读兴趣、需要、动机和效果的了解，阅读方式方法和技能的掌握，数字阅读的影响，阅读推广的方式方法等方面的研究。这些研究固然对认识阅读规律有益，但它们只能描述阅读活动的个别、精微、具象的方面或是局限于某个行业的认识，把阅读行为（活动）上升到社会学理论高度来进行系统研究的论著和论文却寥寥无几。

阅读是个体社会化的主要途径，更是群体部落化、组织化的利器。当代社会，阅读已经成为国民的基本生活方式，全民阅读逐步发展成为国际行动和国家战略。特别是移动网络数字技术的社会普及、深入，极大地彰显、促进了阅读活动的社交化和社会化，对传统的纸质阅读模式造成了巨大的冲击，改变着人们的思维模式和生产、生活方式。因此，把全民阅读放到更广阔的社会背景下来考察和研究，即从社会学的视角将丰富的全民阅读实践理论化，开展阅读社会学研究，具有重要的现实作用和意义。

因此，全民阅读大有学问。笔者依据社会学理论，结合中外全民阅读实践，提出如下阅读社会学的理论思考，以求教于方家。

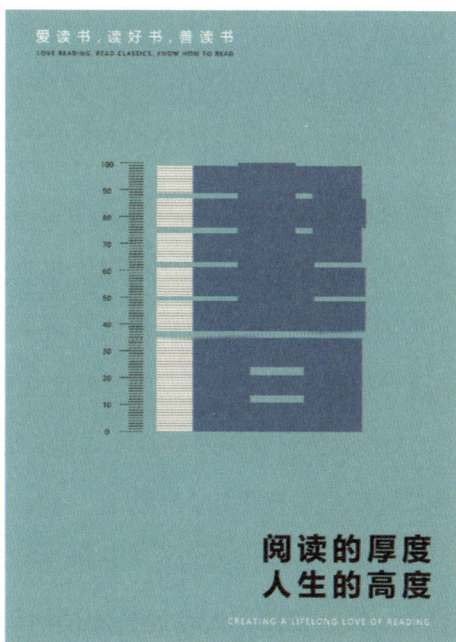

阅读的厚度　人生的高度（储源作，源自第三届
全民阅读大会"书香满中国"公益广告展）

一、阅读的社会性是全民阅读理论前提

人是有思想意识的高级动物，也是群体性、社会性和组织性强的动物。语言文字是人类最伟大的发明创造，是人类为便于表达思想、情感，便于群体社会组织和代际沟通、交流而发明创制的一套表意的符号和代码，是只有人类才具有的社交生活表达工具。

阅读必须以社会约定俗成的语言文字为基础。同时，阅读行为所需的文献、传媒等阅读要素也是人类社会发展到一定阶段社会交往、交流、沟通、传播、传承的必然产物。文本等客体也只有通过阅读这一人类活动（行为）才能被"激活"和"点亮"，发挥它应有的社会效用。因此，阅读活动的主体——"读者"和阅读的客体——"文本"都是人类社会化的结果。

阅读行为作为个体社会化的主要途径，以生理心理活动为基础，是读者对知识信息的选择过程，是读者对文字信息的理解阐释过程，是读者认识的重构过程，也是信息知识的社会交流过程；是文本的消费过程，也是文本传播社会功能的实现过程。

阅读行为作为一种社会互动，其真正奥秘在于读者与读物、主体与客体相互作用的过程中，整个社会的阅读是人类社会文明信息的交流、传播（承）过程。阅读是社会历史文化积累与传递的非常通道，人类社会的文明借由社会化的文字符号和载体得以保存，通过阅读活动得以传播和传承，通过阅读创新不断扩大文化的体量和深度，通过阅读不断积累，代代相传。

阅读行为对社会具有作用与反作用，一方面，政治、经济、文化、教育、科技、宗教等诸多环境、条件都制约着个体的阅读活动，阅读需求的满足和供给依赖于社会；另一方面，人类通过阅读活动认识社会和自然，改造世界，阅读的效果影响改造社会，如一本《共产党宣言》的阅读和流

传曾经给世界带来广泛而深刻的影响和变革。读者作为社会化的产物，其所处的社会环境、心理认知与个体的阅读行为之间存在强大的作用力与反作用力。

阅读还是社会身份、地位的标志，能否阅读语言文字符号以及阅读的深度和广度是衡量、识别一个人社会地位的重要标准。在人类开始阅读行为的早期，阅读甚至是一种特权、一种社会地位的象征，是只有少数精英分子才能掌握的行为。现代社会，能读善书作为受教育的标志，把人分为不同的人群和阶层，并使其在社会地位、自身修养、家庭收入、职业类别等方面判然有别。

阅读也是现代国民的社会权利和责任。人类要在自然和社会中获得自由和幸福，要具备必要的生存和竞争本领。而阅读作为人类获取信息知识的重要途径，是培养社会个体生存和竞争力的必要手段，不仅关乎个体自身的命运，也关乎个体赖以生存的整个社会和人类的命运。列宁曾说："文盲是站在政治之外的，必须先教他们识字。"阅读是为了满足人的心理、精神、社会、生活需要而享有的一种基本人权，是现代国民受教育权、文化权、信息权、政治权等的集中体现。因此，阅读应该是国民的社会权利和责任。

阅读是社会自组织的主要手段。人类优于其他动物最主要的一点就是具有发现、认识、组织、管理信息知识的能力。小的社群靠口语就可组织，庞大的社会管理需要通过读写和辅助记忆的方式（文档、档案、图书等）来加强精细化的管理组织。阅读是阅读群体内部和阅读群体之间协商整合的手段。阅读某一读物（某一本图书、某一报纸或期刊甚至网络平台）可以作为一种纽带，用以维系社群价值观（如彼此依存、舆情、共情、共同爱好、话题等）。正是依赖这种社会整合功能，阅读得以创建各种社群、维持社群，可以把不同的社群联系起来。有良好、古老阅读传统的社会都是自组织良好的社会，有向心力和凝聚力的社会，也是富于创造力的社会，对人类做出重要贡献的社会。

阅读是提高人口质量的重要方式，阅读交流互动会产生提升文明的社会效果。一个人一生的阅读史，构成他（她）与社会的交流史、思想的成长史、精神人格的发育史，更是他（她）的认知进化史，对个人一生的思想行为产生深刻影响；一个国家和社会一个时期的阅读倾向和潮流，构成了这个国家和社会的文化发展史、思想交流史、认知创造史、文明传承史。正是一个个翻腾、跳跃的阅读小溪，构成了社会阅读交流的汪洋大海。因此，阅读活动进行的深度和广度是测量一个社会文明程度的重要标尺。

信息时代，网络数字技术的普及使阅读的社会性凸显。正如媒介先知麦克卢汉（Marshall Mcluhan 1911—1980）所预言，媒介的进化使人类社会呈现出"部落化—非部落化—重归部落化"的演进脉络。与此呼应的是，社会化阅读在不同的媒介时期也具备了表现形式的迁移。人类在以听与诵为主的口传时期，阅读过程由于他者的参与呈现出一种公共性的行为。在文本阅读时代，印刷产品的丰裕使阅读的公共化（聚众朗读）向私人化（个人默读）转移，人们在与书本的独处中进行自我想象与认知思考，阅读的社会性特征被淡化。在数字超文本时代所制造的海量信息促使人们产生认知盈余，基于私人阅读的经验，在摆脱时间、空间的束缚下，通过认知的交换而产生外化的公共交往，阅读的社会性被再度凸显和建构。

总之，阅读本身是人类的社会性活动，是人类精神发育成长的大事，是任何个体生命和不同群落社会化组织化的必经过程，全民阅读既是文化理想，也是一项国际性的现实社会活动。因此，我们完全可以运用社会学的理论、方法，坚持"以人民为中心"的发展思想来考察和研究全民阅读。

二、阅读的社会化是全民阅读的基础条件

阅读行为的社会化主要是指阅读人口的广泛增多和读物生产传播的社会普及。阅读社会化之前，人类经历了漫长的口耳传播时代。口耳传播的时代、书籍印刷的时代和已经到来的数字文本的时代，既是文化史的不同历史阶段，也具有某种同时代性，口耳传播的阶段与文字书写或者书籍印刷阶段应有一个长期并存的历史。目前，口耳相传的形式在一个人的学龄前阶段，仍然是早期教育和早期学习的主要形式。

据考古发现，我国最早的汉字，出现在仰韶文化的晚期，在距今 4000 年左右的新石器时代后期成形。据此可知，我国最早的阅读活动距今至少也有 4000 年的历史。

我国社会自古有"耕读传家"的传统，并把读书当作"第一等好事"。我国东汉发明造纸术，雕版印刷在隋唐之际出现，书写方式与技能几乎伴随着华夏文明。在传统社会，乡村里也不乏能读会写的秀才儒生，但阅读却远不是一种普及的大众行为，只是少数经师、权贵、士大夫的特权，图书等阅读物也是掌握在极少数社会上层手上，历朝历代的官私藏书楼非一般人能进入和使用，还远不能形成"阅读的社会"。

1840 年鸦片战争后，直至清末民初，国门逐步打开。随着洋务运动的开展，现代公立私立大学和中小学的开办，阅读人口逐步增加并大众化，现代出版印刷事业兴起，图书报刊流行并逐步普及，公共图书馆运动开启，平民可免费进入，我国的阅读社会缓步走来。

19 世纪 60 年代兴起的洋务派，设立译书馆和官书局，大量翻译西方技术、法律方面的书籍，自然科学和应用科学的译作占此时译作总数的 70% 以上，使我国以经、史、子、集为主的传统的图书知识结构发生了较大变

化，逐步向"文、理、法、商、医、农、工"七大学科门类的现代学术知识体系转型，读者阅读的视野扩大了。特别是 19 世纪末 20 世纪初中国现代出版印刷业逐步形成，如严复翻译的《天演论》《原富》等有关西方资本主义政治、经济、社会学等著述，林纾翻译的《巴黎茶花女遗事》《黑奴吁天录》等反映西方社会生活的文学作品的出版，1897 年在上海成立的商务印书馆、1912 年在上海成立的中华书局等现代民营出版机构出版了大量哲学、宗教、社会科学、自然科学、文学艺术等方面的图书，大大丰富了读者的阅读内容。1891 年我国最早的现代大学圣约翰大学在上海诞生，1903 年美国传教士韦棣华（Mary Elizabeth Wood 1861—1931）在武昌开办我国最早面向公众的阅读设施——文华公书林。随着政治革新和文化启蒙的开展，阅读方式的转型与变革，阅读人口的增加，视野的开阔，现代意识的觉醒等，一起助推导致清王朝覆灭的辛亥革命和提倡"民主与科学"的五四运动。当然，彼时阅读的社会化程度还较低，如民国时期，据调查估计，全国共有文盲 3.3 亿人，占总人口的 75.33%。

中华人民共和国成立后，国家着力普及基础教育，发展高等教育，还开展广泛的全社会工农速成教育和文化扫盲运动，简化汉字，创制汉语拼音，推广普通话，改竖排本为横排本，使全社会的阅读人口大大增加，同时出版了大批社科、文艺、教育、科技读物，满足人民群众的阅读需要。1978 年改革开放以来，随着社会经济文化的高速发展，人民生活逐步改善、富裕，教育科技、公共文化、新闻出版事业产业逐步繁荣发展，为充分发挥传播知识信息、传承文明的重要作用，适应不同时期的阅读潮流，不断推出各种形式、介质的各类各层次的读物，极大地丰富了出版物市场，农家书屋、社区书屋、全民阅读、东风工程、实体书店建设、数字图书馆、手机阅读平台等一系列社会阅读保障措施取得了巨大的成效，满足了人民群众的精神文化需要，极大地促进了我国阅读的社会化。

目前，就我国社会阅读力和阅读率来说，据 2020 年最新人口统计数据，我国目前具有大学（大专及以上）文化程度的人口为 21836 万人。每 10 万人中具有大学文化程度的为 15467 人，15 岁及以上人口的平均受教育年限为 9.91 年，文盲率降为 2.67%。2021 年发布的我国成人国民覆盖书、报、刊及数字各媒介综合阅读率达 81.6%。

今天，纸质书、电子书、各种阅读类手机应用、有声书、短视频等多种阅读方式更便于读者选择，借助于移动互联网的微信公众号、直播、图书漂流、荐书等阅读传播形式更加多元。特别是自媒体荐书自带"粉丝"和"流量"，使阅读品种更细分。丰富的图书品种满足读者不同的阅读需求，又借助多元载体使得知识和信息能进一步下潜，覆盖到最广泛的群体，使阅读的人群更庞大，阅读产业链不断延伸。目前的阅读产业已不是"作家写书、出版社发行、读者阅读"简单的线性流程，而是同一部作品往往会有计划地推出文字、漫画、有声书等不同载体的版本，有的还被延伸至拍成电影、电视，制作成动漫、手机游戏等，满足读者在不同场景的阅读需求。

可以说，我国目前比历史上任何时期都更能称之为"阅读社会"，阅读社会化水平处于前所未有的高度。这是我们开展全民阅读的基础，也是从社会学角度研究全民阅读的基础条件。我们应该扎根中国社会耕读传家的深厚土壤和现实的阅读社会国情，加强全民阅读的社会学研究，进一步提高国民整体阅读力，满足社会多样化的阅读需求，保障社会阅读条件，促进社会阅读趋势，提升国民阅读品质等。

三、阅读的技术进步重置全民阅读社会结构

社会阅读的结构是一个复杂的系统，由作者、阅读文字、阅读内容、

阅读介质、读者、阅读方式、阅读方法、阅读设施、阅读服务、阅读时间和空间、阅读的氛围等这些阅读的社会基本元素和它们的组成、架构方式、关系所确定。

数字时代已然来临，深刻改变着人们的生产和生活方式，也深刻冲击着人们接受教育和学习文化的方式，特别是阅读行为。网络最大限度地释放人类创造阅读内容的能力，最大限度地减少人类获取阅读内容的成本，使阅读内容丰富化，阅读主体扩大化，阅读场景泛在化，实现以读者为中心自主选择阅读的时间、空间和内容，增强读者社会互动、自我愉悦的能力。

欧美阅读研究者提出了"三次阅读革命"的假说：第一次所谓"阅读革命"发生在近代早期，以1450年前后谷腾堡的活字印刷术发明为标志，书籍由手抄到活字机印，圣经等宗教阅读物的普及，使阅读方式由传统教士和作者的聚众朗读转向读者个体的默读；第二次"阅读革命"是在18世纪下半叶，由工业革命开启，识字人口增多，阅读公众扩大，宗教文本以外的小说、科技等大众读物增加，使阅读方式由精读转向泛读；第三次"阅读革命"就发生在现当代，文本实现了数字生成和网络传播，极大地改变了阅读模式和习惯，真正模糊了书写和阅读的界限。读者可以直接参与写作，不仅随心所欲操控文本写作过程，还随心所欲改写原始文本。阅读和文本的生产、传播同时进行，书写、出版、发行和阅读过程也随之合而为一，使阅读社交化。

数字技术、移动互联网、宽带、5G、大数据、物联网、云计算、VR、AR、元宇宙、人工智能等媒体新技术层出不穷，对传统新闻出版、广播电视业及人们的阅读适应能力都提出了巨大的挑战，读者的阅读期待、阅读模式、书写方式、文本观念、阅读习惯、阅读行为、阅读场景、阅读时空、阅读功效等及其社会关系都被赋予了新的内涵。阅读成为日益普遍的社会现象，而且使阅读的社会交往功能和社会组织功能发挥得越来越强大。同时，也对阅读活动提出了严峻挑战，这种挑战突出地表现在阅读信息资料的无限增长趋势与社会个体阅读接受信息能力的有限性之间的矛盾，即"信息过载"引发"信息焦虑"和"信息溺水"。全社会在充分感受数字阅读的好处的同时，带来认知思维的崇尚理性又缺少理性、既崇拜权威又消解权威，阅读演化为消费文化的符号，甚至"娱乐至死"，人们通过屏读、频读、听读等，使所谓"泛阅读""浅阅读"成为文化精神生产和消费的主要形式。

这些所谓的"阅读问题"，其实质是由于网络数字技术对传统阅读社会结构的冲击，造成传统的以纸质读物生产为中心的阅读结构的失衡、失序。传统的阅读产业、阅读组织、阅读保障、阅读控制等的主体结构逐步崩解和坍塌，导致整个结构体系的内外生态出现重构重组和再造。

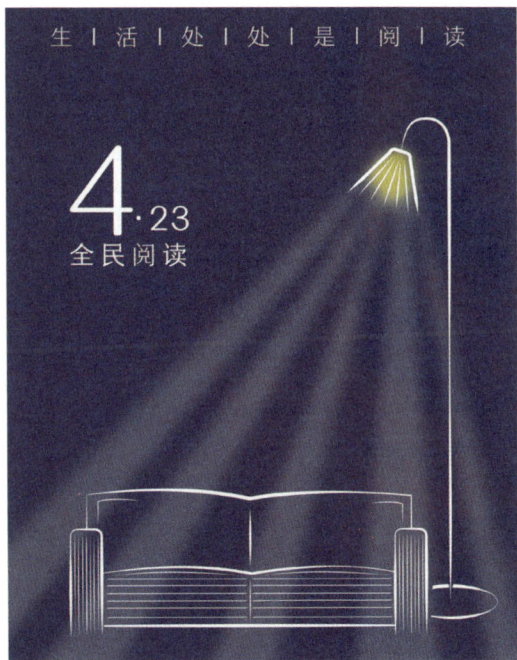

生活处处是阅读（李思希作，源自第三届全民阅读
大会"书香满中国"公益广告展）

可以说，由于阅读的技术进步颠覆传统的以"出版生产"要素为中心的阅读社会结构，使之转型并重组升级，阅读的社会结构正在重置，以"读者和阅读"要素为中心的新的阅读社会结构正在形成，带动各种阅读要素及其关系的变化，"读者和阅读"逐步成为这一阅读社会结构的主体，他们有了多方面选择甚至是"王者"地位，这也是"读者"和"阅读"历史上从来没有像今天这样作为问题被全社会重视并被讨论研究的主要原因。从根本上来说，这是社会阅读的进步。

我们要紧紧抓住阅读社会大变革这一历史机遇，充分认识并顺应社会阅读结构的变革和转型升级，因势利导、与时俱进，促进阅读社会要素在新的社会结构中合理流动和重新就位，整合相关资源，重构社会阅读体系，推动、促进、深化网络化数字化智能化时代的全民阅读活动。

四、阅读的社会组织传导全民阅读动力

阅读行为本身具有社会自组织的整合功能。通过阅读，人们可获取语言文字、民族、文化、职业、阶层、信仰、信念、兴趣爱好等身份和价值认同，而自发自愿组织起来。同时，社会要通过、依靠组织来传导阅读的动力，培养和丰富、促进、完善阅读活动的效能。

阅读是人类获取组织力的基本行为。阅读也需要有组织。阅读和写作能力是人类优于其他动物的独有行为。这种能力实际上是一种组织和检索信息知识的能力。阅读能力不仅使人类进行自组织，而且可以增强社会的精细化组织强度。有人说，中国共产党是迄今世界上最庞大的社会组织，为什么能战无不胜、所向披靡？首要的原因就是中国共产党有强大的学习阅读能力，掌握了人类社会的发展规律，共产党员通过不断地阅读学习获得共同一致的信仰、信念和信心，形成了强大的、坚不可摧的、共同奋斗

的凝聚力和向心力。

读者反应理论研究专家费什认为，读者群体本质上就是"阐释团体"或者"阅读共同体""价值共同体"。在一个"阅读共同体"或"阐释团体"中，读者有着相似的文本阐释方式和阅读风格、阅读趣味、价值取向，而不同的读者群又具体体现为不同的阅读兴趣和阅读倾向。自发形成的读者群是形成阅读组织的基础。

人类为了达到社会阅读的目的，提高阅读的功效，构建了各种不同功能的阅读组织。阅读是学习各类文化知识的基础和前提，各类教育组织首先培养阅读能力和习惯；社会通过出版、印刷、发行、经营销售、利用等组织，生产、供给、满足各类各层次读者所需要的读物；学校、图书馆、出版社、书店和各类阅读行业组织等倡导以阅读为乐、阅读为荣的理念，团结和组织人们开展丰富多彩的阅读活动，在全社会形成多读书、读好书的良好舆论氛围和社会风尚；各类自发组成的读书会、网络社群等通过群体中的相互学习，互相帮助，交流思想，分享阅读体会，提高阅读技巧，培养思辨能力，体验团结共阅（悦）的感受。

21世纪以来，经济飞速发展，移动互联网普及，阅读方式变革，全球已有的阅读组织都面临着转型升级、重整和重构，以形成新的阅读组织生态链。网络阅读社交社群正在成为一种新型的阅读组织，重构了人类的社会结构。阅读组织发展呈现主体多元化、规模扩大化、布局普及化泛在化、互动网络化、结构融合化全媒体化、服务智能化精准化、推广专业化、活动全球化等特点和趋势。

要强调的是，在前述以读者为中心的当代新的阅读社会结构中，从"以人为本""阅读为王"的角度，用人的社会行为——阅读产（行）业来概括移动网络数字时代的线上和线下的所有为阅读服务的生产和服务行业是适当的，即在传统媒体与新兴媒体融合发展的大背景下，在新媒体技术对传统媒体生存发展的冲击下，从消费者（读者）视角出发来研究知识生产、文化传播和大众阅读，可以避免在传统语境下对新旧媒体谁主谁次、纸质内容与数字内容谁优谁劣、传统受众与新媒体用户谁盛谁衰的无谓纷争，冲破技术、人才、管理、机构、政策、资金、国家、历史等方面的羁绊，用人的视觉感官"阅读"统摄整个内容生产者、管理者、传播者与消费者。阅读产（行）业作为当代一种共建共享的产业形态，它从"人的阅读行为"的角度，极大地开阔了传统新闻出版产业的认识视野。延伸出版产品使用的产业链，可以突破传统的行业界限和观念束缚，整合集聚各种资源和要素共同发力来推进全民阅读。而全民阅读更需要阅读产（行）业的融合推进，全民阅读也为当代阅读产（行）业的形成和发展提供了互动的助推力。

我们要特别关注阅读社会变革、变迁中的重大问题，通过"以人为本""阅读为王"的组织张力来传导全民阅读的动力，也要通过数字网络时代阅读组织的聚合融合来统筹推进全民阅读，特别要研究新的阅读产（行）业组织的特点、结构、产业链、产品、服务、盈利模式、发展趋势及其相关产（行）业，最大限度地发挥其在全民阅读和社会整合中的功效和作用，加强学习型政党和学习大国的建设。

五、阅读的社会保障满足全民阅读需要

阅读的社会保障是指以政府为主导，运用社会的有效手段（教育，提供阅读条件包括阅读物、阅读设施，开展阅读活动等），保障国民基本的阅读权利，帮助国民取得阅读能力，培养国民阅读习惯，满足他们对阅读的基本需要。概言之就是指国家和社会确保阅读成为人们生活的一部分，不断促进人的全面发展和社会全面进步的一种制度安排以及一整套社会工作

系统，其实质是满足阅读需要的过程和手段。

阅读是以吸取知识、信息、情感、社会价值为目的的生活方式，是人之所以为人、区别于其他动物生活的根本特征之一。现代信息社会，作为一个以语言文字和文本文档为媒介的"符号社会"，阅读是人的信息知识情感的心理、精神需要，也是一种社会需要，更是人们基本的生活需要，像衣食住行一样，成为人赖以生存不可或缺的手段，成为现代人日常的基本生活方式。

正是基于阅读已经成为现代社会国民基本的生活方式，德国、日本、以色列、美国、英国、法国、韩国、俄罗斯、印度、墨西哥、埃及、智利等世界主要国家都用法律、政策来保障和促进社会阅读。我国除《宪法》规定外，全国人大通过《公共文化服务保障法》《公共图书馆法》对国民阅读实行社会保障，江苏、湖北、辽宁、四川和深圳等地也已制定地方性的全民阅读法规。

应该看到，对阅读实行社会保障，是现代社会发展的必然结果，它经历了复杂的历史过程。古代社会不可能对阅读实行社会保障，除了政治、经济、文化方面的原因外，还有生产力发展水平的局限。社会出版印刷能力是生产力发展水平的一个重要方面。古代图书的生产，起初载体取之天然，如龟甲、兽骨、竹片等，且都靠手工刻写其上，制造艰辛，得之不易；以后有了绵帛、纸张，靠手抄或雕版印刷；即使后来发明了活字印刷，但由于工艺水平的落后，图书生产规模也非常之小，因而远远满足不了当时阅读者的需要。当时，阅读物的保障能力也是十分低下的，不可能达到社会化。

阅读保障作为一项社会事业，发端于资本主义社会。欧洲近代工业的发展、生产力水平的提高，需要大批熟练的有文化、懂技术的劳动者。资产阶级为了自身的利益，认识到向工人和一般民众普及文化科学知识的重要性，开始赋予民众有限的阅读权利，开办各种国民教育，普及阅读，同时开办了各种类型的公立、私立图书馆，免费向社会公众开放。这种图书馆成为对阅读实行社会保障的最显著标志。

社会主义公有制和社会化生产，人民掌握国家权力，给阅读的社会保障开辟了更加宽广的道路和美好前景。列宁曾说："不做到人人识字，没有足够的理解能力，没有充分教会居民利用书报，没有这一切物质基础，没有相当的保障，如防荒、防饥等的保障，——没有以上这些条件，我们就达不到自己的目的。"我国的社会主义现代化建设必须满足人民美好生活的需要。因此，阅读的社会保障是社会主义生产的目的，是精神文明建设的基础，是建设学习型政党和学习大国的题中应有之义，是文化生产力和综合国力的主要构成要素，是人民文化权益保障的基本内容，是城乡公共文化服务的重要组成部分。因此，阅读的普及与提高是一项社会事业，对阅读实行社会保障是我国一项基本文化政策和根本性的战略措施。

要看到阅读需要的产生和满足，是阅读产业和事业发展的前提。其一，没有社会的阅读需要，就不可能有著者、编辑机构和出版机构（包括网络出版）、文本制作传播、宣传渠道、利用机构（图书馆等）和读者构成的复杂交流产业链。其二，阅读需要的产生和满足，是整个阅读产业和事业发展的原动力，社会阅读需要推（拉）动整个阅读产业和事业发展。其三，社会阅读需要的现状规定着整个阅读产业和事业发展的现状。要通过教育不断提高社会阅读力和阅读需求，推动阅读产业和事业的发展。其四，社会阅读需求也受社会物质生产发展水平的制约。一方面，社会物质生产水平决定着满足各类阅读需要的阅读物的程度（从甲骨文、印刷品到数字产品）；另一方面，社会物质生产的发展，经济的繁荣，人民生活水平的提高，又能使人们产生更多更高的阅读需要。按照需求层次说，人们的物质、生存需要满足后，发展需要、享受需要和自我实现的需要自然而然地提到生活日程上来。社会物质水平的提高，也给人们提供了满足阅读这种需要的条件，如购买阅读物能力的增长，闲暇阅读时间的增多等。

国民阅读社会保障应包括阅读的权利保障、阅读的能力保障、阅读的时间保障、阅读的空间保障、阅读物或阅读内容的保障、阅读的组织（氛围）保障、特殊困难群体的阅读保障等多项基本内容。应该说，我国对阅读的社会保障取得了显著成效，但总体程度还不够高，水平还比较低，还需要不断提高和完善。我国政府和社会应依据《宪法》规定，进一步贯彻落实《公共文化服务保障法》《公共图书馆法》。

我们要充分发挥社会公共管理职能，调动全社会的力量，通过立法为据、政府为主、婴幼起步、教育为基、内容为王、组织促进、政策扶持、硬件配套、特殊救济、舆论支持等手段和措施，进一步落实"满足人民过上美好生活的新期待，必须提供丰富的精神食粮""完善公共文化服务体系，深入实施文化惠民工程""推动建设学习大国""保障人民群众基本阅读权益"等要求，创建稳定、持久、不断发展的全民阅读条件，建设社会主义文化强国。

六、阅读的社会控制规范全民阅读社会秩序

阅读的社会控制是指社会力量（包括政府、社会组织等）通过一定的（直接和间接的）方式和手段作用于人的社会阅读活动系统，使人的阅读活动系统自身规范化，以适应当时的社会要求，使之为社会服务，从而维护整个社会活动秩序的过程。人的阅读活动系统指为了保障和维持阅读活动顺利进行的一整套工作系统，包括赋予社会主体阅读能力的教育系统，阅读客体（读物）的创作、生产、传播（发行）、消费、利用系统，保障读者

阅读活动顺利进行的时间、空间、设施等的服务系统等，这是一个开放的、可控的社会系统。

阅读的社会控制是根据一定的社会意志和原则赋予阅读主体以阅读权能，保障阅读资源、条件的供给，对海量的阅读文本的数量和质量等进行选择、优化、浓缩、规制并协调其内部主体、客体和服务保障等要素有效运转的过程。好比一个房屋，需要通过四梁八柱把整个房屋"架构""支撑""控制"起来，以使房屋能经得起外界的风吹雨打、冰雪雷电、冷热寒凉而屹立不倒。四梁八柱是（内）控制，防御风吹雨打也是一种（外）控制。通过这种内外控制，可以使它达成时间和空间的功用，适应自然环境与社会环境。其方法途径有法规、行政的约束，更多的则采取疏导指引，即阅读推广、阅读促进和阅读指导，以传播经典阅读，传承人类文明。

阅读是人类社会中一种特有的、必不可少的精神交流活动，它可以吸取社会思想意识和社会规范，获取组织力，达到社会控制的目的，即阅读文本和行为本身主导读者的思想和行为，形成阅读的社会控制。人类的社会秩序需要阅读行为为之维护、为之服务，因此阅读是社会控制的主要手段之一，这是一方面。另一方面，阅读活动本身也需要一定的社会秩序，以维持人们公认的社会阅读活动秩序（包括教育秩序、编辑出版秩序、印制秩序、传播发行秩序、著作权秩序、阅读利用秩序、阅读推广秩序等），保障阅读活动的正常运转。遵守一定的社会规范秩序是阅读的社会控制的本质和核心。

所谓社会规范，既是一定社会人们的共同行为准则（包括社会制度、法律规定和行政命令，也包括社会信仰、道德、宗教、习俗和社会价值、社会舆论、社会风尚等），又是阅读活动系统内部的专业规则和制度，如书报刊出版发行机构、网络电信运营机构、图书馆、学校等内部的工作规范

（出版选题、编辑加工、发行传播、编目推荐、阅读推广、阅读指导、图书评论、推送算法等）。这些规范是阅读的社会控制的工具、手段和途径，通过这些规范，作用于阅读活动各个环节和全过程。

首先，现代社会，海量信息的无限和个体阅读选择接收信息的有限之间的矛盾，需要一定的社会控制对信息知识进行优选、浓缩、精练、梳理、标引、归类，以方便查找、检索、阅读，满足社会多元化、多样化、个性化、差异化阅读需要。其次，消极的、低质量的阅读，不仅不利于一个人身心的发展，而且会使人走入迷途，甚至引起社会问题。特别是未成年人求知欲旺盛，但受阅历、知识的限制，自控能力弱，缺乏辨别是非的能力，面对浩瀚的书山文海，选择读物难免带有盲目性，因此需要根据未成年人的年龄特点、阅读能力、兴趣爱好、思想状况和教育需要，认真地帮助他们少走弯路，选择有益的读物，避免他们不加选择、不辨优劣地进行阅读而走错、走偏、走歪人生方向。如目前欧美流行的、对未成年人开展的分级阅读和我国推荐书目等。最后，一些公认的有害的内容不利于社会的公序良俗和健康发展，如对宣扬恐怖暴力、淫秽色情、民族仇恨、种族（地域）歧视、毒品走私和虚假、造谣、诽谤等违法违规读物的限制和严禁等。

要看到，就如有作用力就有反作用力一样，有控制就有"反控制"。根据社会学理论，适度地对阅读行为进行社会控制，规范阅读的社会秩序，对社会良性运行和协调发展有着十分重要的意义，而"欠度"控制和"过度"控制都是不利的，这里要掌握控制的"度"，包括力度、刚度和致密度。欠度控制会不适当地放纵人们的社会行为，造成一盘散沙；过度控制又可能导致万马齐喑、鸦雀无声、社会僵硬，如秦始皇的焚书坑儒、清朝的"文字狱"对社会创新活力造成压制和伤害，教训十分深刻。因此，正确把握阅读的社会控制的"度"，实行适度社会控制，既十分重要，也是比较难以拿捏的。

我们要根据网络数字时代社会信息传播的特点和规律，对社会阅读进行适度、有效的社会规制，在满足社会多元化、多样化、差异化、个性化阅读需要和选择的同时，既要加强对违法违规、虚假有害内容的严查严管，更要突出主题出版，弘扬社会正能量，不断提供优质阅读内容，开展积极的阅读推广、阅读指导，促进社会特别是青少年的分众阅读、分级阅读和经典阅读等。

七、阅读与社会互动，实现全民阅读目标

社会互动可以称为社会相互作用或社会交往。一般认为，它是指个人与个人、个人与群体、群体与群体之间通过信息的传播而发生的相互依赖性的社会交往活动。社会互动可以是面对面的交往，也可以是借助媒介来进行。人的阅读行为既是个人的事情，也是社会化的行为或活动。

人的阅读行为是社会信息交流的过程，是文本的社会功能的实现过程，是典型的社会互动，是一种"符号互动"，是人类社会最主要、更高级、更理性、更有成效的互动形态，因为社会互动要在一定的情景

书香中国（贺瑞婷作，源自第三届全民阅读大会
"书香满中国"公益广告展）

中通过信息传播（递）来进行，人的阅读行为正是这样一种以社会信息的结晶——文本（档）为媒介的互动，因而是最有质量和能量的社会互动。

人们的阅读行为会受到各种社会因素的影响和制约，如受政治气候、经济基础、教育背景、科技水平、价值观和意识形态等的影响；同时，人的阅读行为也会对社会历史和文明的发展产生作用。在这种不断的双向循环互动中达到阅读的目的，即不知不觉地促进人与社会的丰富发展和文明进步。

随着移动网络数字技术的兴盛和普及，读者越来越喜爱在网络上进行数字互动即社交化阅读。社交化阅读给阅读的社会互动带来变革，使互动主体广泛化、身份匿名化、读者中心化；使互动的中介客体流动化、分享化；使互动的过程即时化、情趣化；使互动的规模和广度、深度、频度和效度超前；使互动的结果海量生成、丰富多彩，形成知识信息的蓝海；互动还会重塑读者与作者、编者、出版者的社会角色和关系，重构阅读互动的循环生态，促进阅读产（行）业的发展。

我们要研究移动网络时代阅读与社会互动的规律，特别是社交化阅读的变化规律，更好地认识、适应和促进全民阅读与社会的良性互动，激发和增强全社会发展活力和创新活力，实现人民对美好生活的向往，加速社会的文明进步。

八、阅读的调查监测评估掌握全民阅读动态成效

对社会阅读状况开展调研、监测和评估，进行定量实证分析，是进行阅读社会学研究的基础和重要方法。把握社会阅读动向和变化规律，对阅读现状进行准确估计，可以有针对性地发展阅读产（行）业，提供有效的阅读保障和服务，为全民阅读决策提供有力的支持。建立阅读调查、监测

和评估机制也是在网络数字时代各国掌握国民阅读变化状况和规律的通用方法。

在欧洲，最早的阅读行为调查出现在18世纪90年代，当时英国有《苏格兰统计报告》，这是调查统计阅读习惯和地方藏书的滥觞。1885年，俄罗斯彼得堡大学的一个小组就提出过一项研究农民阅读的纲要。到目前，英国、美国、法国、德国、西班牙、俄罗斯、匈牙利、日本、韩国等国都建立了对本国国民的定期分类阅读调查体系，韩国甚至把国民阅读调查纳入国家统计认证。自中国新闻出版研究院（中国出版科学研究所）1999年开始对我国国民阅读进行系统调查以来，已开展这项调查达20余次，受到全社会的普遍关注和好评。

建立阅读调查、监测与评估机制是全民阅读的重要环节，通过阅读调查与监测，可以掌握一个社会（区）阅读的广度和深度、社会的文化品质，还可以反映社会整体的价值趋向和不同群体的阅读的变化。调查与监测数据能够满足阅读产（行）业的信息需求，是掌握某时某地全民阅读成效的定量方法，为阅读的产业、组织、保障、引导、服务的优化、完善提供参考，摸清现实情况，是开展和改善全民阅读活动的前提和基础。

完善的阅读调查和监测机制应包括：宏观层面，建立全国国民阅读调查与监测机制，由国家全民阅读主管机关在全国范围内开展全民阅读调查和监测工作；中观层面，建立地方阅读调查与监测机制，如北京市、上海市、湖南省、广东省深圳市、浙江省嘉兴市发布的地区性的阅读调查报告，在一定程度上反映了我国不同地区的居民阅读现状；微观层面，建立某地（社）区甚至某单位的阅读调查与监测机制，了解读者的阅读现状和特点，有针对性地提供阅读市场服务。

建立行业的阅读调查与监测机制。行业内开展阅读调查与监测，为行业管理、企业和事业单位提供信息服务，是阅读调查和监测机制中不可缺少的部分。各类行业阅读调查与监测能够反映不同区域、不同年龄、不同性别、不同职业等的阅读整体状况，不同的阅读推广主体可以据此了解不同行业和类型的读者阅读需求发展动向，掌握读者阅读变化规律，以便为各类阅读提供切实有效的服务。

阅读评估是通过建立客观的指标体系、提供规范的评价标准、使用科学的研究方法，对读者的需求、阅读活动的方案策划设计、活动实施过程和效果等进行跟踪、测度、诊断和全面评价，是评价全民阅读推广成效的重要方法。阅读评估包括对阅读服务工作的评估（过程评估和结果评估）和对阅读推广对象的评估（对读者阅读能力、阅读率的评估）。通过测评读者的个体阅读水平和阅读能力，有针对性地改进工作，提出差异化对策。评估的目的是监督全民阅读工作进度，巩固全民阅读成果，提升全民阅读工作效果。

我们要充分运用阅读调查、监测和评估的手段和方法，随时了解掌握我国国民阅读现状、发展趋势和地区差异，不断改善和优化阅读产（行）业工作，不断提高全民阅读工作的针对性和有效性。

总之，阅读作为人类独有的活动及其具有的社会性是全民阅读运用社会学理论研究的前提；现代阅读的社会化普及是全民阅读及其理论化的基础条件；目前阅读的网络化、数字化、智能化等技术进步重置全民阅读的结构，使读者和阅读为王，地位凸显；阅读的组织及其活动可以提高全民阅读的效能，形成全民阅读的动力；阅读的社会保障满足全民阅读最基本的精神文化、知识信息需求；阅读的社会控制则是对海量的阅读文本的数量和质量等进行选择、优化、浓缩、精练、规制并协调各种结构要素有效运转，以规范全民阅读的内外秩序，满足社会的多元化、多样化、个性化基本需要。阅读与社会的互动可以实现全民阅读的目的；而阅读的调查监测评估能使我们及时掌握全民阅读的成效，并使全民阅读不断完善、优化。

笔者认为，这是一个认识管理全民阅读活动，促进全民阅读符合逻辑的、良性循环的、可控的、不断升级的社会学理论框架，也是认识研究全民阅读的基础，它既有社会学的理论依据，又有中外全民阅读实践基础；既有学理，又有方法；它照顾历史，立足现实，面向未来。就像一部在路上行驶的机动车，有基础、条件和路径，有重置的新结构；也有动力机制、供给保障、档位控制，还有监测评估，使其根据路况、车情平稳运行，并优化、升级，不断到达目的地。这一理论体系的建立有助于认识把握运用新时代的全民阅读实践规律，为构建书香社会提供理论助力，在理论和实践的互动中不断推进、深化全民阅读工作，促进人的全面发展和社会的全面进步。

第二章
阅读照亮前行之路

第一节　阅读的社会过程与效能

阅读作为特定社会环境下的生理、心理反应过程，既是一种精神、意识活动，更是一项复杂的社会活动。读者阅读的过程是读者对信息知识的选择过程，是读者对文字信息的理解阐释过程，是读者社会认知的重构过程，是信息知识的社会交流过程，是文本的消费过程，也是文本传播社会功能的实现过程。

对社会个体来说，阅读是读者认识自然和社会的基本途径，是个体社会化的重要手段。个人的人生经验通常由两部分构成——直接经验与间接经验。一个阅历再丰富的人，其生命和精力也是有限的。因此，作为个体要认识周遭的环境和融入社会，除了亲身观察与经历之外，一个重要途径就是通过对文本的阅读，个体从文本中获得自身不具备的经历经验，这种从阅读中获得的知识信息能够丰富心灵，拓宽人生视野，使人更具有分析和判断能力。现代信息社会，信息知识须臾不可或缺，因此，阅读成为现代读者的基本生活方式，是读者社会身份地位的标志和象征，也是读者的社会权利和责任。

对社会整体来说，阅读是社会文化历史积累与传递的非常通道，是社会自组织的利器，是提高人口质量的重要手段，一个社会的阅读深度与广度既能够体现该社会对文化的接受、消化和创造知识的能力，同时也是衡量社会文明程度的重要标志。阅读普及的程度是社会阅读发展程度的重要指标，主要体现在社会阅读能力、社会阅读水平、阅读内容的深度与广度、社会阅读结构以及社会阅读设施与服务水平等方面。

社会阅读活动的发展过程主要历经四个方面。首先，参与阅读活动的人数不断增多。以覆盖全社会成员为目标，逐渐把所有潜在读者变为现实读者，即全民阅读。其次，社会阅读数量不断增加。包括投入交流的文本数量的增加，可供阅读选择的读物越来越多。再次，阅读内容的不断加深。由于人们阅读水平的不断提升，阅读的内容也在不断深化。最后，阅读方式日益多样化。由于科技的进步，如移动网络数字文本等新型文本逐步占领人们的生活，阅读方式日渐多元化。以个人阅读活动为基础，形成各个方面、各种类型、各个层次的社会阅读活动，其总和构成一个国家、民族和地区的社会阅读活动。阅读活动进行的深度和广度是测定一个社会文明程度的重要标志。

总之，现代社会，阅读对个人与社会的效能是极为重要的，在理论上值得我们去不断认识与总结，在实践中我们要遵循阅读的一般规律，最大化地发挥其社会效能。本章将阅读的社会过程与效能作为理论依据，以案例说明阅读活动对个人与社会的作用及影响，通过例证来认识与总结并在实践中更好地发挥其社会效能。

第二节　让书香遍布城乡

案例一：平度市"行走的书箱"阅读推广模式——从"村村有书屋"到知识加油站的书屋职能转换

农家书屋是国家重点文化惠民工程，"是农村公共文化服务体系的重要组成部分，更是文化脱贫的重要推手"，是乡村振兴战略中实现文化振兴的重要载体。农家书屋自 2005 年试点、2007 年全面推开以来，全国共建成农家书屋 58.7 万家、数字农家书屋 12.5 万家，累计配送图书超过 12 亿册，发展成效显著。2019 年 2 月，中共中央宣传部等十部门联合印发《农家书屋深化改革创新　提升服务效能实施方案》，明确提出推动农家书屋提质增效，以助力乡村振兴战略的实施。

平度市地处山东半岛，是山东省面积最大的县级市。平度市拥有超过 100 万的农村人口，下设 26 个镇。2007 年，平度市响应号召，开始正式启动农家书屋的建设工程，2008 年初，制定了《平度市"农家书屋"建设管理办法》。截至 2012 年底，利用 5 年的时间，平度市新建书屋 1785 个，实现农家书屋行政村全覆盖，并逐步建立起"供书、读书、管书、用书"机制。平度市在政府大力支持的情况下，采用建设示范书屋的形式带动农村阅读，优秀示范带动全面发展，推进农村的文化建设与技术进步。

2017 年，平度市推出了全新的"打通乡村阅读最后一公里"的创新阅读模式——"行走的书箱"阅读推广模式。"行走的书箱"以农家书屋为主场地，书籍是流通载体，行走是流通方式，以"政府主导、社会参与"的方式"送图书下乡"，来进一步提高农村的阅读氛围。"行走的书箱"作为全国首创的农村新型阅读方式，平度市借助平度市农民读书节，于 2018 年

4月在旧店镇正式推出"行走的书箱"工程，该活动首次登场便吸引了全镇178个村庄超过10.6万的读者借阅，同年获得了全国图书馆文化扶贫乡村振兴案例三等奖和山东省四个一百"文化志愿服务项目"。

书箱主要分为成人和青少年两大类，成人类主要在村庄流通，青少年类主要送去学校。书籍多为政府出资购买，部分来自社会各界捐助。书箱的颜色也各有不同，文学类的图书装在红色的书箱里，蓝色的书箱用来装科技类的图书，关于家庭的图书则放到了黄色的箱子里，根据不同的颜色，书箱中的内容一目了然。书箱中同时配备了借阅登记册，最大限度避免图书在流通过程中丢失。

红黄蓝三色"行走的书箱" 把适龄优质图书送到农村孩子身边
（快乐沙爱心帮扶中心提供图片）

为了保证"行走的书箱"推广活动的实施效果，主办方还配备了专门的"领读人"，村里的领读人多为村里的党员干部。该活动除了送书上门，还通过领读人举办阅读培训班，或者邀请附近学校的老师等进村庄，更好地保证村民的阅读质量。同时，书箱在某一个地点待上一到两个月后，还会"走"到别的村庄去。依靠村民登记的需求，书箱在各个村庄内流通，提高了图书的利用率。

平度市还与当地的新华书店合作，联合举办"你购书，我买单"活动，农民读者在书店内选择自己需要的书籍，在办理完借阅手续后可以免费借阅一个月，到期归还。同时如果读者想要购买这些书籍，则可以享受较高的折扣力度。若读者想阅读的书新华书店没有，读者可以在"购书单"上写上自己想要阅读的书籍，新华书店之后针对购书单上的书目来购买图书。这一活动通过将选择权交给农民读者，为农民提供了更加便利的阅读服务，增加了农民的阅读热情。

自"行走的书箱"阅读推广模式成功上线后，平度市积极对其进行完善和创新。2018年12月7日，平度市在北京成功举办"让书箱走得更远，让乡村流溢书香"——首届乡村阅读推广论坛，引发《人民日报》《光明日报》等60多家主流媒体和社会的关注。

"行走的书箱"阅读推广活动旨在扩大全民阅读在农村地区的效应，平度市利用"行走的书箱"活动以及平度市农家书屋、图书馆等阵地，引导社会各界积极参与，不仅为当地的农民送上了一份"文化礼物"，更为全国其他城镇农村阅读推广活动提供了良好的借鉴。

────── 案例延伸 ──────

农家书屋提质增效、可持续发展探索与实践举隅

农家书屋读书活动与农村党员开展组织生活有机结合：山东省平度市除了发挥优秀农家书屋的带动作用外，该市云山镇还把"农家书屋"的读书活动与农村党员开展组织生活有机结合起来，充分利用好农家书屋这一平台，积极组织党员学法用法，使农家书屋兼

职成为"普法堂"，有力配合平安创建工作。云山镇将农家书屋建设与农村党员教育结合起来这一方法，不仅使得农村党员学习内容更加丰富，有力推进了基层党组织建设，同时也使农家书屋成为农村基层党组织活动的坚强阵地，为组织党员学习党的方针政策、学习科技文化知识提供了支持。在一定程度上，这也充分发挥了基层党员的先锋模范作用，让党员带头走进农家书屋，积极向村民推荐优秀的图书，逐步培养村民良好的阅读习惯，进一步提高了农民的文化素质。

深度融入新时代文明实践，盘"活"农家书屋资源：截至2023年4月，江苏省85%的农家书屋已纳入新时代文明实践中心（所、站）建设，"群众点单、书屋派单、志愿者接单、圆梦销单、群众评单"阅读服务模式逐步形成。各地农家书屋积极发动力量，邀请志愿者团队、公益阅读推广人围绕农村生产生活，推出乡村阅读志愿项目和常态长效志愿服务。江苏省各地农家书屋纷纷依托新时代文明实践力量开展理论宣讲、主题教育，农家书屋志愿者以村民关心关注的吃穿住行、医疗医保、乡村振兴等热点话题为突破口，让村民在家门口学党史、悟初心，助力红色教育落地生根。

农家书屋"云端"阅读听书"e"起来：数字书屋模式以"互联网＋书屋"为指引，改变了传统纸质资料的借阅形式，以图文、音频、视频为载体搭建农家书屋数字图书馆和电子阅览室，用现代信息知识的形式开启农智。这方面已有相关成功经验，如2019年以来，安徽省使用向农民口头普及数字书屋的操作方法开展数字化书屋试点，探寻"互联网＋书屋"长效发展新出路，并结合村委宣传栏目、QQ群、微信群等多渠道宣传，让更多农民学会使用数字书屋，享受到精准数字化书屋服务，进一步促进数字农家书屋蓬勃发展。截至2021年11月，安徽省15434间农家书屋中，已全部完成了数字化升级。安徽的数字农家书屋可提供5万册电子图书、500部电影及15万分钟的微课，另外还提供3万册音频书。各地还积极探索数字化书屋建设，满足百姓点单式、听书式、借阅式、集中学习式阅读需求。

"江苏省数字农家书屋"平台自2020年4月上线以来，在实现线上阅读、数据管理、智能推送等功能之外深化创新服务，积极打造"云课堂"模式，通过视频会议、在线直播等形式宣讲宣教、传递新知。平台整合1万多种图书、300多种期刊报纸、2000小时音视频资源，定期播讲党的创新理论，党史学习、科普新知、健康养生等主题的直播录播课程和农家书屋管理员培训课程，受到农民朋友的广泛欢迎。2022年开展的"我的书屋·我的梦"农村青少年阅读实践活动，通过数字农家书屋平台广而告之，共收到征文、绘画等作品11万余件。除了在线阅读，各地还广泛开展"码"上阅读、"扫码听书"、云直播、云讲座等活动，让数字资源为农家书屋注入阅读新能量。全省越来越多的农家书屋在藏书、阅读、分享区之外增设扫码听书区域，各类数字化阅读设施一应俱全，"智能化""沉浸式"环境让许多村民翻开书卷、爱上阅读。

中国农家书屋网网址：https://www.zgnjsw.gov.cn/booksnetworks/

案例二：长江读书节——传承优良传统文化，助推长江经济带高质量发展

湖北省政府积极响应国家号召，顺应群众文化需求，从2012年起将每年4月定为"书香荆楚·文化湖北"全民读书月，开展全民阅读推广活动。2015年《湖北省全民阅读促进办法》正式施行。2016年湖北全民实施《全民阅读三年行动计划》，全省全民阅读工作呈现深入推进态势，"长江读书节"阅读推广品牌应运而生。首届"长江读书节"于2016年举办，由湖北省委宣传部与湖北省文化厅共同指导，湖北省图书馆联合全省公共图书馆共同承办。首届"长江读书节"历时百天，活动期间全省上下广泛联动，举办各类文化活动2571场，受益人数达526.2万人。之后每年举办一届，这一系列阅读活动将漫漫书香洒遍荆楚大地，构建起全民阅读的文化生态。

长江读书节的推广模式

主题设计紧扣历年党政和社会热点，反映现实需求，使阅读活动成为社会热点的一部分。例如，2016年是"十三五"开局之年，也是全面建成小康社会的决胜阶段，这一年的首届"长江读书节"以"书香养我·读书兴邦"为主题，为民众献上一份弥足珍贵的文化盛宴；2020年，围绕"书香助力战'疫'，阅读通达未来"的主题，打造"书香战疫"线上阅读活动品牌，

为全省疫后重启贡献文化力量；2022 年以"沿着长江读中国，喜迎二十大，荆楚谱新篇"为主题开展阅读推广活动。

立体化、数字化呈现互动式、共享式阅读新模式。以"讲、阅、展、演"等动态服务模式，通过多种形式让阅读立体化呈现于读者面前，同时借助"数字化"技术令阅读呈现出线上线下参与互动和共享式的"4+1"活动新模式。通过讲座、论坛、评书、荐书、座谈会等形式，引导大众阅读；读者通过图书、电子书、数据库、音视频等多媒体查阅、感知和体验阅读内容；通过展览、征文、书画赛等实现个人阅读成果的转化；通过演出、演讲、朗诵等形式将阅读所得外化于行；利用数字化手段，如网站、微信、微博、电视、广播、网络等方式实现成果扩大化，通过沉浸式和共享式体验让更多人参与到全民阅读活动中来。

重点建设与完善针对弱势群体的服务平台。精准推出"童之趣"少儿读书节、"银龄 E 时代网络智生活"系列主题讲座、"书香伴读"等阅读推广品牌。针对未成年人，以"童之趣"少儿读书节、"成长导师"讲座、"当相约乡读遇上家庭领读者"为核心，开展一系列针对少年儿童和家长、教师的特色活动，组织各省各地公共图书馆举办绘本故事会、阅读分享会、作家面对面、国学讲堂、经典诵读、趣味科普、绘本创编等活动，激发少年儿童的阅读兴趣。与全省各级妇联、儿童中心合作，走进县乡学校、文化站、农家书屋等文化场馆，开展个性化阅读与培训、城乡家庭研学营系列活动。针对老年读者，举办"银龄 E 时代网络智生活"系列主题讲座活动，帮助老年人从工具、平台、方法三方面逾越"数字鸿沟"，更好地融入智能化生活。针对残障人士，开展"书香伴读"系列活动，联合全省各级残联和各地盲文图书馆、农村励志书屋，帮助视障读者深入了解各地盲人图书馆的资源与服务。

长江读书节的推广成效

"长江读书节"凝练"讲、阅、展、演＋数"的"4+1"活动模式和"六个一百"等系列活动内容，近年来共举办"领读者行动""讲书人大赛""相约乡读"等各类阅读推广活动2.3万余场，受众达2700余万人次，一系列活动取得了良好的社会效应。省各级公共图书馆推出的阅读推广项目、互动交流活动也加快促进了融合创新，省内各个城市推出的阅读品牌加强了城际交流，促进了区域阅读服务协同增效，拓展了线上线下阅读服务阵地，形成特色显著的整体效应。

第一，推动建设立体全民阅读格局，提升数字阅读服务水平。以新理念、新技术为核心，加大各级各类图书馆的运营合作与资源共享力度，在传统节日期间，组织开展一系列线上活动，持续提升数字阅读服务效能。依托湖北文旅公服云、湖北数字图书馆、掌上鄂图APP、智海方舟小程序等平台资源与技术的深度融合，形成适配不同专题的主题资源，持续提升数字阅读服务效能，面对不同人群推广数字资源成果，开展精准公共数字文化惠民服务，更好地满足不同读者群体的阅读需求，推动城市群文化阅读效能共同提升。

第二，整合数字资源，推进阅读疗愈。疫情防控期间，采用网络直播形式，邀请讲书嘉宾以讲书的形式向广大读者分享推荐好书，展示了共同抗疫中的阅读文化力量。湖北省图书馆同期发布推荐书单，涵盖儿童绘本、国学、文旅、科普以及心理学等各类经典书目。为给广大群众提供安全便捷的公共文化服务，省图书馆联动各地图书馆，搭建方舱书屋，开发方舱数字文化之窗，举办系列线上阅读推广活动，实现了数字文化资源互通共享。在做好线下预约限流的同时，还推出线上活动，"以读攻毒，书香战疫"、艺术温润心灵、阅读疗愈等系列活动，进行长江讲坛线上回播、直播和云讲座，开展少儿线上活动和成长导师线上直播互动，向读者提供防疫健康咨询志愿服务，不断拓展传统服务边界，为读者提供更多元的阅读服务。也拓展了线上线下阅读服务阵地，形成特色显著的整体效应。

第三，促进长江沿线地区文化交流与传承。积极开展红色历史文化、中华优秀传统文化、《荆楚文库》数字化等专题资源建设，2022年的长江读书节以"沿着长江读中国，喜迎二十大，荆楚谱新篇"为主题，联合上海、江苏、浙江、安徽、湖南、四川、青海等长江干流区和长江经济带区域图书馆，举办讲书人大赛等阅读推广活动，推进省内各市区地方特色阅读推广品牌建设。比如，武汉馆"江城读书节"、宜昌馆"蒲公英"漂流书屋、恩施馆"悦读恩施"、襄阳馆"齐悦读"等地方特色阅读推广品牌，不仅加强了城际交流和服务协同增效，而且通过走进长江经济带沿岸城市开展读书活动，促进阅读品牌的互动交流，不断提高公共文化服务效能。凝聚长江沿线省市图书馆资源，把楚文化和读书品牌活动带入基层，带入各地区，真正满足了人们的精神文化需求，并且对传统文化起到了保护和传承的作用。

长江读书节推广经验

首先，组织保障为读书节提供了有力支持。湖北省文化厅成立"长江读书节"指导委员会进行统筹指导；湖北省图书馆成立"长江读书节"工作委员会，专门负责活动的各项筹备、组织和协调工作；省内公共图书馆均设有项目对接人，负责具体工作的执行落实，确保活动顺利开展。

其次，多个子品牌有力支撑，合力助推了"长江图书节"品牌。"长江读书节"依靠多个精品子品牌，比如"长江读书节"百场讲座活动，包含"长江论坛"（湖北省图书馆）、"名家论坛"（武汉图书馆）、"三峡文化讲坛"（宜昌市图书馆）、"汉江讲坛"（襄阳市图书馆）等十几个地市经典公益讲座品牌项目，这些地方公益文化品牌在当地具有知名度又兼具地方特色，在"长江读书节"的引导下，各地品牌形成合力又助推了"长江图书节"系列活动的开展并提升了活动的知名度与影响力。

再次，内容创新是阅读推广活动发展的首要动力。只有不断创新才能适应读者的需求，从而赢得更好的成效。"长江读书节"不断进行品牌创新，如推出"光明直播室"活动，由湖北省图书馆与湖北省残疾人联合会、湖北广播电视台共同为残疾人打造，在直播室内可以阅读盲文、收听有声读物，还可在无障碍直播间进行节目录制，很大程度上为残障人士阅读交流提供了便利条件。

最后，营销与宣传模式共同助力读书节。充分与国内主流报纸、广播电台和网络媒体开展合作得到新闻媒体的广泛宣传，同时借助名人效应，邀请院士、教育家等学术权威和文化名人，把知名度和影响力同阅读推广相结合，引导更多人关注并加入到阅读中来。

案例延伸

历届"长江读书节"回顾

2016 年：首届"长江读书节"以"书香养我·读书兴邦"为主题，通过系统策划、顶层设计，以"4+1"阅读推广新模式，开展"六个一百"系列活动促进长江沿岸的文化互动。

2017 年：第二届"长江读书节"启动"领读者行动"，通过面向社会广泛招募、培养读书人个体，搭建领读者平台，多维度推广阅读，在荆楚大地形成以一带百、以百带万的生态阅读圈。

2018 年：第三届"长江读书节"推出"百场讲书读荆楚"活动，

刷新了图书馆"为书找人、为人找书"的传统模式，通过跨界合作、文旅融合，提升了荐书导读的功能效应。

2019 年：第四届"长江读书节"以"文化扶贫"为抓手，打造"相约乡读"家庭阅读推广活动，以各市、县图书馆为依托，协同乡镇学校、文化站、村委会，让广大农村孩子的精神世界得到了极大浸润，走出通往文化小康的"书香路径"。

2020 年：第五届"长江读书节"围绕"书香助力战'疫'，阅读通达未来"的主题，打造"书香战役"线上阅读活动品牌，建立"方舱书屋"为抗疫提供心灵滋润，进一步扩大"相约乡读""讲书人大赛"等品牌活动在全省公共图书馆领域的影响力，凝聚图书馆行业能量，为全省疫后重启贡献文化力量。

2021 年：第六届"长江读书节"联合长江沿线图书馆，以"百年辉煌·共读华章·开启书香荆楚新征程"为主题，联合四川、湖南、江西、上海等长江沿线图书馆，聚焦长江文化，开启书香新征程。2021 年分别被国家新闻出版署、中国青年志愿者协会、湖北省委宣传部授予"2021 年全民阅读优秀项目""第十三届中国青年志愿者优秀项目奖""全民阅读扶持项目一等奖"等荣誉。

2022 年：第七届"长江读书节"以"沿着长江读中国，喜迎二十大，荆楚谱新篇"为主题，湖北省图书馆联动全省各级各类型图书馆，联合上海、江苏、浙江、安徽、湖南、四川、青海等长江干流区和长江经济带区域图书馆，举办讲书人大赛等阅读推广活动，推进省内各市区地方特色阅读推广品牌建设，促进区域阅读服务协同增效。

案例三：南国书香节——书香中国梦，智慧阅读家园

"南国书香节"品牌创立于1993年，由中共广东省委宣传部、中共广州市委宣传部主办，南方出版传媒股份有限公司、广东新华发行集团、广州新华出版发行集团等单位承办。1993年，首届南国书香节在广州举办，开创了三个第一——第一个省级大型群众读书活动，第一个展销港台图书的书展，第一个商业和市场化运作的书展。2009年"南国书香节"被评为"全国全民阅读活动优秀项目"。2010年"南国书香节"被列入《广东省建设文化强省规划纲要》，成为广东文化强省建设十项工程的重要组成部分。2019年，每年定期举办"南国书香节"被列入《广东省全民阅读促进条例》并再次被中宣部评为"全国全民阅读活动优秀项目"。

书香节的内容与形式

"南国书香节"每年8月开展，以呈现阅读时尚、营造书香氛围为主线，形成了党委和政府倡导、专家指引、社会推动、媒体支持、基层参与的全方位、立体式工作机制，是政府推动全民阅读、提升地区文化形象的重要

平台。

早期通过展销图书、举办文化活动等方式让阅读深入人们日常生活。近年来，运用"互联网+"理念，"线上线下结合、省各级联动、分散同期举办"的方式，省内近300家书店、21个地市图书馆、文化馆、新时代文明实践中心、农家书屋等作为书香节分会场出现，期间邀请名家、设直播会场，组织系列线上线下阅读推广活动。

书香节注重文化内容传播，积极推动读者群体的广泛参与度。书香节以知识文化传播为基底，探索线上线下相融合。比如，2022年南国书香节首次设立直播主会场，邀请作家名人以及知名主播，进行全日活动直播，通过"线上直播引流、线下引导消费"的模式，在全省范围内开设了书香节直播点，为书店图书、文创产品代言带货，联合图书馆、抖音、南方+等新媒体，依托公众号，举办主题图书云展示、精品书云展销、畅销书云推荐、云互动等活动使线下文化空间与线上直播间相融合。

通过多年实践与探索，书香节由单一的图书交易活动，发展成为写书人、编书人、售书人、读书人、评书人、藏书人的节日，成为集出版成果展示、出版物展销、文化活动举办、全民阅读推广于一体的文化盛会，深受南粤大地广大人民群众喜爱的阅读嘉年华活动。

涌动的书市（周琤摄，源自第三届全民阅读大会"书香满中国"公益广告展）

书香节的推广成效

"南国书香节"自1993年创始以来举办至今，历届书香节注重创新，取得了良好的社会效益、文化效益和经济效益，其影响力与知名度持续扩大与提升。

第一，各种精品图书呈现时代文化成果。比如，2022年迎接党的二十大召开，南国书香节在分会场设置"主题出版物展销区"和"广东精品出版展销区"，陈列"新时代新经典"学习习近平新时代中国特色社会主义思想重点图书和红色主题读物；重点推介《习近平谈治国理政》（第四卷）中英版、《论党的青年工作》《论中国共产党历史》等习近平总书记著作；同时邀请党史专家、老党员、老红军、时代楷模、抗疫英雄、优秀党员开展讲座沙龙，很好地展示与传播了中华优秀传统文化精神和当代文化成就。

第二，各类文化活动促进乡村振兴发展。书香节注重乡村文化建设，扩展各区域读者的参与度。2022年，书香节在博罗、新会等地设立乡村分会场，以"书香伴稻香"为主题，组织文化论坛、经典诵读等活动；推出"感受·小康之乡"系列主题活动、"读乡"领读诵读活动；并将"岭南流动书香车"开进乡村，开展售书赠书活动，真正服务和惠及农村居民的文化生活。

第三，通过各种形式关注青少年和弱势群体的成长。书香节以多种形式加强图书流通与知识交流，尤其注重和关爱关注青少年健康成长，凸显书香节的性质和基调。2022年的"青春心向党，奋进新时代"征文大赛，全省中小学生及高校学生积极参与；举办"百种优秀青少年出版物"荐读活动，邀请相关作家、编辑分享创作故事；通过"绽放·青春之美"，开展"我的书屋·我的梦"等活动推进农村少年儿童阅读与实践水平；从广州辐射向深圳、湛江、潮州等省内各地的牵手盲童"共读一本书""书香暖山区"

等经典品牌公益活动促进了青少年，尤其是欠发达区域青年儿童的身心健康发展。

第四，注重内容传播，推进城市建设。通过开展"追随·思想之光""最美书店"评选、"南国书香节阅读推广奖"评选、"轨道上的书香"等活动，在城际地铁站厅搭建开放式书吧，举办小型文化讲座、非遗互动体验，将"爱读书，读好书"阅读意识融入市民日常出行。在 2022 年设立了"广东出版政府奖"获奖作品展示专区，邀请出版社、编辑、作者就获奖图书开展知识讲座、作品分享等活动，在展示与推进文化成果传播的同时也满足了城市读者多方面的文化需求。

第五，注重书香文化传播，推进区域交流互通。举办城市共读、新书首发、图书漂流等系列活动，通过设立澳门分会场，开展大湾区青少年阅读素养提升工程，展现了贯彻落实"一国两制"方针和粤港澳大湾区建设的丰硕成果。同时，发挥岭南文化特色，精选出一批具有建筑艺术特色的文化馆、岭南书院、文化小镇作为特色分会场，打造了特色阅读空间，推进了城市文化建设和区域交流合作。

案例延伸

近五届"南国书香节"回顾

2018 年："南国书香节"从 2018 年开始迅速发展，首设省际交流馆，立足广东、辐射港澳台地区及海外，打造更为广阔的书香节平台，提升了书香节在全国的影响力。本届围绕"新时代·心悦读"主题，全省 20 市联动，举办 270 多场文化活动。包括庆祝改革开放 40 周年系列活动、名家讲坛、南方出版高峰论坛等一系列专业研讨交流活动，并通过阅读盛典、南方文学周、书香之夜、"书香岭南"系列评选表彰颁奖活动等。除香港馆、台湾馆外，首设新西兰馆，拓宽国际化视野；首设主题书房，以"城市书房"为理念，把阅读与艺术相融合，提升读者阅读兴致。

2019 年：本届"南国书香节"以"悦读·为祖国喝彩"为口号，分会场实现了全省地级市全覆盖，入场人数超过 300 万。在规模升级的同时，在活动策划、内容设计、互动性及惠民性上实现了全面提升。比如为庆祝中华人民共和国成立 70 周年设置主题出版物展销区。为推动粤港澳大湾区文化建设、粤港澳大湾区阅读联盟首次设立"丝路湾区"展厅，组织粤港澳大湾区文化展及系列文化活动，构筑共同精神家园。聚焦"多元文化交融"，设置德国馆、黑龙江馆、媒体融合馆、文旅融合馆，举办青少年行进管乐团演出、"非遗"文化互动体验等文化活动，促进德国文化、雪乡文化、岭南文化及跨界多元文化交流。

2020 年：本届"南国书香节"以"全面小康·书香芬芳"为口号，首次实现市、县（区）全覆盖。聚焦主题，汇集主题重点出版物，包括习近平新时代中国特色社会主义思想、决战脱贫攻坚、经济特区建立 40 周年、粤港澳大湾区、抗疫等主题出版物。凸显专业，推出南国好书单，充分发挥阅读导向作用，为读者提供了高质量的"阅读指南"。

2021 年：本届"南国书香节"以"阅读点亮前行的路"为口号，采用"线上线下结合、全省各级联动、分散同期办展"的形式开展，全省范围内设立的 321 个分会场，超 20 万种图书线上线下同步展示，举办 464 场文化活动。分会场设立"主题出版物专柜"，集中展示展销重大主题出版物和党史学习教育读物，全面展示进入新时代党和国家各项事业取得的历史性成就。搭建"南国书香节云平台"，将线上展示、活动和线上公益与线下活动有机融合。通过文化惠民助推全民阅读，包括"乡镇流动售书车"售书活动开到偏远乡镇，满足农村群众精神文化需求，助力乡村文化振兴。

2022 年：本届"南国书香节"以"阅读新时代　奋进新征程"为年度主题，以"阅读粤精彩　一起向未来"为年度口号。设立 373个实体书店、图书馆、文化馆、农家书屋分会场，线上线下参展出版物超 30 万余种。组织线上线下阅读活动 1263 场。首次设立直播主会场，通过"线上直播引流、线下引导消费"的模式，结合图书馆、抖音、南方＋等新媒体，依托书香节微信公众号让线下文化空间与线上直播间汇聚。设立首届"广东出版政府奖"获奖作品展示专区。全省惠民活动再升级，超 300 家分会场近 30 万种图书折扣优惠；在"通读在线"小程序发放约 30 万元电子优惠券；开展"学习强国"APP多阶梯购书优惠活动，将读者的阅读行为量化成实际的惠民福利。

"南国书香节"APP：

案例四：书香飘万家"全国家庭亲子阅读活动"——以阅读促家风，以家风促进社会文明

为全面贯彻落实习近平总书记关于"注重家庭、注重家教、注重家风"的重要指示精神，深入落实党中央国务院关于全民阅读的重要部署，充分发挥妇联组织优势，找准家庭教育作为切入点，从2016年起，全国妇联部署开展"书香飘万家·全国家庭亲子阅读活动"，并将其打造成为全民阅读实践活动的精品。

活动策略与服务模式

各级妇联组织探索出开展家庭亲子阅读活动的三项工作策略和四种服务模式。三项工作策略分别为：多部门多主体协同推进、提高服务的可及性和持续提供多种形式的指导服务。四种服务模式分别为：服务联盟模式、社会服务模式、社区互助模式和父母成长模式。

在多部门多主体协同推进策略方面，各地妇联组织与多个部门和相关社会组织、服务机构共同推动家庭亲子阅读活动，成为沟通连接多个部门和不同行动主体之间的桥梁和纽带。对各地妇联工作经验的词频分析发现，最主要的工作方式为"结合/联合/凝聚/配合"与"合作"。72.2%的基层妇联工作者反映在开展活动中与社区建立了密切协作，59.3%的妇联工作者与教育部门开展合作，与宣传部门、图书馆、社会组织开展合作的比例在50%左右，36.1%与地方文明办开展合作，16%妇联工作者与文旅局建立了协作关系。基层妇联组织还通过与社会组织、民间阅读推广机构广泛合作，支持、孵化女性社会组织，如建立女性阅读组织联盟、亲子阅读组织联盟等方式，打造与妇联组织更紧密的社会组织网络。

在提高服务的可及性策略方面，各级妇联组织通过阵地服务、家校社联合、借助新媒体平台等多种传播形式，将阅读方法和体验服务送到家庭身边；通过联结社会力量，以捐助、捐建、志愿服务等形式，努力增加阅读产品供给、改善服务环境，使儿童家庭能够获得便利、可及的图书借阅和阅读指导；因地制宜用好各类家庭工作示范基地、图书馆、新华书店、儿童之家、妇女之家、妇女微家、家庭教育指导服务站、文化站、社区图书角、农家书屋、乡村书房、流动书屋、文化礼堂等，就近打造儿童友好的阅读环境。

在持续提供多种形式的指导服务策略方面，包括家校合作开展活动，立足社区开展活动，创新方式开展活动，如调动社会组织参与、购买社会服务，组织征文、竞赛等示范展示活动，开发形式新颖、互动性强的活动，采用多种宣传手段倡导理念，利用新媒体线上线下联动，结合本地文化和传统文化开展活动，打造家长参与共建的学习圈等。

服务联盟模式即妇联组织引领、联合专业服务力量、常态化开展服务的模式。这种模式由妇联组织引领，整合地方已有的亲子阅读专业服务力量形成联盟，通过不断拓展宣传渠道和服务阵地，长期、持久、常态化地开展活动，形成社会影响进而推动家庭亲子阅读进入当地公共服务体系或地方政府工作内容。

社会服务模式即依托妇联组织优势、整合社会服务资源、针对性开展服务的模式。这种模式是妇联组织通过招募培训志愿者、孵化培育女性社会组织、购买社会服务等方式，打造家庭亲子阅读专业指导团队，利用组织优势，将服务资源匹配到社区、图书馆等地开展服务。

社区互助模式方面即社区妇联主导、居民自助互助、持续性开展活动的模式。这种模式依靠社区支持居民广泛参与，通过动员社区居民中的志愿者，以自助互助方式推行家庭亲子阅读活动。

父母成长模式方面即家校社协同推进、促进父母学习成长，妇联组织起服务联系作用的活动模式。这种模式以家长为活动主体，通过在家长群体中打造"学习圈"，共读分享，促进家长主动开展家庭内的亲子共读。

书屋内外（陈远亮摄，源自第三届全民阅读大会"书香满中国"公益广告展）

活动成效

书香飘万家"全国家庭亲子阅读活动"开展以来，共向广大家庭推荐了 1151 种优秀亲子阅读书目，编写了《亲子阅读指导手册》，命名了 180 个全国家庭亲子阅读体验基地。充分运用公共文化资源，凝聚社会力量，关爱困境家庭，满足不同家庭亲子阅读的个性化需求，开展形式多样的亲子阅读活动，使千千万万家庭和儿童获益。至今，全国累计开展家庭亲子阅读活动近 50 万场次，参与家长儿童 2.5 亿多人次。活动有效促进科学家教理念的传播，推进和谐家庭建设和社区精神文明建设。2021 年全国妇联对全国家庭亲子阅读活动进行评估的结果表明：

首先，活动明显促进参与家庭儿童阅读行为的改变、阅读兴趣和语言能力的提高以及良好习惯的养成。参与活动与家长经常陪伴孩子阅读的行为显著相关，参与过活动的家长有 89.3% 能够经常性地陪伴孩子阅读，未参与过活动的家长只有 63.5% 能够经常性地陪伴孩子阅读。99% 的参与家庭认为活动给孩子带来了明显变化，依次为：促进孩子阅读兴趣的提升（72.4%），促进孩子语言能力提升（65.7%），帮助孩子养成良好生活习惯（59.7%），培养孩子文明礼貌行为（53.2%），帮助孩子更好地学习（45.4%）等。

其次，活动明显促进参与家庭成员关系的改善和家庭生活的和谐。99.1% 的参与家庭认为活动给家庭带来了明显影响，依次为：增进亲子关系（73.9%），改善家庭氛围（59.8%），丰富家庭文化生活（53.7%），促进婚姻关系和谐（46.3%），促进其他家庭成员之间的关系（24%）等。

再次，活动明显促进家长家庭教育观念的转变。2018 年和 2021 年开展的两次网络调查发现，家长群体对亲子阅读的认知水平大幅度提升，对于亲子阅读的理解明显从"开展亲子阅读是为了帮助孩子识字、写作文、提高学习成绩等"功利性阅读转向孩子发展的角度，90.5% 的家长认同亲子阅读在孩子发展中的情感价值与发展价值，选择功利性解读的比例仅为 5.5%。对于亲子阅读情感价值的认同为 66.2%，比 2018 年提升了 23 个百分点，表明家长更加重视通过高质量陪伴，建立和谐平等亲子关系，培育孩子健全人格。

最后，活动明显促进改善社区邻里关系、增强了社区凝聚力。97.6% 的参与家庭认为活动明显改善了社区邻里关系，推进了精神文明建设，增强了社区凝聚力，依次为：改善社区邻里关系（63.9%），提高社区精神文明程度（62.4%），增强社区凝聚力和动员能力（56.1%），以家庭为中心的社区活动增加（47.4%）等。

第三节　启示与思考

本章选取四个典型案例，分别为"平度市'行走的书箱'阅读推广模式""长江读书节""南国书香节"以及"书香飘万家'全国家庭亲子阅读活动'"，通过对案例中典型角色与活动内容的描述，由点到面、由小到大、从农村到城市、从家庭到社会，全面体现和反映阅读的社会过程，阅读对个体和社会发展的影响与效能。

社会阅读活动的发展，以读者个人阅读活动为基础，形成各个方面、类型，各个层次的社会阅读活动，社会阅读活动是一种从无到有、从小到大、从弱到强的发展过程。这一过程包括参与阅读活动的人不断增多、阅读数量不断增加、阅读的内容越来越深化、阅读方式日益多样化。这需要组织和平台的推动。

2012 年 11 月，"开展全民阅读活动"第一次写入党的十八大报告，标志着全民阅读上升为党中央的战略部署。从 2014 年起至今，"全民阅读"连续多年被写入政府工作报告，对在全国范围内开展全民阅读活动起到重大推动作用。从遍布乡村的农家书屋到各地的文化名片——读书节、书香节，再到"全国亲子阅读活动"，从乡村到城市，从成年人到青少年以及家庭阅读活动中的父母及儿童，这些颇具影响力的阅读推广品牌，共同在阅读推广活动中发挥重要的作用，促进全民阅读的发展，提升了居民的知识水平和文化素养，改善了部分地区经济状况，促进了家庭、地区及社会的和谐与繁荣发展。

平度市"行走的书箱"阅读推广模式这个案例从"村村有书屋"到知识加油站的书屋职能转换，"行走的书箱"使农家书屋成为村民理想的精神家园，发挥了文化阵地作用，丰富农民文化娱乐生活，及时满足农民对书籍和其他先进内容的阅读需要，增强了农村知识获得的凝聚力，促进了农村这一社会阅读最薄弱环节阅读文化的形成。数字资源赋予了农家书屋新的生命力，为广大农民提供更加丰富、更加多元化的文化产品体验服务，农家书屋经营管理更加专业化、新颖化和多元化，为加快新农村建设打好基础。相信提质增效后的农家书屋将充分显示人文价值，成为耕读文化创造性转化和创新性发展的契机，让农村文化走上返本开新的康庄大道。

长江读书节案例对社会整体来说，阅读是社会自组织的利器，是提高人口质量的重要手段，一个社会的阅读深度与广度既能够体现该社会对文化的接受、消化和创造知识的能力，同时也是衡量社会文明程度的重要标志。长江读书节在阅读实践中切实服务于读者，通过实地研究全省各地区的阅读条件和水平，了解不同人群的阅读习惯和需求特点，摈弃短期性、形式化的阅读推广模式，通过历年设计紧扣当年的党政和社会热点，反映群众的现实需求，令阅读活动成为社会热点的一部分。除服务模式的优化和精品活动推广以外，组织保障、品牌支撑、内容创新以及营销模式共同构成了长江读书节的成功实践。长江读书节建设中也存在一些待提升的地方，如可以深度挖掘和推广子品牌的活动，加强旗舰推广品牌竞争力。加强品牌需求设计，依据实际情况不断创新，实现更加广泛的认同度与影响力。

南国书香节案例走过 30 年，从过去的阅读嘉年华到近年来打造百姓家门口的书香节，南国书香节助力居民将阅读习惯带回日常生活中。随着人们阅读和购书习惯的变化，实体书店业受到极大冲击，南国书香节恰好发挥品牌效应，聚人气、带销售，很大程度上助力实体书店回暖，无论对于读者、出版社还是书店来说都大有裨益。书香节将惠民、便民落到实处，线上线下深度融合、文旅联动跨界融合，打通全省书店、图书馆。组委会将阅读资源向农村地区倾斜，使城乡的阅读资源分布更加均衡。根据省内阅读资源的分布情况，积极优化粤港澳大湾区与粤西、粤北、粤东地区之间阅读资源不均衡的现状，在基层为阅读资源相对薄弱的乡镇、社区送去优质的阅读内容。

全国家庭亲子阅读活动案例对社会个体来说，阅读是读者认识自然和社会的基本途径，是个体社会化的重要手段。因此，要从"人之初"开始培养阅读习惯，使之终身受益。全国家庭亲子阅读活动作为全国妇联围绕家庭、家教、家风开展的亲子阅读活动，得到了家长、儿童的积极响应和广泛好评。妇联组织充分动员家长尤其是女性在家庭生活中的角色，发挥亲子阅读在家庭教育中的独特作用，引导广大家庭养成良好的读书习惯，促进父母与孩子共同成长。加强亲子阅读活动的指导，推荐阅读书目，开发指导手册等，多途径开展家庭亲子阅读指导服务。对于亲子阅读的主体来说，家庭是孩子的第一所学校，家长是孩子的第一任老师，孩子从小在家长的引领和陪伴下，养成阅读的习惯并体会阅读的快乐从而促进家长和孩子共同成长。在这个过程中全国各地积极开展各种形式的亲子阅读活动，从学校到社区再到家庭。紧扣世界读书日、国际家庭日、"六一"儿童节等时间节点，全国联动大力开展亲子阅读宣传倡导，使亲子阅读成为更多家庭的自觉行为。这项活动已被打造成全民阅读实践活动的精品，成为开展家庭教育、推动家庭文明建设的重要品牌，常态化推进与落实使得亿万家庭和儿童获益。

以上这些案例通过充分运用各种手段，发挥各自优势，推广社会阅读，使阅读对个体和社会的效能最大化。

第三章
▼
从能读愿读到想读善读

第一节　阅读的社会心理

阅读的实质是以读者生理、心理反应为基础，利用文本进行的社会知识信息的交流过程，阅读不只是读者孤立的个别行为，而是在社会环境中进行的社会活动，是整个社会生产生活的重要组成部分。经济社会的发展，媒介技术的革新，为人们提供更多的闲暇时间与信息渠道，数字技术、网络技术、移动技术和智能技术更是促进了书报刊和数字出版等文本生产的极大繁荣，满足了人们无限的文化消费需求。

人作为一种社会动物，尽管具有自然天性强大的规定性，但后天习得的规范影响更深远。因此，在阅读行为中，读者会受到政治、经济、文化、教育、宗教、科技诸多社会因素的影响，并通过社会心理通道作用于读者的阅读行为，产生一定的阅读社会效果，反作用于社会的生产生活。

阅读是读者通过文本与作者和社会的沟通交流过程。一般的社会个体获得"读者"身份，必须掌握一定的辨识语言文字和理解文本的能力，阅读能力是读者的根本属性，它决定着读者阅读活动的方方面面，包括阅读选择、理解、阐释和评价的深度、广度、频度、效度等，其对读者的行为方式具有基本意义。

仅有阅读能力不进行阅读行为只是"潜在读者"，潜在读者在与社会个体或群体的互动中，因为学习、消遣、娱乐、工作、研究等产生某种阅读需求，在一定情景中有了阅读动机，从而对某个文本实施阅读行为（借阅、购阅、点击等），成为"现实读者"。因此，阅读能力是基础和前提，阅读行为是读者的本质特征。阅读的形（方）式有听读、诵读、朗读、默读、浏览等。这里要指出，"能"阅读还要"愿"阅读、"想"阅读、"善"阅读，这其中有一系列的社会心理起作用。

在阅读实践中，读者的社会思维（认知）、社会关系、社会影响这三大板块的社会心理因素，以从众、逆反、服从、求新、求异等多种社会心理路径作用于人们对阅读文本的选择、理解、阐释和评价。读者、文本和阅读的时空环境是阅读的三要素，缺一不可，正是这三者的相互作用，传承人类文明，并不断启迪思想，催生新的知识与文化。

阅读就是文本的不断选择与阐释过程，不论是个体抑或群体组织，其阅读都受到社会规范的影响。社会中的自我、信念、判断、态度、基因、文化、性别、逆反、从众和服从、说服、偏见、攻击、亲密、冲突与和解等诸多社会心理因素影响人们的阅读选择，决定人们对文本内容的接受与否和认可程度。研究发现，尽管很多社会心理因素的影响是不可避免的，但对于读物的生产者与营销者、推广者而言，可以因势利导运用这些因素，通过适当的方式方法，最大化地推进全民阅读。

第二节　把握社会心理推进全民阅读

案例一：银龄读书会——体现老年人自我价值的阅读

银龄阅读是全民阅读的重要组成部分，党和国家高度重视老年人阅读工作。2021年10月，习近平总书记对老龄工作作出重要指示，要求"各级党委和政府高度重视并切实做好老龄工作，贯彻落实积极应对人口老龄化国家战略，把积极老龄观、健康老龄化理念融入经济社会发展全过程"。2023年3月7日，十四届全国人大审议国务院机构改革方案，把全国老龄工作委员会办公室改设在民政部，中国老龄协会改由民政部代管。

多彩的银龄世界

对于银龄阅读，不得不提到的就是银龄书院。薛晓萍是银龄书院的创始人、院长，毕业于北京师范大学，专职从事老年公益阅读推广活动。2006年薛晓萍家中的三位亲人相继离世，她决定把对三位亲人未尽完的孝道全部用于陪伴其他老人，毅然关闭了自己经营多年的会计师事务所和资产评估事务所，创办了"银龄书院"，坚持不搞会员制、不收费，她自知生命无常，每一天都在向人生终点迈进，因此更应该珍惜每一分每一秒，努力把更多的爱与温暖带给更多孤独无助的老人们。书院推出有声阅读、艺术阅读、智慧阅读、主题阅读，并将中外经典改编成情景剧，老人们一起参加各种阅读活动，精神面貌焕然一新。

过去几年的疫情期间，根据老年人焦虑恐慌的不同表现，银龄书院自主研发了"心静身安金钥匙"系列课程、开展了300余场讲座，290余万老年人参与互动。银龄书院 24 小时为他们解答心理问题，组织线上活动，根据不同节气举办"迎春诗会""端午节颂小康"活动，根据不同节日举办"庆七一和党说说心里话""八一颂扬人民子弟兵"等系列线上活动。银龄书院还为老年人开设了十几个公益教学课程，如文学研修、创意写作、服饰美学、旅游拓展、领读者培训、艺术团、读书会、快乐园等。领读者培训课程领读《红星照耀中国》《霍乱时期的爱情》《地球的红飘带》《骆驼祥子》《城南旧事》《林海雪原》《基督山伯爵》《我们仨》等几十本中外经典名著，为老年人的心灵带来了震撼和温暖，特别是在疫情期间受到"内伤"的老年人，更加喜爱杨绛先生的《我们仨》。银龄书院赠送了许多本图书，并和老年人共读，老年人从书中得到了温暖，得到了慰藉。银龄书院在教学班招募了小橘灯、向日葵志愿者管理团队，由 60 岁以上的老年人担任志愿者，每天清晨为大家道早安、送祝福语，每天组织大家开展各式各样的活动，老年人通过阅读、朗诵、歌唱、分享、表演，使自己的身心健康有了很大的改善和提高。

2022 年 4 月 24 日，以"关注老年阅读、关爱老年生活"为主题的首届全民阅读大会·银龄阅读分论坛在北京举行，"2021 年向全国老年人推荐优秀出版物"书目也在论坛发布环节揭晓。由全国老龄工作委员会办公室、中国老龄协会、中国出版协会主办的"2021 年向全国老年人推荐优秀出版物活动"自 2021 年 10 月启动，共收到全国 363 家出版单位申报的参评出版物 1380 种。经专家学者及老年阅读推广人多轮次评审，共评选出 100 种优秀出版物，包括人文历史类 36 种、文学艺术类 30 种、养生保健类 19 种和生活休闲及其他类 15 种。100 种优秀出版物覆盖医、食、住、行、用、学、娱等老年生活的多个领域，特别关注了老年人对数字智能生活、建立积极老龄观、关注老龄金融等社会发展变化中的新需求、新期待。同时还特别遴选了一批呈现党的百年波澜壮阔发展历程的重点图书，帮助老年读者深入学习党史，传承伟大建党精神。

银龄阅读以各种各样的形式存在，各地的社区或者养老院，举行读书分享会，并且组织老年人自己拍摄导读朗读小视频，有百位长者，自己制作解读图书、朗读片段的小视频。2020年，中央广播电视总台"央视频""云听"、北京广播电视台官方音频客户端"听听FM"都设立了"银龄书院"专辑。30余位老年人参与演出了"央视频"展播的《麦琪的礼物》《冬天的童话》两部朗读剧。中央电视台《新闻联播》节目在世界读书日报道了银龄书院与"云听"联合策划的《重读书香青春》。在"父亲节"到来之际，银龄书院与"云听"联合策划了《长辈眼中的父亲》，邀请16位老年人讲述他们父亲的故事——为人父人母的他们对父爱的独特诠释。银龄书院组织24位老年人录制了"云听"的春节特别节目《听见家乡色香味》。银龄书院与北京广播电视台《老年之友》栏目合作每周解读一本书。30多位老年人在北京城市广播网"老年之友"展播《皇帝的新衣》《渔夫和金鱼的故事》等朗读剧。

活到老学到老（潘志成摄）

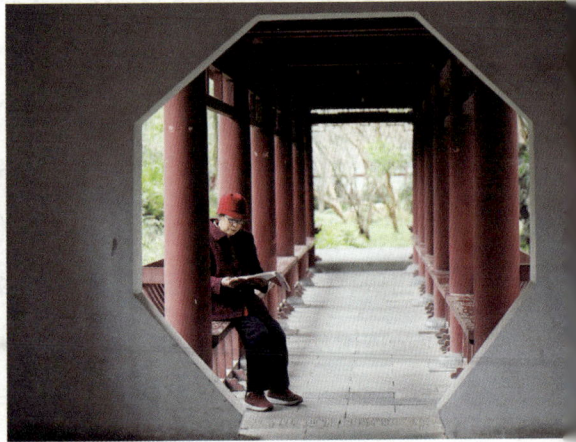

活到老学到老（王凤丽摄）

银龄阅读的完善与疗愈

银龄阅读还有许多需要改进的地方，可以在社区设立专门的阅读课，分为几个等级，参与的人可根据自己的水平自行选择课程，社区可以邀请书的作者为人们进行分享。可以在社区设立图书馆，在每个街道设有阅读角。"在法国，老人们获得书籍非常便利。在面积才105平方千米的巴黎，有好几个国立图书馆，还有72个市政图书馆，绝大部分可以免费借书，每次可借10本书和5本期刊，期限3周；各中小市镇也起码拥有1—2个公立图书馆供居民免费使用。"可以安置互助式的书籍交换箱，任何人都可将书籍放在里面，让有兴趣的人拿回家阅读，增加书籍的流通率。

银龄阅读的作用，首先是可以提升老年人的认知能力以及记忆力。对于老年人来说，随着身体机能的退化，相应地对于很多新鲜事物的接受能力就比较缓慢。其次，通过阅读还能降低患阿尔茨海默病和痴呆症的风险，2018年发表的一项研究发现，每天阅读的65岁以上的人患阿尔茨海默症和痴呆症的风险较低，或者至少有助于延缓其发病。最后是心理方面，阅读可以减轻压力，改善心理健康，对抗孤独感以及改善睡眠，相比其他的放松方法，诸如散步、体育锻炼、出门钓鱼等活动，阅读可以更快、更有效地减轻压力，并且是一项相对比较安全的活动。让多彩的精神文化生活去充实

你读书的样子真美（孔晓政摄，源自第三届全民阅读大会"书香满中国"公益广告展）

老年人的闲暇时间，提供既养身又养心的养老服务，实现从养老到享老的精神追求，文化养老意义重大。

银龄书院公众号：

案例二：苏州慢书房——文化基因如何影响阅读心理

繁華静處 遇知音。
Meet a bosom friend in a busy and quiet place

SLOW TIME

　　新的技术变革往往催生新的事物，"电子阅读"因其便捷性、大数据等优势，自出现后就受到社会各界的关注。但快餐式阅读的无目的性导致了读者独立思考能力的缺位，并且电子阅读往往采用视觉冲击力较强的文字、图片与视频等来吸引读者，内容质量匮乏与否有待商榷，大脑短暂性获得欢愉后的孤寂感，并不能够使读者完全从屏幕中解放出来，也并不能够缓解当代人的精神疲惫。如何让人们回归到阅读的本质之中，以及通过何种方式来影响人们的阅读心理、动机以及态度，都是当下阅读工作需要探讨的重要课题。

慢书房的"慢生活慢营销"

快餐式的阅读环境之下，越来越多的读者开始怀念纸质书籍以及实体书店所带来的惬意与安逸，渴望在纷繁杂乱的社会环境之中找寻一片净土让自己的身心安静下来，慢慢阅读，慢慢思考，慢慢生活。位于苏州市平江区观前街的"慢书房"就是逆"快节奏生活"而生的书店。以"繁华静处遇知音"为理念的"慢书房"成立于2012年，2014年被评为"江苏省十大最美书店"。"慢书房"的创办者是几个爱书的年轻人，他们希望为更多的爱书之人提供一个舒适且安静的环境，慢下来真正在书籍之中找寻到生活之趣。正如"慢书房"的公众号简介一般：一家有人情味的独立书店，在苏州古城深处，静候每一个爱书的知音。"慢书房"的工作人员自称为"慢师傅"，这一独特、有代表性的亲切称号十分符合书店的创办理念，受到了读者们的认可与好评，同时也有不少的忠实读者自称为"慢师傅"。

苏州是一座历史文化名城，有良好的阅读氛围，这为苏州慢书房的创立、生存与发展提供了可能，但同时也加大了各个实体书店间的竞争，苏州慢书房在不断创新自己的营销方式。2022年，慢书房所举行的线上活动达160多场，每一场线上活动都得到了广大读者的认可与喜爱。慢书房推出"鹿茸推荐书"视频版，慢节奏地介绍一本好书，用最热忱的情感表达对于书本的感悟，是快餐时代所缺乏的，看似格格不入，实则是一种知识的沉淀、生活的沉静以及文化的传承。慢书房也开启了慢文创之路，除了基础的笔记本、纸笺与帆布包等慢文创产品之外，袜子、鼠标等这类跨界生活型的文创，正在不断丰富版图，让喜爱慢书房的读者，在这里不仅能读到好书，也能够得到实用的学习类以及生活类文创产品，并与艺术创作者、书法家等进行合作，开辟案头小品、纸质文创，让慢书房的新文房系列文创越来越有可能性，让每一本从慢书房出去的书都有文创伴侣。"慢书房"一直都坚持"以书为本"的信念经营书店，文化、空间、文创与广告相融合，不断探索文化与广告的新形态融合，呈现了独特且鲜明的标签。

慢书房的"慢沉淀慢未来"

以"阅读本是寻常事，繁华静处遇知音"为理念的慢书房，在竞争激烈的实体书店市场中脱颖而出，除了创办者坚守初心，做好每一本书的宣传之外，也与当下社会环境所弘扬的全民阅读有着不可分割的关联。美国心理学家阿尔伯特·班杜拉于1977年提出了社会学习理论，班杜拉认为社会学习理论是探讨个人的认知、行为与环境因素三者及其交互作用对人类行为的影响，着眼于观察学习和自我调节在人的行为中的作用，重视人的行为和环境的相互作用。正如社会心理学所强调的一样，群体心理气氛对一个特定个体的影响是十分重要的，苏州慢书房自身做好文化沉淀这一信念一直以来都在影响着广大读者。

首先，创办者们不忘初心，打造专业化产品。实体书店的核心竞争力是书籍的质量，这是苏州慢书房一直坚守的初心。慢书房的每一本书都经过了十分严苛的挑选才被送到读者面前，"慢师傅"认为书是书店的脊梁，如果不能对图书的质量进行严格甄选的话，书店就会变得卑躬屈膝。"慢师傅"每天都会向来店的读者进行好书推荐，每一本被推荐的书都是"慢师傅"阅读过的，他们会根据不同书籍的特点，制作相应的原创书签、笔记本等。

其次，"慢文化"早已深入人心。打造出区别于其他实体书店的、属于自己的文化，才能在激烈的市场竞争中脱颖而出。慢书房致力于打造"慢文化"，慢慢读书，慢慢生活，慢慢享受，将慢文化渗透到营销过程中形成了独特的文化内涵，让生活在快节奏社会的读者找回了久违的生活体验。慢书房将书舍设计成四间客房、一间书房，为书友们提供"住进书店"的服务，真正将读书变为可以住下来慢慢体会感悟的一件事。

最后，文化基因唤醒了观察性学习的能力。中华民族是一个热爱学习、渴望学习的民族，人们已经形成了"我要阅读"的社会心理。同时，与快节奏的现代生活不一样，我国文化体系是有"慢"倾向的，因此慢书房的"慢文化"自问世以来颇受欢迎。

与此同时，在慢书房经营的十年期间，也存在着"互联网+"模式转型不到位、科技赋能脱轨等经营问题。慢书房如何更广泛、更有效地宣传"慢文化"，如何能增强用户黏性，都是值得考虑的方面。

一是要加大各媒体平台宣传力度。慢书房为人们所知的便是其公众号推送的优越性，内容集中于图书推荐以及评论当下一些新热点等，原创性内容极具思考价值，阅读量也相对较高。但与此相反，慢书房的微博停留在了 2021 年 9 月 23 日，抖音账号的粉丝量以及点赞量也是较少，由此可见慢书房在新媒体平台方面的宣传是处于缺位的困境。新媒体时代的传播讲究多渠道、全方位的传播，重视全媒体平台是关键，在微博以及各大短视频平台之中，利用话题等方式加强与用户的互动性、交流性，让更多的用户关注到慢书房的微博号才能争取一批读者，才能扩大慢书房的"网络空间"，才能更全面且系统化地宣传好慢书房。

二是科技赋能增加实体书店的沉浸式体验。大数据、VR 等新兴技术是打造实体书店智慧空间的重要技术基础与手段。2016 年在广州打造的首家新华"四阅"书店首次尝试将 VR 技术应用于儿童阅读，在儿童阅读体验区装配 VR 设备，推出科技体验、动物世界、手工制作等收费项目。应将慢书房的阅读空间与新科技进行结合，不断扩大虚拟阅读空间，增强读者体验，将图书里的内容变成可触、可视、可感的虚拟内容。因此，将实体书店与新科技进行结合，不仅可以扩大读者的阅读空间，也可以增强用户黏性，给予读者不同的阅读体验。

案例三：《三体》的横空出世——新奇性心理驱动下的阅读

《三体》是刘慈欣创作的长篇科幻小说系列，由《三体》《三体2：黑暗森林》《三体3：死神永生》组成，第一部于2006年5月起在《科幻世界》杂志上连载，第二部于2008年5月首次出版，第三部则于2010年11月出版。作品讲述了地球人类文明和三体文明的信息交流、生死搏杀及两个文明在宇宙中的兴衰历程。其第一部经过刘宇昆翻译后获得了第73届雨果奖最佳长篇小说奖。2022年9月，《三体》入选2021十大年度国家IP。

《三体》三部曲外文版已同全球最大幻想文学出版社、美国麦克米伦出版公司旗下的托尔图书（Tor Books）完成版权提前续约，续约金高达125万美元，创造了中国文学作品海外版权输出的新高。目前，三部曲已输出30多个语种，外文版累计销量超过330万册，并在欧美发达国家及"一带一路"沿线国家收获大量粉丝。

IP衍生多样化

《三体》作为大IP自然也会出现动漫、影视、剧集等多种多样的艺术形式。

动画：2014年，《我的三体》的同人动画进驻B站游戏区，得到了素来眼光严苛的"三体粉"的认可，豆瓣评分也高达9.4。《我的三体》始于2014年还在读大学的神游八方的"用爱发电"。《我的三体》的成功，让同人动画拥有了无限可能。之后的2016年、2020年，导演又相继推出了《我的三体之罗辑传》《我的三体之章北海传》，均取得了评分9.5分以上的成绩。

漫画：2019 年 11 月，腾讯动漫改编的《三体》同名漫画上线，漫画的绘制风格和其中未还原原作的内容设定在幻迷群体中引发了讨论热潮。

舞台剧：《三体》系列舞台剧是由 Lotus Lee 未来戏剧工作室出品的大型多媒体舞台剧，2015 年，Lotus Lee 拿到《三体》改编权。2016 年 3 月，工作室创始人李童着手寻找《三体 2：黑暗森林》舞台剧主创团队，联系了百老汇舞美设计师乔治·西平、服装设计师凯姆·巴莱特、导演菲利普·德库弗列以及波兰 Platige 公司（动画工作室）。2016 年 6 月，舞台剧《三体》在京沪首演，首演票房即达到了千万，上海上座率达到 90%。目前已更新到《三体 2：黑暗森林》的内容。

电视剧：腾讯视频与三体宇宙出品的国产电视剧《三体》同样备受关注，对比之前不了了之的《三体》电影，《三体》电视剧的制作并未重蹈中途流产的覆辙，演员的阵容也堪称豪华，由张鲁一、于和伟、陈瑾、王子文、林永健、李小冉出演，并且在 2023 年 1 月 15 日播出。

《三体》英文剧集：2020 年 9 月，Netflix 宣布将开发制作《三体》英文系列剧集，由曾国祥执导，《权力的游戏》主创 David Benioff 与 D.B.Weiss 携手《极地恶灵》第二季的制作人 Alexander Woo 出任执行制片和编剧，该剧于 2024 年播出。

文创产品：赛凡科幻空间制作的联名蓝牙耳机、金属徽章、短袖、雨伞等物品，《科幻世界》杂志也出过日历和新春礼盒，商汤科技的明信片、手册本，这些文创产品反映了三体 IP 的商业价值。

《三体》火爆的原因

一本书能够爆火，成为一个知名 IP，是由很多因素构成的，对于《三体》，不同意识形态所引发的文化好奇是使得它能够爆火的原因之一。科幻小说最为独特的一个审美价值就是新奇性。刘慈欣认为科幻小说的核心就是"对科学、对未知、对宇宙的惊奇感"，这是科幻小说"最基础的灵魂性的东西"。作为科幻小说独有的一种审美特质，新奇性一直是这类文学作品最大的魅力所在和价值追求。西方读者在接受中国当代文学时除了求同的心理外，另外一种心理是"求异"。通过阅读中国文学作品，尤其是中国当代文学作品，他们认为能了解中国人的生活。

《三体》呈现了一个具有中国特色的故事，刘慈欣虽然展现了世界性的书写风格，但在故事内容、叙事技巧等方面也表现出了独特的民族特色。从小说的表达方式来看，《三体》更像是一部通俗小说，不太像传统意义上的文学作品。通俗小说有一个特点，就是传播效率极高，不管是哪个国家的人，故事写得好看，什么人都爱看。《三体》就是这样，故事极其好看。《三体》系列有点百科全书的味道，回顾了科学发展史，还塑造了一个草根英雄的形象（大史）。全书中弥漫的恐怖气氛（灭世）和大量的悬疑（三体1中的智子疑团，三体2中的面壁人计划，三体3中的童话）也是这套书引人入胜的原因。还有翻译以及文笔的因素，刘慈欣的文笔朴实，尤其是在对于宏大场面描述的时候，没有多余的语言，仅是一些平实的比喻，所以基本上东西方的人都能看得清楚明白，这是很利于传播的。

《三体》书影

　　当然，对一本书的评价是千人千面的，评论中也有对《三体》的批评，比如人物比较平板、结构轻重不分、故事比较拖沓。但瑕不掩瑜，《三体》放在世界科幻小说里也绝不逊色，在世界科幻作家队伍中，"第一梯队"终于出现了一张中国面孔。刘慈欣借鉴西方作家的叙事技巧，来讲述具有科幻色彩的中国故事、呈现中国人生活的同时，也在叩问人类终极命运。这或许是消除文化隔阂、制造共鸣的关键所在。由此可见，《三体》以科幻小说特有的新奇性紧紧抓住读者好奇探幽的阅读心理，打破了读者想象力的局限，拓展了读者的认知和想象空间，这也是《三体》获得广大海外读者认可和接受的核心特质所在。未来，中国当代文学对外传播还要充分利用智能时代提供的机遇，精准施策、拓展现代网络媒体传播渠道，选择合适的译者和国外出版机构，以推动更多文学作品走出国门，实现中国文学对外传播的弯道超车，发挥其在构建中国国际形象中的重要作用，向全球展示一个"真实立体全面的中国"。

案例四：《金瓶梅》的岁月流金——逆反心理挑衅下的阅读

　　《金瓶梅》又名《金瓶梅词话》，通常被认为是中国史上第一部文人独立创作的长篇白话世情章回体小说，成书时间约在明朝隆庆至万历年间，作者署名兰陵笑笑生，《金瓶梅》的书名是从书中三个女主人公的名字中各取一个字而成的，潘金莲、李瓶儿、庞春梅。该小说由《水浒传》中武松杀嫂一段演化而来，通过对兼有官僚、恶霸、富商三种身份的市侩势力的代表人物西门庆及其家庭罪恶生活的描述，揭露了明代中叶社会的黑暗和腐败，再现了当时真实的市井平民生活，是一部细致地描述人物生活、对话及家庭琐事的小说，具有较深刻的认识价值。《金瓶梅》被列为明代"四大奇书"之首，为《红楼梦》的产生做了准备，海外影响力甚至超越《红楼梦》。《金瓶梅》被改编为多种戏曲，后来又被多次改编成影视作品。

《金瓶梅》自问世以来，被打上了"禁书"的标签，因书中对于男女情爱的描写过于露骨，这也就使得人们对《金瓶梅》形成了"色情小说"的刻板印象，法国大百科全书称《金瓶梅》"全书将西门庆的好色行为与整个社会历史联系在一起"。但仔细阅读这本小说会发现，书中对于这些所谓的"色情内容"描写并不是很多，整本小说更多地在讲那个年代的世俗之事，在讲当时社会民间生活的真实面貌，描绘了一个上至朝廷内擅权专政的太师，下至地方官僚恶霸乃至市井间的地痞、流氓、宦官、帮闲构成的鬼蜮世界，以及对于不同阶级的人性揭露。

观念冲突下的坎坷传播

明清时期，在通俗小说创作、传播过程中，读者与市场因素相当突出。世人对于《金瓶梅》的态度和阅读行为对于这部小说的传播产生了重要影响，读者的审美趣味和阅读心理又影响到了《金瓶梅》的传播，因书中有着一定的色情描写，在明清时期处于一种"被禁止"的状态，使得世人往往出于一种"逆反心理"来进行阅读。

如何引导读者正确阅读，以及是否禁止阅读，是明清时期统治阶级所需斟酌的重点。明清时期《金瓶梅》的阅读形式既有抄读、借读，也有购读、赠读等。明万历后期，《金瓶梅》已在文人之间以抄本形式广泛传播，另外在明清时期，购读小说的现象较为普遍，无论是文人还是普通百姓，都对于《金瓶梅》等通俗小说有着较高的购买热情，有力推动了这本小说的传播。

《金瓶梅》自进入到出版传播时代以来，对其负面效果的评价也是纷至沓来。清朝李绿园在《歧路灯》中说道："坊间小说，如《金瓶梅》，宣淫之书也。"对《金瓶梅》进行负面评价的文人有一个共同点，即担心读者不会读《金瓶梅》而深受其害，久而久之，读者从大众媒介所看到的、从他人口中所听到的多是负面效果。书中某些不健康的内容，不利于统治阶级管理，也就出现了统治阶级对《金瓶梅》进行焚烧、禁止的现象。《金瓶梅》一直以来被许多读者视作色情小说，视作"淫书"，直到现代才被人们广泛阅读，同时对于《金瓶梅》的研究也是逐渐增多，如公众号"金学界"便是为致力于研究《金瓶梅》所注册的，旨在为《金瓶梅》的读者提供交流学习平台。

经典著作的分众传播

《金瓶梅》是我国小说史上极为"奇特"的小说，评价不一，其传播系统不合理、传播渠道不通畅、传播主体无序性等导致传播障碍的发生，如何解决这一系列问题，如何去《金瓶梅》的污名化，是对该小说的重要研究方向。

首先，有针对性地分众传播。所谓分众传播，就是根据受众的性别、年龄、受教育程度、社会地位、阅读动机等各方面的差异性，把众多的受众划分为不同的受众群体，然后针对划分标准，对于不同的受众群体采取恰当、适应的传播方式与传播内容。就《金瓶梅》而言，有学者便主张针对不同的受众群体，分别对应出版《金瓶梅》的删节本或全本。人民文学出版社 1985 年出版《金瓶梅词话》时删减 19174 字，可是 2000 年再出版时只删了 4300 字。如黄霖先生所言："究竟应该怎么办？我看还是分清情况，区别对待；删、全俱存，各取所需。"

其次，意见领袖的正确引导。《金瓶梅》在人际传播过程中，如袁宏道等"意见领袖"发挥了重要作用，虽然这些"意见领袖"对于《金瓶梅》

的评价有好有坏，但不可否认，他们对于其传播做出了巨大贡献。在法律、道德标准的框架内允许不同受众群体发表不同意见，同时也一定要重视他们的思想方向以及态度行为，放开并非放肆，并非完全放开，而是要有着一定的约束标准，尤其是对于一系列的"禁书"，更应该是秉持着管制与允许相结合。

未来《金瓶梅》如何传播，一是确定读者范围。与上面所提及的一样，通俗小说的推广要进行分众传播，与此同时也要确定好读者的范围，并不是所有的人群都适合进行传播。不同受教育程度、不同年龄的群体对于通俗小说的接受程度也不一样，可能是从学生视角、商人视角，也可能是从女性或者男性等视角，即便阅读同一本书籍，由于受到自我的各种因素影响，所感悟到的书本意义也会不同。二是重视把关环节。一方面对于所出版的通俗小说，一定要获得许可证，不得私自印刷出版；另一方面，读者在购买通俗小说之时，要去找正规书店的排印本进行购买。对于特殊类书籍，一定要严格把关，避免有心之人肆意宣传。

案例延伸

影响阅读接受的心理机理

在阅读过程中，影响读者接受的心理机理主要表现在七个方面。

一、新奇性趋近心理

新奇性（或者说陌生化）趋近机理，也称之为感应性机理。指正是由于阅读之于接受主体的新奇性与陌生化，致使接受主体对其有一种求异性的喜欢，从而趋向它、接近它，形成一种感官层面的接受，或者说是感应性接受。社会心理学家克雷齐（Krech）在《心理学纲要》

中指出，人们对外界的刺激有趋新、好奇的特点，而那些"完全确实的情境（无新奇、无惊奇、无挑战）是极少引起兴趣或维持兴趣的"。所以新奇的东西才能唤起人们的兴趣，才能在新的视角、新的层面上发掘出自我本质力量的新的层次并进而保持它。在阅读接受中，我们必须有效利用新奇性趋近心理机理。

二、陌生化排斥心理

陌生化排斥心理机理与新奇性趋近心理机理正相反，由于接受主体有自己业已遵循的知识地图与认知图景，对陌生的东西有一种刻板印象式的排斥，从而对阅读有一种结构性的拒绝。这个拒绝就如同"格式塔心理"一样，在消费者的知识结构中，根本就没有与新的阅读对应的成分。也就是说，新的阅读无法在消费者的认知中完形为已有的认知结构，从而遭到拒绝。在对外传播与阅读接受中，人们面对的国外传媒文化产品，在语言、历史习惯、价值观、思维方式等方面是陌生的。由于语言符号（包括非语言符号）、时空认识及生活方式的不同，消费者很可能会对阅读的社会客体产生排斥。

三、偏向性理解心理

英国媒体理论家斯图亚特·霍尔（Stuart Hall，1932—2014）的"编码—解码"理论，是偏向性理解、反向性误读、认同性因应、认可性兼容、价值场同啸等五种机理的理论基础。霍尔认为电视话语的生产环节就是信息的编码。同商品一样，在编码环节，生产者必须在一个有意义的话语环境内生产符码。"在编码阶段，占主导地位的是原料的加工者、制作者，以及占主导地位的意识形态对他们世界观的控制和影响。"霍尔强调，不论是编码阶段的意义结构，还是解码阶段的意义结构，都会基于编码者与解码者一定的知识框架和技术支持。当然这两个主体的知识框架与技术支持是否一致，就影响到消费者对电视话语的择取、解释、理解与整合。偏向性理解机理类同于霍尔所说的"协商解码立场"。

四、反向性误读心理

反向性误读机理与霍尔解码方式中的对抗立场相近。消费者理解的意义与生产者赋予的意义正好相反。当然，这个反向性误读与对抗立场还是有些区别的。对抗立场是指消费者能看出编码中所赋予的意义，然而却偏偏不按照该意义去解码，而用相反的意义与解释、理解和整合。反向性误读既可能是消费者了然编码者的意义，也可能是真的不懂其意义（主要是因为文化背景完全相反），所以其赋予意义的出发点既可能是故意对抗，也可能是无意碰巧。

五、认同性因应心理

认同性因应机理较近于霍尔模式中的"支配—霸权立场"。消费者完全按照编码者的支配意义去解码，自己处于被动地位。所谓认同，是指受众已臣服于符码意义的支配地位，有意识地去学习编码者的文化，使自己的知识框架、技术基础尽量与编码者相同，在一个共通的意义空间中接受传媒文化产品。认同可分为两类：一是自我认同，是指对自我现况、生理特征、社会期待、以往经验、现实情境、未来希望、工作状态等各层面的觉知，统合成完整、和谐的结构。亦即追求自我同一性及连续性的感觉。二是社会认同，是个人拥有关于其所从属的群体，以及这个群体身份所伴随而来的在情感上与价值观上的重要性知识。

六、认可性兼容心理

认可性兼容机理是指消费者在保持自己文化价值观主体地位的前提下，以一种主人翁的姿态，给予他文化一定的存在空间，是一种兼容性的接受。价值认可是在东道国文化价值观主导下的一种彼此独立存在前提下的肯定，主体已有的文化价值观念与客体的价值观念不融会，但可以和谐并存。在主体的范围世界，客体要想获得栖身地，必须通过努力，让自己的文化价值观念主动停留在一定的空间。使主体不会有威胁之感，要以一种友好、谦和的态度与主体交往。如此，客体便能在主体认可的基础上，延展自己的友好之旅。

七、逆反心理

逆反心理是社会心理现象之一，指客观环境要求与主体需要不相符合时所产生的一种强烈的反抗心态。逆反心理有两种表现，一是指社会成员反抗权威、反抗现实的心理倾向，二是指青少年成长中为求自我独立对父母或对师长所表现出来的反抗心态。逆反心理产生的原因有三种，一是好奇心，例如，一些不健康的文艺作品，越是受批评，人们越是想看，想方设法弄到手，一睹为快；一是对立情绪，由于存在这种情感态度，一方总是站在另一方的相反立场去看待问题；一是心理上的需要，主要是指未成年孩子，越是得不到的东西越想要，越是不让知道的事情，越是想知道。

第三节　启示与思考

从《阅读社会学》理论来看，银龄读书会是一个阅读的社会组织，苏州慢书房属于阅读的社会保障设施，《三体》和《金瓶梅》则是阅读文本、图书产品，尽管它们分属于不同领域，但都巧妙地把握了"人的阅读社会心理"这个根本要素，从而充分发挥了较好的社会作用，成为重要的社会品牌，促进全民阅读的发展。

如何把阅读者吸引过来、组织起来、持续下去，有很多路径和方法，但分析把握好某些社会心理，并因势利导这些社会心理在某个节点的显性作用，往往能起到事半功倍的作用。银龄读书在那么多的读书会中能够脱颖而出，就是把目标对象锚定在老年人这个群体，切中了老年人依然有（甚至更迫切）社会角色扮演和自我价值彰显的心理，从而以科学合理的方式组织协调引导这个群体的阅读行为，实现了预期社会目标。苏州慢书房是把握了人们在快节奏生活中渴望慢下来的社会心理，把书店做成了融通各种社会心理的文化空间。《三体》的成功得益于很多因素，但不可忽视的是作者、出版者和经销者都完美把握了阅读者的新奇性心理。《金瓶梅》与古今中外所有被禁的书一样，因某些方面挑战了统治者的意识形态和一般社会伦理道德，如同一枚硬币的两面，"禁"的本身就是"反"，逆反心理促进了被禁之书的传播和流行。

银龄读书会作为个人发起的一个民间读书会，最后被政府和社会认可，并在政府主办的首届全民阅读大会上亮相，其与其他阅读促进组织的不同，在于其把眼光聚焦在老年人这一弱势群体的阅读上。

当发起人经历双亲俱亡、痛悔"子欲孝而亲不待"的感情激荡之后，就把对父母的爱投射到与父母一样的老年人身上。老年人的孤单、寂寞及伴随的强烈社会角色扮演与社会存在感，使发起人敏锐地发现了老年人"自我价值实现"这一重要社会心理。通过组织各种活动，让老年人通过读书重回青春岁月，重温激情华年，并在阅读圈子构建的又一社会系统中进行角色扮演，作出社会比较，获得自我认知，在读书会这个社会子系统中找到存在感和满足感。

在社会心理学研究中，"自我"是社会思维的重要概念。社会中的自我就是我们对自己的认识，而这种认识主要决定于整个社会环境，也可以说是社会环境塑造了我们的自我概念。正如社会学家查尔斯·库利的镜像自我所说，"我们总是根据自己出现在他人面前的样子来感知自我"。周围的文化对自我认知的影响深刻而复杂，不同文明、不同国家、不同民族、不同区域、不同阶层、不同学历、不同性别、不同年龄存在文化差异，丰富的文化差异又对自我认知产生影响，造成阅读文本选择和阅读行为的不同。阅读组织者应该深谙这种社会心理，并运用到工作实践，定然会对阅读组织和推广工作发挥较大的正向作用。

苏州慢书房作为一个民营书店，它做的不仅仅是图书销售工作，而是抓住当代人们被快节奏工作逼迫下渴望慢生活的社会心理，把书店做成融通社会心理的文化空间，使人们可以舒心地待在书房喘息休憩。

苏州慢书房的成功首先在于正确认识阅读，正确认识阅读人群。《说文解字》认为，"阅"就是将家庭功名尽数记载于大门门板，供人观看，主要是人的视觉器官眼睛的事情。"读"是看着文字念出声来，声音既可以是自己听，也可以是他人听，主要是人的听觉器官耳朵（当然也包括视觉器官眼睛）的事情。即凡是用眼睛与耳朵去做的事情，都可以称之为阅读，对象包括自然景观、文字、符号、图画、动漫、影像、音频与视频等。纸质与非纸质的承载知识与信息的各种媒介形态，都是人们赖以阅读的工具。因此，阅读人群绝不只是文艺青年与城市精英，而是所有拥有视觉能力、听觉能力与触觉能力的普罗大众。

其次，认识实体书店在人们阅读选择中的应有地位。随着数字技术、网络技术、移动技术和智能技术的不断革新，人们有了多元阅读选择，电子网络数字媒介占比越来越大，传统纸质书报刊逐步式微。实体书店必须认识到书报刊地位的变化，同时又要坚信其在人们阅读选择中不可或缺的地位和作用。

最后，正确认识实体书店永恒的社会价值与人类价值，做成融通各种阅读社会心理的文化空间。人类的发展史也是一部阅读史，只要人类还需要通过视觉、听觉与触觉器官获取知识信息，阅读就不会消失，作为阅读媒介孩童时代的纸质阅读物就不会消失，作为容纳纸质阅读物的实体书店就不会消失。实体书店需要进行根本上的转型，不再是图书的简单展示台与销售处，而应该是能够融通上述各种个体心理与社会心理的文化空间。在这个文化空间里，不同阶层、不同圈层、不同人口统计特征的人都能找到自己的心灵栖息地，并能在保持各自主体地位的同时，实现不同价值观的认可、认同或接受。因此，读者走进实体书店是必然的。实体书店要与时俱进，成为各阶层读者的心灵的港湾，在一个同时完全属于一个人或一群人的公共平台里，在一杯杯浓稠悠长的咖啡香味中，让各位读者的精神世界变得更加深邃而辽阔。

《三体》这部科幻小说的国内外畅销，标题、题材、作者、内容等要素，都符合新奇性阅读社会心理的作用机制。新奇性（或者说陌生化）趋近机理，也称之为感应性机理，指正是由于传媒产品之于接受主体的新奇性与陌生化，致使接受主体对其有一种求异性的喜欢，从而趋向它、接近它，形成一种感官层面的接受，或者说是感应性接受。

陌生化强调的是在内容与形式上违反人们习见的常情、常理、常事，同时在艺术上超越常境。新奇的东西才能唤起人们的兴趣，才能在新的视角、新的层面上发掘出自我本质力量的新的层次并进而保持它。陌生化正是化熟悉为新奇的利器。陌生化这一手段在艺术领域应用广泛。我们通常所说的文学、音乐、绘画、雕塑等，由于陌生化的技法，而不断产生新的创意。

首先，"三体"这个标题，一改以往文学题材传统作家的命名习惯，科幻作品的标题大多是人们熟悉的科学概念和动物名字，如星球大战、星际穿越、盗梦空间、人猿星球、黑客帝国等，这些标题尽管也运用一些虚的新概念，但基本偏实，让人们一看大概知道什么意思，而"三体"乍一看让人云里雾里，丈二和尚摸不着头脑，立马就催生了人们想进一步了解为何物的新奇性。三体是天体力学名词，指的是由三个质点及其相互作用组成的力学关系，主要是指三颗质量相似的恒星。一个纯科学的名词，用在文学小说的标题，让受众感觉极其陌生，从而产生强烈的阅读兴趣。

其次，作者本人的身份和职业也让人充满新奇性，刘慈欣本来是一名高级工程师，在《三体》问世之前，他似乎没有特别有名的佳作出现，一个理工科职业工作者，拿出这么重要的文学作品，让传统意义上的中国阅读者对作者本人也产生强烈的新奇感。更重要的是，在人们印象中，科幻小说作者似乎总是与中国无缘，而《三体》这种超越大时空的思维完全覆盖了全球现有科幻作品的理论逻辑与想象极限，"中国的科幻作家"这一标签就充满着巨大的新奇性，收获了无数全球读者。

最后，《三体》内容的新奇性形成了科幻作品的天花板，故事情节的设计、人物形象的塑造、未来世界的描绘等，让人真实地认为这就是地球人类将来的归宿与使命，这种充满逻辑性与真实感的文学创作，让人们对未来产生无极限新奇性的同时，又获得了无极限的实在感。新奇性既是一种基本的阅读社会心理，又是重要的文化产品生产和销售机制，生产者和经销者可以很好利用这一阅读规律机制，推出更多更好的经典文化作品。

　　《金瓶梅》这部中国传统经典文学作品经久不衰的流行畅销，可能并不一定在于它是最优秀的作品。不论在题材选择、文学技巧、内容安排和艺术价值上，它不能说是无懈可击，相反还有很多缺点，如有些人物和场景的文字描写过于琐碎，有些情节的设计过于离谱，有些内容的安排不合常理。但是，《金瓶梅》横空出世以来，不论是普罗大众还是统治阶层精英，都趋之若鹜，必欲一睹而后快，老少皆然，时代皆然，国内外皆然。原因无非就是书中男女性爱的描写有悖于统治者的意识形态和一般社会伦理道德而成为禁书。古今中外的书籍，一禁则流行，越禁越流行，这正是阅读者的逆反心理使然。

　　《金瓶梅》等禁书所体现的阅读逆反心理，给管理者的重要启示就是，要科学合理地对待某些书籍，把握好限制程度和是非边界，"禁止"这个大棒应该是最后的一个武器，不要轻易使用。如果我们动辄使用这个大棒，可能会给主流意识形态维护帮倒忙，反而成就了被禁之书，使本来艺术价值不高的作品成为畅销之作。这就有违管理者的初衷，对其他优秀文化产品生产者和人们的健康文化需求也是一种伤害。

第四章

阅读生态的重构和再造

第一节　阅读的社会结构

社会结构理论是社会发展理论的核心内容，社会结构理论也为社会学的发展与研究奠定了深厚的理论基础。正如法国社会学先驱涂尔干（Emile Durkheim，1858—1917）所说："对社会结构的分析是理解一切社会现象的出发点。"我们在社会发展中遇到的社会问题，包括政治、经济、文化等问题，不少都是社会结构性矛盾和问题，都可以从社会结构的角度找到其症结所在。

马克思认为："从物质生产的一定形式产生：第一，一定的社会结构；第二，人对自然的一定关系。人们的国家制度和人们的精神方式由这两者决定，因而人们的精神生产的性质也由这两者决定。"阅读是人类特有的智力活动，更是社会活动，是社会精神生产的必要而主要的环节，也就必然有它的社会结构。同时，阅读的社会结构是社会精神生产社会结构的子系统。

阅读行为作用于社会系统，因为阅读行为而产生并形成了一个特有的系统，这是一个由阅读社会要素构成的系统，这些要素来自人类的阅读行为而产生的地位与角色、群体与组织、社会设置和设施等。阅读的社会结构的基本要素包括作者、语言文字、文本、读者、出版者、传播者、阅读的时间、阅读的空间、阅读的设施、阅读推广组织、阅读的活动氛围等，是我们分析阅读的社会结构的起点和基石。要素是阅读的社会结构组成的基本单元，要素和单元的不同排列组合方式、互动模式形成不同的分类、分层关系系统，组成不同的结构，如汉语社科作者、英文纸书的大学生读者、老年听读、中小学读者的课外家庭阅读、图书馆的英文科技读者、男性青年读者的闲暇数字阅读，等等。应该说，阅读的社会结构具有一定的稳定性，但在个体构建阅读行为的过程中，这些阅读要素与外部社会环境会不断整合实践，阅读的社会结构也一并进行了再生产。社会阅读活动会不断升级转型，发生变化，因此这一结构也是动态的。每个要素并非从始至终一成不变的，而是随着媒介技术、社会环境的变化而变化。

我们可以根据阅读的社会要素组成不同类型和层次的阅读社会结构，如就场合来论，有公共阅读和私密阅读、图书馆阅读和学校阅读、书斋阅读和书店阅读等；就交流模式来分，有朗读和默读、泛读与精读、思辨式阅读和冥想式阅读等；就参与读者数量，有个体阅读和集体阅读等；就阅读内容来说，有政治阅读、宗教阅读、人文阅读、艺术阅读、科技阅读等；就阅读的主体来分，有儿童阅读、青少年阅读、老年阅读和男性阅读、女性阅读，等等。阅读的层次也可根据多种元素来分，如根据阅读主体的学历，有中小学生阅读、大学生阅读、研究生阅读等；根据读物，从消遣娱乐型阅读、学习型阅读到研究型阅读等；根据阅读能力，从听读到能博览群书等。

阅读的社会结构是一个复杂的系统，无数各类各层次的较小的阅读社会结构组成规模更大的结构，结构之间或重叠，或交叉，或覆盖，或相连相交，组成层层叠叠的网状结构，它们既具有一般社会结构的基本要素与规范特征，也具有自身行（专）业的独特组成与个性特征。阅读的社会结构不是空中楼阁，它会在不断地阅读与社会互动、整合实践中，经常地嬗变、重构和更新。

要看到，今天我们人类社会的所谓"阅读问题"，其实质是由于网络数字技术对整个传统阅读的社会结构的冲击，造成既有的阅读社会结构的失序、失衡，最后重置阅读的社会结构而产生新的阅读的社会结构。因此，我们要迅速适应阅读的社会结构这种变革，促进传统阅读社会结构的转型升级，重构重置阅读行业的社会生态链，迎接社会阅读结构的新生。

第二节　阅读社会生态重构中的全民阅读

案例一：《哈利·波特》——现象级文学作品推动社会阅读风潮

1997年6月26日，英国女作家 J.K. 罗琳的长篇小说《哈利·波特与魔法石》（*Harry Potter and the Philosopher's Stone*）在英国出版，此后20余年，包括《哈利·波特与密室》等在内的7本《哈利·波特》系列图书被翻译成79种语言，在全世界范围内总计发行超过4.5亿册，《哈利·波特》系列图书在全球掀起阅读热潮。2000年9月，《哈利·波特与魔法石》中文简体版正式出版，截至2019年，《哈利·波特》系列图书的简体中文版累计突破3000万册，成为名副其实的超级畅销书。同年，《哈利·波特与死亡圣器》被收入教育部统编七年级（下）语文教科书指定书目。

《哈利·波特》系列图书主要讲述的是小孤儿哈利·波特前往魔法学校

霍格沃茨学习魔法的传奇经历，情节跌宕起伏，语言诙谐幽默，精彩的故事蕴含着深刻的人生哲理，影响着读者人生观、价值观的形成。与此同时，《哈利·波特》系列图书传达出来的儿童本位创作思想对中国儿童文学的发展起到重大推动作用。

《哈利·波特》系列书书影

贴近儿童现实生活，符合儿童心理特点

《哈利·波特》系列图书从主人公 11 岁的经历展开讲述。在现实世界中，也就是"麻瓜世界"里，哈利是一个寄人篱下的孤儿，生活艰难，是典型的弱势群体。而在收到邀请去魔法学校就读后，即哈利进入魔法世界，在同学、老师的关爱下，他不但学会了魔法技能，还交到了好朋友，挣脱了曾经悲惨的生活带来的束缚，逐渐变得勇敢，并勇于和实力强大的反派人物伏地魔作斗争。

魔法世界与麻瓜世界并非两个毫无交集、独立存在的，而是在一定程度上相互交融的世界。麻瓜世界中的人普遍中规中矩，过着平凡甚至平庸的生活，金钱至上等世俗观念横行，所以哈利在失去父母后，在亲戚家过着压抑、悲惨的生活。而在魔法世界里，有循循善诱的师长、志同道合的朋友，自己学会魔法技能后可以去任何想去的地方探险，即便魔法世界中有实力强悍的坏人，哈利也在经历了一段心路历程后，战胜了内心的怯懦，勇敢与之战斗。

故事设定贴近儿童现实生活，完美地将现实与幻想的世界融合在一起。主人公哈利跟许多读者是同龄人，他在魔法学校经历的校园生活与许多读者现实中的学校生活是重叠的，但又有许多不同之处。现实中的校园生活往往是枯燥乏味的，几乎每个平凡学生都过着同样平淡的生活，但是在幻想的世界里，在他们熟悉的校园环境中，老师教授的课程不仅限于枯燥的数学，更多的是可以实现愿望的魔法，同样身为学生的哈利每天不只是单调的上下课，机械地写作业，而是充满了惊险刺激的冒险经历，甚至为了伸张正义还要与强大的坏人战斗。与此同时，幻想的世界中也有很多跟读者现实生活一致的细节，比如同为学生都会为了考试而紧张烦恼，学校的老师有着古板严肃和亲切可爱的双面性，随着年龄的增长、同龄人之间情谊的变化等，读者们在阅读时产生了一种"我就是哈利，哈利就是我"的感觉，因为哈利的生活环境与"我"如此相近，又超脱了"我"现有的生活模式，令人无比向往，可以说，《哈利·波特》满足了读者最高级的心理需求——自我实现的需求。

心理学认为，儿童的思维主要是潜意识思维，即非理性思维，显著表现为原始思维和幻想思维，儿童不会刻意将现实世界与幻想世界区分开来，他们相信万物有灵，相信魔法世界中一个魔法口令就可以修复破损的衣物，骑着扫把可以乘风破浪到自己想去的任何地方。"《哈利·波特》建造了一个自给自足的魔法世界，有自己的历史、自己的语言、自己的规则……就好像一个圆，自我循环"，即便这是作家罗琳构建出来的幻想世界，但这个世界中存在的逻辑规则符合儿童的思维方式，所以读者们沉浸于这个现实与幻想交融的小说世界之中无法自拔。

传递积极正向的价值观，爱与正义贯穿作品始终

在7本《哈利·波特》故事中，包括亲情、友情、爱情在内的"爱"是贯穿作品始终的主题。在《哈利·波特》的故事中，作者始终在强调友谊的珍贵。小哈利在去魔法学校上学后，先后结识了罗恩和赫敏两位朋友，在整个青春成长时期，经过无数挫折考验，三人之间的友谊历久弥新。与罗恩的相识，罗恩一家对小哈利的关爱，让他感受到胜似亲情的温暖。而赫敏作为一个优等生，不但专业能力过硬，懂得很多咒语，还勤奋好学，经常去图书馆看书、帮助哈利学习。这样一位足智多谋的朋友，也是哈利多次身陷险境时逆风反转的"王牌"，他们三人既是交心的好友，也是超越生死的战友。

此外，哈利师生之间的情谊也总令读者动容。邓布利多在哈利失意之时给予的安慰，朴实而经典的人生哲理总能在关键时刻指引哈利成长，还有斯内普教授以自我牺牲的精神，默默守护在哈利身边。老师们给予哈利关爱与守护，为他照亮了心灵成长之路。

哈利从11岁到17岁，一直与反派战斗，为了让魔法界摆脱以伏地魔为首的黑暗魔法一派，哈利跟同伴们不顾双方实力的悬殊，努力学习成长，以百折不挠的精神与邪恶势力殊死搏斗。虽然他在缺乏关爱，充斥着贫穷的生活环境里成长，但在经历了生活和人性的黑暗后，依然相信爱和正义的力量，并战胜了内心的软弱与胆怯，坚定地与黑恶势力战斗到底。正是

朋友、老师给予的爱，一路支撑着哈利从一个命运悲惨的普通男孩，成长为一个内心强大、勇敢无畏、为正义而战的英雄。"爱"与"正义"贯穿系列作品始终，却因为人物和情节贴近现实，将作者想要传达的价值观丝毫不带说教意味地渗透到作品中去。

以"儿童本位"为指导，满足儿童快乐阅读的体验

《哈利·波特》系列图书令中国儿童文学理论界重新审视"幻想文学"的重要性，并提出今后儿童文学的创作应以"儿童本位"为指导。《哈利·波特》深受全球儿童读者的喜爱，究其原因是作者站在儿童的视角，从儿童的心理需求出发，用儿童能够理解和常用的语言讲述了一个个情节紧张、环环相扣的精彩故事。首先，创作上尊重儿童的认知发展规律，重视孩子们的阅读体验，作者运用"草蛇灰线，伏脉千里"的写作手法，环环相扣，经过抽丝剥茧后，谜底揭晓，令读者回味无穷；其次，在情节设置上，作者充分发挥想象力，在书中设置重重迷局，从时间线上埋下多重伏笔，故事情节跌宕起伏，叙事节奏张弛有度，当主人公在险象丛生的情境下突围而出时，被吊足了胃口的读者不由自主地跟着松一口气，这种酣畅淋漓的阅读体验是让众多读者追随小说多年的原动力。

《哈利·波特》的成功，得益于"儿童本位"思想，随着《哈利·波特》在我国掀起阅读热潮，"儿童读者"理论意识重新觉醒。长期以来，我国的儿童文学由成年人掌握话语权，儿童文学一度面临着作家、评论家等成年人叫好的作品，儿童并不"买账"，而成年人认为教育意义不足、立意深度欠缺的作品，却广受孩子好评的尴尬局面。《哈利·波特》重新诠释了儿童文学创作中"想象力"的作用，认可了幻想的正面价值，孩子们抛开现实生活的束缚，在幻想的世界中遨游，当他们发现任何在现实世界中做不了

或不让做的事情在这个幻想的世界中都可以实现时，他们已经沉浸在这部完全符合儿童思维特征的作品之中无法自拔了。这之后的中国儿童文学审美价值发生了转变，"从儿童中来，到儿童中去"成为考验儿童文学作品价值的不二法则，儿童读者的意见得到前所未有的重视。

案例二：起点读书APP——网络文学平台推动社会化阅读模式

原创文学门户
起点中文网
www.qidian.com

2002年5月，由数字阅读龙头企业阅文集团创办的起点文学网，是国内领先的原创文学网站。自2003年起，起点中文网由之前的免费阅读模式改为会员付费阅读模式，这项革新措施使得起点中文网在网络文学领域迅速发展壮大，一度呈现出一家独大的局面。起点中文网自诞生之日起，依托数量庞大的网络作家队伍，内容发掘推广机制推出了诸多经典网络文学作品，并积极推动网络文学作家这一职业群体的迅速发展。2013年，起点中文网成功创办移动终端内容载体"起点读书"APP，为作者和读者之间搭建了桥梁，进一步加强了作者和读者之间的沟通，并依据读者兴趣实现个性化推荐，大量优质网络文学IP的出版与影视化带来的热度，同时加强了用户黏性，扩大了市场份额。

作者与读者共同创作模式

网络文学的出现意味着传统的文学生产机制发生改变，在开放性、互动性较强的互联网媒介特质下，开放式的文本与作者的去中心化创作模式，使得读者与作者之间的创作与阅读关系呈现出强互动性，二者的身份不再是泾渭分明的创作者与接受者，读者和作者之间的关系趋于平等。在互联网时代，读者和作者的互动已成为网络文学阅读的重要组成部分，作者和读者之间可以实现即时互动，读者与读者之间也可以打破物理空间实现更广泛的交流互动。起点读书 APP 正是基于读者和作者、读者和读者之间的互动模式形成社会化阅读机制。其中，读者和作者共同创作的文学生产机制是以起点读书 APP 为代表的网络文学平台构建社会化阅读互动机制形成的关键所在。

以起点读书 APP 为代表的原创网络文学平台是作者和读者交流互动的"主战场"，还会进一步跨越至百度贴吧、微博、豆瓣等其他社交化媒体平台加深互动。由于网络文学作品大多是未完结状态下即上架，因此，读者群体可以边阅读边提出自己的阅读感想，或对于人物、情节的发展期待。起点读书 APP 对读者群体提出的主要意见建议进行选择性吸收，作者在接收到读者反馈后，对作品下一步的创作产生了实质性的影响。起点读书 APP 刊载小说的作者与读者在论坛以发帖的形式对人物形象、情节架构展开讨论，并吸收进小说创作之中的互动机制，也推动了广大网民以本人为原型带入角色写作的同人小说的发展。

读者与读者社会化阅读互动机制构建

网络文学最大的特点就是在作品中充分体现读者意愿的表达，起点读书 APP 在 2017 年推出的"本章说"功能就是对读者与作者共同创作的生态体现。"本章说"的功能体现在两方面：一是段评，即读者在阅读到某个章节段落时即可展开互动评论；二是章评，即在文章末尾专门展示读者对整章内容的评论，或对本章中精彩段落的展示，此处空间可以满足读者对章节内容的情感抒发、吐槽推断等多种需求。

可以说，"本章说"功能满足了读者阅读作品时实时点评和章节长评的需求，通过阅读他人的书评，进一步引发不同读者个体之间的思想交流与碰撞，"本章说"功能打破了读者和读者之间的时空壁垒，不同时空下阅读同一作品的读者之间沟通的时效性得到了极大提升。有读者发出了"看评论比看正文还精彩"的感慨，甚至于"看文五分钟，看本章说一小时"等评论得到了一众读者的应和。据统计，在起点读书 APP 阅读连载最新章节的读者用户中，有 60% 的人会使用"本章说"功能，人均阅读其中的评论内容 9.6 分钟。

这种及时性、互动性强的评论功能同时受到了读者和作者群体的喜爱。作者在及时获取读者对最新创作内容的评论后，往往会进一步优化吸收建议，融入之后的内容创作之中。因此，以"本章说"为代表的读者及时评论已经成为网络文学作品的有机组成部分，在线的网络文学作品真正成为作者与读者共同创作的产物。

在社会化阅读视域下，网络文学作者是作品创作主体，但作品完成需要经过一段较为漫长的过程，在此过程中，读者与作者、读者与读者之间相互作用，以起点读书 APP 为代表的网络文学平台则担负起引导作者、读者互动的责任，为读者营造自由表达观点和共同创作的平台，也是对法国著名作家、思想家、社会学家罗兰·巴特（Roland Borthes 1915—1980）的作者"去中心化"观点的现实回应。

案例三：商务印书馆——始终将满足读者的需求放在首位，引领时代阅读价值

从阅读社会学视角来看，出版的核心功能是传播知识信息、传承文化，而实现以上不同层面功能的核心在于出版的内容。创立于 1897 年的商务印书馆是中国现代出版业中历史最悠久的出版机构，出版书籍内容大多呈现较强的学术性、思想性和文化传承价值，在国内外专业领域和大众读者中间享有极高的美誉度。作为中国第一家现代出版机构，商务印书馆的创立标志着中国现代出版业的开始。坚持崇高的文化理想，始终为读者提供优质的阅读内容，是商务印书馆在 128 年来始终立于我国出版龙头位置的关键所在。

以"商务精神"坚守文化阵地

生于忧患之时的商务印书馆，128 年来饱经时代沧桑，与国家、民族"同呼吸、共命运"，始终坚定文化理想，坚持理想信念不动摇，把自身事业与国家和民族命运紧密相连的责任意识和担当精神；顺应时代之需，勇于探索、敢为人先的创新精神；承续文化传统，博采中西、兼收并蓄的开放精神；追求卓越品质，精雕细琢、精益求精的工匠精神，共同构筑起"商务精神"，并不断发扬光大，创造出文化理想与文化品质高度结合的出版财富，造就了中国近现代文化史上的奇迹。

商务印书馆创立之初，中国处于积贫积弱之时，变法图强的革命思潮在有识之士中间翻涌，为了让广大民众接触到进步思想，维新志士们不惜以生命为代价通过刊物宣扬新思潮。在晚清朝廷的重压之下，商务印书馆毅然承担起代印《仁学》等进步思想书籍的重任。"新文化运动"开始后，商务印书馆旗下的《东方杂志》改变原有的办刊方针，文章启用白话文和

新式标点，并积极介绍国外最新的思想与科学，成为宣传新思潮的重要文化阵地。其中，翻译、刊载了大量关于社会主义的文章，出版多种马克思主义书籍。

心怀高远的出版目标与文化理想，使得商务印书馆超脱于一般意义上的出版企业，他们以"昌明教育，开启民智"为使命目标，秉持"教育救国""文化救国"的理念，在推动中国文化教育发展进程中发挥了巨大的作用。在烽火连天的抗日战争时期，商务印书馆提出"为国难而牺牲，为文化而奋斗"的口号，坚持出版书籍和大型丛书，坚守文化阵地。1931年，商务印书馆编印《大学丛书》，开启了我国出版本土化大学教材的先河，促进了我国现代高等教育的发展和现代中国学术的独立，并确立了大学教科书成为图书出版专门类别的地位[1]。商务印书馆1928—1948年出版"世界文学名著丛书"154种，1929—1949年出版"汉译世界学术名著丛书"230种，汇集了世界文学和学术名著，推进了世界名著在中国的传播与接受[2]。

商务印书馆对于中国社会文明和文化的交流与发展，起到了极为重要的作用。在书籍的出版、杂志的编辑、外国书籍的译介、文学丛书的出版等方面，在哲学、宗教、政治学、经济学、法学、语文学、物理学、地质学、矿物学、天文学、植物学、动物学、医学、化学、生理学、教育学、艺术学、园艺学、文学等诸多学科领域，都有重大贡献[3]。

工具书和学术著作一直是商务印书馆的出版主线。始编于1908年的《辞源》是中国近代第一部大规模的语文辞书。新中国成立后，《新华字典》

---

① 于殿利：《商务精神 文化动力》，《出版发行研究》，2020年第2期。
② 杨剑龙：《商务印书馆与中国现代文学》，《东方论坛》，2021年第6期。
③ 杨剑龙：《商务印书馆与中国现代文学》，《东方论坛》，2021年第6期。

《现代汉语词典》等工具书的出版，在全国推广普通话，规范汉语使用方面发挥了极为重要的作用。之后我国第一部中外合作的工具书《牛津高阶英汉双解词典》等相继出版，为推动我国社会文化发展做出了重要贡献。

从翻译出版《天演论》《鲁滨逊漂流记》《伊索寓言》等国外经典学术著作和文学名著开始，商务印书馆致力于将西方最新的科研成果和思想理论引入中国，充分满足了有识之士对新知的渴求。与此同时，《马氏文通》《万有书库》等国内原创学术著作和综合性丛书的出版，在传承中华文化和构建中国现代学术体系方面发挥了重要的引领作用。在新时期新形势下，商务印书馆顺应国家和时代发展趋势，深度挖掘主题出版，围绕"一带一路"和中国特色社会主义道路等主题，推出《世界是通的》《"一带一路"战略研究》等著作，以及《中国道路丛书》《国家治理丛书》等系列图书，并与国外知名出版社合作，输出了以上主题图书的版权，进一步增强了对外传播中国优秀文化的力度。

关注读者，引领阅读

从创办伊始到现在，商务印书馆始终将满足读者的需求放在首位。1919年，新文化运动开始后，商务印书馆旗下的《小说月报》杂志任用茅盾为主编，对杂志进行革新，不但向鲁迅、郑振铎等文学名家约稿，还积极推介青年作家的作品，《小说月报》成为推动新文学发展的重要阵地。与此同时，改革后的《小说月报》十分注重读者的意见，在刊物中增设读者专栏，刊登读者来信和杂志社的公开答复，之后开设了"读者文坛""读后感"等专栏，发表读者的文章，为读者表达观点畅通了渠道，作家和编辑可以及时了解读者的心声，为之后文章的创作、编辑产生了积极的影响。

商务印书馆主办"为中国未来而读——2023 阅读行动研讨会"

新时期，商务印书馆通过精品图书推荐，实现对读者的价值引领。创立于 2013 年的"商务印书馆人文社科好书评选"活动，连续 10 年评选商务印书馆年度"十大好书"，全国多家媒体广泛报道，被央视等主流媒体评价为"引领全民阅读新风尚"。近年来，商务印书馆开创"商务印书馆月度十大好书"评选活动，从社科类图书和大众类图书多层面为读者提供更为丰富的阅读选择。此外，商务印书馆还根据不同群体读者的需求，研发出系列主题书单，根据用户画像，精准推荐。如针对政府机关、企事业单位人员的阅读需求，研发"主题出版书单""科普书单""一带一路书单""史学大师书单""政法书单"等分众书单，满足读者对特定主题的阅读需求。商务印书馆始终坚持的"读者本位"思想，让他们主动肩负起引导读者阅读的重任，通过优质图书传递的思想将民众塑造为一个有文化、有理想、有信念的人，应该是全体出版人、出版机构的使命和追求所在。

商务印书馆的各类出版物多次荣获"国际白金星质量大奖""国家图书奖""五个一工程"奖及"中国好书"等国内外大奖，《文津阁四库全书》《新华字典》等产品被党和国家领导人作为国礼赠送外国宾朋。被广大读者誉为"工具书王国"和"学术出版重镇"。

商务印书馆曾发布过一则《我们提倡这样的出版态度》公益广告，内容是：我们是文化建设者，而不仅仅是商人；我们提倡实事求是，而不是夸张和误导；我们提倡社会责任，而不是攫取社会财富；我们提倡首创精神，而不是盗取他人成果；我们培育品牌，而不是捕捉猎物。我们提倡做有良知的出版人。

💡 案例四：温州"城市书房"自助图书馆——家门口的"读者书房"

依托各级中心图书馆，由温州市政府与社会力量合办的温州"城市书房"和"百姓书屋"，是具备 24 小时开放条件的场馆型自助公共图书馆，目前已在全市范围内建成 135 家。真正解决了市区级以上大型公共图书馆覆盖周边居民范围有限的难题，让"去图书馆"就像逛超市、下饭馆一样的

温州城市书房南瓯明园分馆

习惯融入居民的生活之中。这些老百姓家门口的"书房"，不仅是一个温暖的文化符号，温州城市新的文化地标，也成为全国公共文化服务领域最具影响力的品牌之一。

发起与初衷

温州市图书馆有感于经常收到读者延长开馆时间的建议，2014 年 4 月，温州在全国率先建设开放第一家城市书房——县前分馆，配备自助借还机、自助办证机、数字资源查询机等电子设备，实行 24 小时不打烊免费自助型阅读服务。整洁明亮的空间，丰富多元的图书资源，吸引了周边众多居民前来，一时间，这个 180 平方米，馆藏 1 万余册的 24 小时自助图书馆的座席"一座难求"，在深夜依然有不少读者留在馆内阅读，让居民在工作之余轻松享受到阅读的乐趣，成为名副其实的"读者书房"。

参照城市书房建设标准和管理模式，他们又在乡镇建成开放 80 家乡村版"城市书房"（命名"百姓书屋"），以推进城乡一体化高质量发展。

一书房一主题特色，贴近百姓，网格布局

温州"城市书房"自助图书馆坚持一书房一主题特色，以构建城市"15 分钟阅读圈"为指导，书房选址以大型社区、商业中心、公共文化场所等人群密集或客流量较大的地点为核心，辐射周边半径，方便步行 15 分钟可达范围内的居民前往阅读。精心打造了智慧谷、世纪公园、南塘街等各具特色的主题书房。又如建成不久的瑞安市"寓言城市书房"，以寓言、童话等定位精准的藏书呈现，通过《小马过河》《海国公主》等各类寓言故事的内嵌式设计，寓教于乐的寓言集卡、集印章等软硬件配套，以有趣的故事、好玩的游戏，打造集创作、培训、演出、娱乐于一体的寓言童话

基地。

"城市书房"建设融合多种服务形态,推出"城市书房+"新形式,开辟出"城市书房+书店""城市书房+文化礼堂""城市书房+酒店""城市书房+咖啡店""城市书房+文创园"等多元化建设运营模式。如在"2021长三角及全国部分城市最美公共文化空间大赛"中荣获"优秀公共文化空间案例之公共阅读空间"奖的南塘街城市书房,馆址位于温州市著名的旅游景区——南塘风貌街,是温州市第一家有声城市书房。该书房融合景区特色,是以"可游览、可观赏、可休闲、可阅览"为特色的景观式主题书房。

政府主导,社会共建

温州全市90%以上"城市书房"由社会力量无偿提供场地、参与运营管理,改变了以往文化部门单独办文化的格局。可以说"城市书房"网络建设的成功,与广泛发动社会力量参与温州书房建设密不可分。一般而言,公共图书馆的运营成本由国家财政负担,但若想在一个城市内广泛设置公共阅读服务设施的话,仅靠财政投入是无法运转的。温州城市书房的布局点大多处于城市繁华地段,房屋租金相对较高,社区、企业甚至是居民个体都积极参与到书房的建设运营中来,或提供资金、场地,或参与运营服务。除了第一家城市书房——县前分馆是在老馆基础上改建,其他"城市书房"均由企业、社区及其他公共文化单位主动联合温州市图书馆共同运营。"城市书房"日常管理、维护以及志愿服务等工作也由社会公共力量来承担。每座城市书房建成后,由合作方的企业、社区或其他公共文化单位设立一名负责人,负责书房的日常工作,再配备两名左右的安保人员,定时巡逻,保障书房的安全。

在得知政府推动城市书房建设的消息后，广大市民和社会各层面的积极性空前高涨，广泛的社会力量自觉自发地参与到城市书房的建设中来，温州百姓真正成为"书房"的主人。南塘街"城市书房"就是在南塘一组团小区全体业主的支持下建设运营的，业主委员会集体决定将一年可获得租金 22 万元的小区商业店面无偿用于城市书房建设，并出资 40 万元对城市书房进行装修，南塘街"城市书房"已成为附近最具人气的文化空间。

制订标准，规范管理

温州城市书房的成功运行，得益于其科学规范的管理体系。城市书房的运营管理是一项长期工程，为更好地发挥城市书房的效用，温州市出台一系列管理规定与行业标准，以推动城市书房的有序发展，如将城市书房纳入总分馆体系，统一业务管理，完善绩效评估和扶持补助。随着《温州市"城市书房"建设管理办法》《城市书房服务规范》等文件相继出台，温州市从场馆设施、阅读资源、服务标准、保障措施等方面规范了城市书房的运营管理标准，明确了主办方、合作方、志愿团队等参与城市书房建设与运营的各方社会力量的权利与责任，为温州城市书房的长期高效运行提供了制度保障。

志愿者是"城市书房"最美的风景

随着温州城市书房的建设，城市书房无人管理和自助服务的模式，也激发了市民自我管理服务的意识，吸引了越来越多的志愿者加入城市书房建设和管理行列，形成了较大规模并产生较大影响，城市书房志愿者服务队也随之成为温州这座城市最美的文化底色。一支遍布全市城市书房的热情而又专业的志愿者服务团队的出现，与读者对城市书房的自我管理完美结合起来，共同打造出一处处"家门口的阅读宝地"。成立于 2015 年的温州城市书房志愿者服务队，拥有 300 余支志愿服务团体，志愿服务个人注册人数达 3434 人，累计开展服务 3.5 万余人次，涌现出南塘"妈妈团""向阳树"文化志愿者团队、文明使者小海豚等当地群众家喻户晓的志愿服务队①。他们大多来自温州职业技术学院、温州商学院、温州医科大学、温州实验中学等各学校社团以及温州市仲裁委办公室等机关事业单位。

志愿者在接受温州市图书馆的统一培训后，不但可以负责城市书房书籍分类等日常运维工作，还可以在服务的过程中深入读者，关注读者的阅读需求，解决读者的常见问题，提供贴心的阅读服务。此外，志愿者还担负着积极反馈读者针对城市书房建设管理提出的意见建议的职责，不断促进城市书房的良性发展。以南塘街"城市书房"为例，由小区的部分业主自发组成的志愿服务"妈妈团"，制定了志愿服务排班表，确保每天有志愿者到书房进行整理上架等工作。附近的中小学生也会在课余时间来到城市书房进行图书整理，逐渐形成相对稳定的服务团队和服务时间。

案例延伸

"城市书房"成为温州的"文化灯塔"、全国的生动样本

10 年间，温州"城市书房"如雨后春笋般蓬勃发展，温州探索出多项创新做法，打造城市书房体系：坚持政府主导与社会参与，创新全民共建格局；坚持科学布局与标准化管理，全民共享服务成果；坚

---

① 曹雪梅，赵于惠：《点一盏灯，暖一座城——温州市图书馆"城市书房"志愿者》，温州文明网，2023 年 5 月 23 日。

持长效机制与协同发展，全民共治迭代升级。

一间间泛着书香的阅览场所，让"白天当老板"的温州人，晚上有了新去处。"城市书房"的昼夜陪伴让城乡"人人享有"图书馆变成现实，促进了城乡"15分钟文化圈"建设，为全国提供了可复制可推广的现代公共图书馆服务新模式，也为公共图书馆破解精神共富难题提供了生动的实践样本。

温州市政府连续5年将城市书房列入政府民生实事项目，并颁布《温州市城市书房建设和管理办法》《温州市城市书房扶持补助办法》等文件，进一步规范了城市书房的建设、管理、服务、考核等。制定全国首个24小时自助图书馆地方标准《城市书房服务规范》，现为浙江省级地方标准，保障了可持续性发展。2021年9月，文化和旅游部公布《关于批准2021年第一批文化和旅游行业标准计划项目立项的通知》，其中由温州市图书馆牵头起草的行业标准《公共图书馆馆外服务场所服务规范》正式获批立项，标志着温州城市书房建设标准走向全国。

温州"城市书房"还被写入文化和旅游部、国家发展改革委、财政部三部委联合印发的《关于推动公共文化服务高质量发展的意见》在全国实施推广。引领全国近200座城市建成4300余家，掀起全国共建"城市书房"的高潮。

第三节　启示与思考

从阅读的社会结构理论来看，《哈利·波特》作为一部优秀的文学作品，属于文本与书籍；起点读书 APP 革新了传统的作者创作和读者阅读模式，属于读者与作者；商务印书馆作为我国出版机构的杰出代表，属于出版者；温州"城市书房"作为基层公共阅读服务设施，属于阅读设施。而文本内容、阅读方（模）式、出版者、阅读设施都是构成阅读社会结构的基本元素，他们在各自的阅读社会结构中发挥着重要的支撑作用，阅读与社会的互动是阅读社会结构变化的根本动力。

在阅读与社会的互动、碰撞中，总会有一个和几个结构元素吸收社会环境的资源、能量、动力而优化、精化、强化，吸引、引导、影响读者阅读选择，不断受到鼓励加持，从而脱颖而出颠覆原有的阅读结构，使这个（些）元素逐步成为新阅读结构的中（核）心，吸引别的元素为之倾斜、为之服务，从而产生以这个（些）元素为中（核）心的新的阅读社会结构。通过对本章案例的分析可以发现，无论是文本（《哈利·波特》）、出版者（商务印书馆），还是阅读方（模）式（起点读书 APP）、阅读设施（温州"城市书房"）这些结构元素，都可以被更新、被强（优）化、被重置、被创造，成为新社会阅读结构的中（核）心，从而达到阅读社会结构功能的最大化，最大程度地实现阅读的社会效能。

抽象的文本通过书籍这一具体的物质形态传达意义，读者也便于从书籍这种具象可触的物质形态中通过使用语言文字符号抽取文本的意义。与文本相似，生成意义也是书籍的最终目标。一部优秀的作品的出版得益于作者和出版者的辛勤付出，引起读者情感共鸣、传递正确的人生价值是作品在阅读的社会结构中的价值所在。《哈利·波特》是一部具有多元研究价值的文学作品，它不但具有极高的文学价值，还蕴含着丰富的哲理意蕴，超越了一部普通儿童文学作品的价值所在，作者通过作品表达出的人生观、价值观具有极高的社会意义。不论生活遇到多少挫折，永远相信爱与正义的存在，是这部作品最能引起读者共鸣的价值观。作品传达出的价值观，跨越了种族、语言的藩篱，使得这部作品的意义已经超出文学作品本身，成为连接全世界读者的桥梁。

在传统的阅读社会结构中，读者与作者处于二元对立的关系之中，读者一直处于较为弱势的地位，对于作者创作完成的文本内容，只能选择全盘接受或主动放弃，在作品的写作过程中没有发言权。虽然罗兰·巴特曾提出，作者不过是"名义上的作者"，一旦作者结束了写作行为，作者与自己创作出的文本就毫无关系了。但互联网兴起后，网络文学的出现才真正引起作者对读者的重视。

文本的开放性是网络文学最大的优势所在，它颠覆了传统的创作与阅读模式，文本的开放性使得读者也可以参与到作品创作之中，不论是发表对作品的观点，还是直接参与到文本加工之中，读者的地位得到了极大的提升，读者的意见也得到了重视。起点读书 APP 为网络文学的作者与读者共创模式、读者与读者互动机制的实现提供了平台，并担负起组织、引导的职责。在为读者提供自由发表观点广场的同时，实现了个体阅读活动与群体互动，在读者阅读的过程中完成了社交功能。

在作者和读者之间，有一座出版者搭建的桥梁。对于作者而言，其创作的作品需要出版者协助打磨，最终达到出版流通的品质。对于读者而言，是否能获得符合个人兴趣的阅读资料，很大程度上受出版者制约，简言之，只有经过出版者呈现出来的作品，才能走入读者的阅读选择范围之内。而对于作品本身而言，作为阅读的客体，唯有将其传播出去才能体现其存在的社会价值。

出版机构承担着文化传承与传播新知的职责，担负着将人类文化智慧成果转化为出版物供读者阅读的重要职能。出版机构的企业精神是其在阅读的社会结构中发挥职责的核心所在，高远的文化理想与坚定的信念，是实现出版机构连接作者与读者，引导社会阅读价值的必要条件。与一般企业组织不同的是，出版机构虽然具有产业属性，要遵从市场经济规律，有盈利需求，出版优质作品的目的之一是获取经济效益。但是，由于作品的出版与传播受到社会政治、经济、文化因素的影响，通过作品传达的思想也深深影响着受众，对于社会经济文化的发展具有重要影响，因此，出版机构应始终将社会效益放在首位，担当起更多的社会责任。

商务印书馆作为我国优秀出版企业的代表，始终与国家、民族同呼吸、共命运，在出版文化产品导向方面从不随波逐流，而是站在时代的高度，从民生大众的视角出发，通过高品质的出版文化产品，在不同的历史时期以实际行动推动社会文化的发展，得到一代代读者的高度认可，"商务"出版物成为高品质的象征，成为读者的最佳选择。可以说，心怀家国的"商务精神"是其屹立于出版行业百年的根本所在。

步入 21 世纪以来，关于图书馆是否还有必要存在的争议甚嚣尘上，一部分人认为，手机移动端获取电子阅读资源很方便，没有必要再去图书馆了。但绝大多数人认为，在当今社会，图书馆有其存在的特殊价值，是必须保留下来的公共文化设施。诚如一些人所言，当前还保持着去图书馆借阅图书习惯的人较以前有所减少，但与此同时，图书馆正朝着"以读者为中心"转型。从阅读资源来看，除常规的纸质阅读资源储备外，各级公共图书馆顺应不同年龄群体的媒介使用习惯与阅读习惯，积极扩充各类数字阅读资源，以满足不同人群在不同场景下阅读的需求。从阅读服务来看，近年来，各级公共图书馆的服务思路已发生改变，从高高在上的文化殿堂逐步走入百姓家门口，从提供单一的阅读资源向根据读者需求提供个性化阅读服务转变，各类名家讲座、阅读推荐、阅读社交等活动逐渐成为图书馆的品牌项目，温州"城市书房"就是一个很好的案例。图书馆为读者提供一个静谧的阅读空间与专注的阅读氛围，甚至广泛高雅的社交、活动平台，这是其他文化设施无法比拟的。

第五章
▼
阅读 悦读 越读

第一节　阅读的社会互动

　　社会互动是社会形成的条件，正是人们在互动过程中形成的各种社会关系，组成社会网络，结成社会群体，进而形成复杂的社会结构，互动也是社会结构变化的重要动力。

　　阅读行为不仅与阅读主体息息相关，也与其所处的社会情境不可分割。不同的国家、历史文化和社会情境造就了不同的阅读行为决策、行为过程和行为效果。阅读的社会环境泛指影响读者阅读的所有外在条件和力量的总和，有宏观和微观之分，也有主观和客观之分。宏观社会环境指读者所处的社会历史时代环境，包括政治制度、经济基础、文化背景、科技水平、教育能力等，这是阅读活动的大环境。微观环境指读者阅读最具体、最密切的环境因素，如个人所在的家庭、学校、单位和朋友圈等人际关系状况等，这是阅读的小环境。阅读的客观环境指阅读的物理环境，包括阅读的自然、人文环境和读物的语境。主观环境指阅读时读者的精神心理环境，包括读者的世界观、人生观、社会价值观、思想境界、阅读水准和当时的阅读心境等，所有这些相互联系又相互制约，对读者阅读行为进行限制和影响。

阅读是运用语言文字等符号进行社会知识信息交流的过程，正是人类最主要、更高级、更理性化的社会互动过程。从宏观上说，社会的政治、经济、文化、科技、教育、宗教等无时无刻不通过阅读活动进行社会互动，也无时无刻不作用于社会阅读活动，规范、改变着阅读活动，政治对社会阅读的范围、倾向、选择、评价和兴趣的规范自不必多说，单就经济而言，阅读的发展总是与经济发展水平相适应，在小康社会的经济基础上才能建成全面稳固的书香社会，才能国强民富、社会稳定和谐幸福，才能放得下"平静的书桌"，才有可能建立阅读的社会。再比如将科技应用在读物的生产技术和传播技术上，则引发阅读革命性的变化，造纸和机印书技术的发明，促进个体阅读的广泛普及；广播和电影电视的出现，使阅读内容和方式更丰富和立体、多元；而移动网络和数字技术的发展，则使阅读的互动和社交化成为可能。中外历史上的宗教倡导经典阅读对社会整合发挥着重要作用，宗教场所往往成为社会阅读的重镇。

阅读活动也对社会的政治、经济、文化、教育、科技等有很强的反作用力。如阅读可促进社会民主政治的建设，增强国民的政治兴趣，增强国民的权利、平等、民主、自由等现代政治意识，因此阅读是实现公民权利的重要保障，可极大地促进民主政治建设。阅读可以加强民众对当前执政理念、主流价值观和主流意识形态的理解和形塑，有利于现行政治制度的稳定和发展。阅读激发人类的创造力，从而推动科技进步和促进社会文明。一个国家国民阅读率的高低，社会阅读力的大小，直接关系到国家软实力和综合国力的强弱，影响到全社会的总体文明程度和创造能力。

移动网络数字时代，对社会互动的方式和效度产生革命性冲击，使人类的互动超越时空，互动更即时、更广大、更频繁、更自由、更便捷、更平等，使人类社会整体联系更为紧密。社交化阅读使阅读更为普及和泛在化，阅读的效率更高，也带来了阅读的社会问题，如所谓"阅读焦虑"、"阅读鸿沟"、"阅读茧房"等。

第三届全民阅读大会

　　阅读的社会互动是一种典型的符号互动，是人类社会最主要、更高级、更理性、更有成效的互动交流形式，在社会系统的可持续发展中发挥着难以估量的重要作用。社会是由无数个体组成，单个人的成就或许璀璨夺目，但唯有全体国民的知识水平、道德素养、科学精神的提升才是社会可持续发展的真正依托，才能推动社会的进步与发展。

　　随着移动网络数字技术的普及和兴盛，公众的阅读习惯以及阅读偏好伴随着新媒体海量内容的涌入逐渐发生着改变，以纸质书籍为主的传统阅读模式受到了猛烈冲击，越来越多的人喜欢在网络上进行数字互动的社交化阅读。社交化阅读给阅读活动带来革命性变化，使互动主体广泛化、读者中心化，互动的中介及客体流动化、分享化，互动的过程超越时空而丰富多彩，使阅读互动的规模和广度、深度、频度和效度前所未有，互动的结果海量生成、声形并茂，互动还使社交化阅读逐步向社群化阅读演变，重塑新的社会交往关系，重构阅读互动循环生态，促进阅读行业的健康发展。

第二节　社会互动促进文明进步

案例一：苏州图书馆"悦读宝贝计划"0—3周岁婴幼儿"阅读大礼包"——系好人生第一粒扣子，读书从娃娃抓起

阅读，为人生打下底色。全民阅读在苏州是以全体市民为受益对象的服务。针对婴幼儿阅读服务的"悦读宝贝计划"是苏州图书馆于2011年启动的，专为0—3岁儿童开展的一项儿童阅读指导活动，目的是要鼓励家长关注婴幼儿阅读，让孩子从出生起就开始亲子阅读，从小培养孩子的阅读习惯。"悦读宝贝计划"主要是通过向0—3岁婴幼儿赠送"阅读大礼包"，并开展"悦悦姐姐念儿歌""故事姐姐讲故事""蹒跚学步来看书"等婴幼儿阅读推广活动，作为"阅读大礼包"活动内容的补充，提供亲子阅读指导，鼓励更多的家庭开展亲子阅读，培养儿童早期阅读兴趣和能力，让每一个孩子都能够在早期阅读中受益，从而达到提高儿童素质，促进全面发展的目的。

"悦读宝贝计划"的实施得到了政府和社会各界的广泛支持。在经费保障方面，2011—2013年，苏州市财政每年拨款10万元用于大礼包袋和相关内容物的制作及采购。2013年底苏州图书馆获得了英国"阅读起跑线"

（Bookstart）项目总部的认可，苏州图书馆成为中国大陆首家"阅读起跑线"的成员馆。"悦读宝贝计划"正式加入"Bookstart"后，财政将专项拨款提高至每年80万，爱心企业也提供赞助，为活动的深入持久开展提供了强有力的资金支持。在此之后，苏州图书馆在市财政的基础上，不断完善"阅读宝贝计划"。大礼包的发放量从每年的1000份扩大到全市户籍内0—3岁婴幼儿均可领取。在阅读礼包内容方面，第一代大礼包内含1本婴幼儿读物、1本父母手册——《0—3岁亲子阅读父母指导》、1张可贴在墙上的阅读测量尺、1本"悦读宝贝计划"宣传册页（含有专门为0—3岁幼儿编制的阅读推荐书目）。2014年，宣传册页调整为一本立体折页小册《今天去哪儿？》和向家长推荐的书目《蹒跚起步来看书》（分别列举了0—2、3—4、4—6岁儿童的适宜读物外，还精选了50本经典绘本，以封面、简介和作者介绍的形式向家长荐书）。

《蹒跚起步来看书》除了是一本推荐书目，还兼有敲章游戏的功能。苏州图书馆借鉴了英国的收集阅读标签，获得阅读证书这一举措，设计了结合游戏和阅读推荐的《蹒跚学步来看书》敲章册，面向到图书馆借阅图书或者参与活动的学龄前儿童推出50枚可爱卡通印章，小朋友通过领取"阅读大礼包"或参与苏州图书馆举办的"我们的节日"系列活动获得《蹒跚起步来看书》小册子（线下发放时间为元旦、春节、劳动节、儿童节、端午节、中秋节、国庆节当天，发放数量不限的小册子。线上发放通过登录"书香苏州"客户端，在"蹒跚起步来看书"一栏进行申领，每月1号开始线上发放150册，额满即止）；50枚卡通印章对应《蹒跚起步来看书》小册子上的50册经典绘本，家长和小朋友在绘本图案旁和小册子最后敲上相应的印章，每周一枚过期不补；年终，苏州图书馆将对活动的参与者进行奖励，集满20枚、30枚、40枚、50枚印章，可以获得不同的奖品。通过阅读印章兑换小礼物，激励更多的小朋友来看书，向婴幼儿和家长普及亲子阅读的方法和理论，并且提升其阅读技巧，让孩子在情境中感受到阅读的快乐。

适龄儿童的家长可登录苏州图书馆网站，也可通过"书香苏州"APP，进入"阅读大礼包"免费申领服务平台报名，根据要求填写基本资料并上传户籍资料，符合领取条件、通过审核的家长便可在指定的社区分馆或投递点领取阅读大礼包。每年的世界读书日活动现场以及苏州市立医院本部儿科病房、儿科门诊、儿保门诊这三个地点向小朋友免费发放数量不等的阅读大礼包。这样的大礼包从最初每年发放1000套到近年来每年申领超过7000套。截至2021年末，共发放超过3万份"阅读大礼包"并已为超过3万个家庭提供科学的阅读指导。

2021年华东师范大学学者将2011年的首批"阅读大礼包"领取者（首批领取者2021年时年龄为10—13岁）与苏州市同年级（对照组）阅读能力处于平均水平的未领取者进行比较，通过阅读能力测试与学生问卷评估阅读行为、阅读能力及家庭阅读环境等内容，调查结果表明：

其一，"阅读大礼包"有助于提升领取者阅读能力。在阅读行为测评方面，领取者较对照组表现出更高的阅读兴趣、更趋向于广泛阅读、感知到阅读障碍更少、部分题目中阅读认知更为优异、对图书馆的了解度及喜爱度更高的趋势；在阅读能力方面，领取者较对照组呈现出阅读能力高水平者更高、文本结构掌握力更强、认知过程正确率更加优异、阅读准确度更高的趋势。

其二，"阅读大礼包"有助于形成良好的家庭阅读环境。从家庭阅读环境的形成来看，领取者和对照组在家庭财富状况接近的情况下，其家庭更愿意加强家庭中文化资源、教育资源、家庭藏书的投入，从而为领取者形成更好的家庭阅读环境。其促进作用主要体现在家庭文化资源如诗词集、文学作品和艺术品等投入意愿和拥有率更高，对家庭教育资源投入的关注度更高，在家庭阅读资源拥有率、家庭藏书量上更丰富。

对比组实证研究证明了苏州图书馆"阅读大礼包"能够促进领取者形成更好的阅读行为、具有更高的阅读能力、促进更加良好的家庭阅读环境的形成。

苏州图书馆"悦读宝贝计划"的"阅读大礼包"活动借鉴英国"阅读起跑线"（Bookstart）项目的先进经验，使苏州图书馆0—3岁婴幼儿服务从一开始就站在与国际接轨的较高起点上。"阅读大礼包"活动的成功运行，有以下经验值得推广和借鉴。

首先，"阅读大礼包"活动通过建立多样化的社会合作关系，积极争取上级主管部门市文广新局以及市文明办、市教育局、市妇联等政府部门的重视和支持，扩大了品牌的影响力和社会动员力。

其次，与社区合作发放"阅读大礼包"，开展"悦读妈妈"进社区等活动，把阅读服务延伸到社区，并努力推进与社区的合作制度化、常态化发展。

最后，"悦读宝贝计划"的配套活动多、覆盖面广，也得益于打造了一支有特色的志愿服务团队。来自不同领域的志愿者以各自的专业特长，丰富并拓展了传统图书馆服务的内容和空间。志愿者们有来自社区故事会里的"故事姐姐""悦读妈妈"，也有"缤纷故事会"舞台表演的小读者，有分析绘本、指导阅读的儿童文学专业教师，也有传授健康知识的医生和营养师等。在汇聚着众多志愿者的阅读活动里阅读变成了令人身心愉悦的"悦读"。

悦读妈妈进社区活动

以苏州图书馆总馆为中心，依托总分馆体系向街道、社区发散，广泛传播亲子阅读理念，激发亲子阅读热情，让成千上万的儿童家庭获益，提升了苏州图书馆的社会影响力，先后获得多个奖项和荣誉，由此也为活动争取到了更多的经费支持，为"悦读宝贝计划"的可持续发展提供了坚实保障。

与此同时，经过实践检验和反馈，"阅读大礼包"也存在年龄分级不明显，在低学历家庭普及率较低，使用成效评估的回访周期过长等不足，需要进行项目升级优化：

首先，加强分级建设。可借鉴目前国际认可度最高的英国"阅读起跑线"（Bookstart）计划根据婴幼儿的年龄及认知特征进行细分，发放包括童谣书、硬皮书等为0—12个月婴儿设计的"婴儿包"；包括涂鸦板、蜡笔、识数册在内的、鼓励婴幼儿进行书写涂画的针对1—2岁的"高级包"；包括文件袋、图书、藏书标签、卷笔刀、健康记录本在内的为3—4岁儿童设计的"百宝箱"；以及为视力障碍的0—4岁盲童及弱视儿童设计的"触摸图书馆包"。

其次，将"阅读大礼包"的宣传工作深入覆盖社区和乡镇。充分利用"三微一端"线上宣传方法，在微博、微信公众号、微视频和"书香苏州"APP同时开展宣传，打出"阅读大礼包"的知名度。

最后，采取电话、问卷、现场访谈回访与评估的方法来促进"阅读大礼包"的内容与形式优化。短期成效评估可以主要考查幼儿的识字量、对于故事的记忆及内容复述、动手操作及观察阅读习惯等方面的阅读评估，长期成效评估可以主要考察阅读能力、阅读行为及家庭阅读环境氛围等。

案例延伸

"阅读礼包"类婴幼儿阅读推广活动概览

"阅读礼包"类婴幼儿阅读推广活动最初起源于英国的"阅读起跑线"（Bookstart）项目。这个项目开始于1992年，迄今已开展了30多年，是最先发起且影响最为深远的婴幼儿阅读指导项目，开创了婴幼儿阅读指导和服务的先河。根据英国国内统计结果显示，英国政府在投入900万英镑用于助力"Bookstart"项目时，来自社会各界力量汇集了6.14亿英镑用以支持"Bookstart"项目，形成了良好的社会效应。

婴幼儿"阅读礼包"性质的婴幼儿阅读推广活动也备受其他国家的关注。美国主要针对弱势群体和低学历的家长，开展"Born to read"计划；德国在活动形式上进行了创新，结合婴幼儿的身高特点，设计了根据身高推荐图书的"阅读测量尺"；我国台湾地区率先推行的"阅读大礼包"是信谊基金会的"阅读齐步走"项目，并于2005年获得英国书信基金会委托，正式成为"Bookstart"国际联盟中的一员。我国大陆地区的苏州图书馆是国内首个"阅读起跑线"项目的成员馆。此外，浦东图书馆于2019年开始实施的"阅读大礼包"活动，威海市图书馆于2016年开始实施的"阅宝起航计划"，长春市图书馆于2019年推出的"爱贝阅读计划"大礼包等，均是国内公共图书馆开展婴幼儿"阅读礼包"活动的优秀案例。此外，还有一些公益组织，例如爱阅公益基金会自2016年起发起"阅芽计划"，不限户籍为在深圳生活的0—6岁儿童家庭发放免费"阅芽包"，并于2022年走出深圳，探索在不同城市和乡村的发放合作模式。

"阅读大礼包"活动网址：https://www.szlib.com/child/HappyReading/ReadingPackage?catId=113

案例二：中国数字阅读大会——e阅读，让生活更美好

移动互联网的普及和互联网接入速度的大幅提高，极大地推动了移动阅读业的发展。随着面向5G+算力网络的元宇宙新技术、新模式、新业态不断发展，数字阅读也呈现出内容生产更加便捷，形态虚实结合，体验多重混合现实，场景无限延伸等新趋势。自2015年起已连续举办9年的中国数字阅读大会，是在中宣部出版局指导下，由中国音像与数字出版协会、中共浙江省委宣传部主办，由中国音数协数字阅读工作委员会、咪咕数字传媒有限公司承办。中国数字阅读大会见证了数字阅读产业的不断发展壮大并已成为"全民阅读"的重要品牌。

中国数字阅读大会开展的时代背景

随着移动互联网的爆炸式发展，数字出版产业发展加速推进，传统媒体与新兴媒体融合已成为主流趋势。2014 年，中国移动手机阅读基地完成公司化转型，成为咪咕数字传媒有限公司，开展专业化运营，并于 2015 年 4 月 20 日正式挂牌启动。2015 年，中文在线上市，成为数字出版第一股；腾讯文学和盛大文学联合成立新公司阅文集团，产业转型升级持续加剧。在全民阅读活动蓬勃开展的时代背景下，"2015 中国数字阅读大会"于 4 月 21 日在杭州开幕，聚集众多数字出版、文化产业和互联网相关企业，共同畅谈数字阅读发展，建设"全民阅读，书香社会"。

中国数字阅读大会被业界视为数字阅读年度"风向标"。每年吸引超 1500 位领导嘉宾，超 15 万市民观众参与，为数字阅读产业转型升级提供了强劲的动力，也为全民阅读普及和学习型社会建设贡献了坚实的力量。

亮点一：政府高度重视，成果展示权威

每年一度的大会得到了各级政府的高度重视，同时受到社会各界的广泛关注。中宣部、中国音像与数字出版协会的负责人皆到会并致辞。

大会上发布的年度中国数字阅读报告，客观全面展现中国数字阅读的发展特点，从行业与用户两方面，丰富产业数据，挖掘产业增长点，预测未来发展态势，为中国数字阅读行业的良性发展贡献智慧。

"悦读·越美好"互联网平台创意创新活动自 2021 年上线以来，陆续通过点亮书香中国、好书共读、直播演讲、专题推荐等多样化方式，大力推动全民阅读落实。

首届全民阅读大会数字阅读体验馆

　　大会上还重磅揭晓"悦读中国"三大奖项，通过年度中国十大数字阅读作品、十大数字阅读城市及十大数字阅读项目的评选，展示数字阅读行业年度发展成果，树立行业"风向标"。十佳数字阅读作品弘扬时代特色，聚焦年度热点和新的精神，充分展现了数字阅读创作与时俱进的发展趋势；十佳城市排名由各城市数字阅读指数决定，各细分指数按照数字阅读访问率、月人均图书浏览量、月人均付费数、月人均阅读天数、月人均在读图书本数、月均访问用户数、访问用户数增长率等指标加权计算得出，彰显着该城市的数字阅读发展状况；十佳数字阅读项目覆盖广泛、创新性强。重点聚焦出版业融合发展、数字出版业服务模式、农家书屋数字化建设、普法宣传、文化与科技融合、儿童阅读和启蒙教育、海外市场创新发展、残障人士无障碍阅读、中小学生阅读、全民读书等领域，充分展现数字阅读行业在推进全民阅读深入基层上做出的突出贡献。

亮点二：聚焦年度主线策划开展系列活动

大会举办 10 年来，紧紧围绕中心、服务大局，聚焦新中国成立 70 周年、建党 100 周年等重点工作，开展系列专题活动。2019 年是新中国成立 70 周年也是全面建成小康社会的关键之年，这届大会上遴选自"五个一工程""中国出版政府奖""中国好书"等获奖图书的百种优秀电子书集中上线，成为庆祝新中国成立 70 周年专题活动一大亮点。2021 年第七届大会上，举办了中国共产党成立 100 周年专题活动。一方面，积极协同上海、浙江嘉兴、江西井冈山、贵州遵义、陕西延安、河北西柏坡等地区，因地制宜开展形式多样的阅读活动，并通过邀请部分嘉宾现场重温革命先辈英雄史诗、传唱红色歌曲等形式，弘扬主旋律，传播正能量；另一方面，围绕当时正在开展的党史学习教育，在线上大会专题开设《奋斗百年路 启航新征程》专栏，设立"论述汇编""创新理论""光辉历程""人物长廊"四大模块，并通过纸、电、音等多种形态的资源联动，实现党史学习云端化、多元化。此外，组织重点数字阅读企业集中推出线上专区，并正式启动"阅读点亮中国"线上活动，做响做亮网上主题阅读活动，营造喜庆建党 100 周年的浓厚氛围。

亮点三：参会人员涵盖业内多领域，行业名家共襄盛举

大会除定向邀请中宣部、全国各省区市党委宣传部的负责同志，网络文艺代表、专家学者、名人名家等参会以外，参会人员还有各传统出版单位、数字出版单位及数字阅读行业单位等企业负责人，移动通信企业、互联网新媒体企业负责人，中央级、省级、杭州市级等相关媒体单位记者等。

以首届大会为例，来自全国 20 多个省级新闻出版广电部门、30 多家各

省移动通信公司、200 多家出版单位和数字阅读机构、70 多家互联网新媒体企业负责人，共计 700 余位业内人士"共襄盛举"。

10 年来参会人员也是逐年增加，近年来每年吸引超 1500 位领导嘉宾，超 15 万市民观众参与，为数字阅读产业转型升级提供了强劲的动力，也为全民阅读普及和学习型社会建设贡献了坚实的力量。

亮点四：办会形式全面创新，云端盛会展现创意阅读新亮点

纵观历届大会，活动内容涵盖开幕式、论坛、博览会、IP 交易会、文化创意展及全民赛事等多项活动。"数字阅读发展与技术博览会"汇集了来自数字出版、网络文学、影视游戏、人工智能等领域的 100 多家知名企业的发展成果，并举办名家签售、读者见面会等互动活动；IP 版权峰会发布年度中国数字阅读领域最具开发潜力的 IP 作品，并通过主题演讲、圆桌论坛、榜单发布、项目推介等形式，为产业上下游提供合作交流平台；文化创意展，通过特色书展区、主题展 / 秀区、数字阅读 IP 相关文创产品展区，以及各类名家大咖、项目发布、品牌发布等方式丰富展会内容，并打通现场展区直播的模式，吸引市民、游客参与大会互动活动，市民、游客可在其中体验"5G+"生活的科技感。邀请大咖做客直播，分享优秀阅读产品和优秀出版物，邀请文创领域人气明星，通过移动直播的方式，讲述展区展商品牌背后的文化创意来源、故事，做到互动、有趣、好玩。

近几年大会还通过云上办会的形式，采取线上虚拟会场形式，举行业之力打造集"节展会"于一体的云端盛会。读者可扫描线上大会二维码，或通过数字阅读平台客户端首页、短视频平台专区、中国移动与咪咕各线上平台、重点媒体专题页面等地址链接进入线上大会会场，以第一视角进入大会开幕式、点亮中国、高峰论坛、云上 VR 书店、云上会大咖、云上

博物馆、云上 IP 馆、5G 阅读体验区、大爱阅读公益活动以及阅享品牌馆、阅听朗读馆合作品牌馆等内容板块，全方位展现 5G 给数字阅读及泛文化行业带来的变化。充分发挥线上平台优势，汇聚行业力量，激发全民阅读热情。

案例延伸

历届大会活动简介

第一届中国数字阅读大会于 2015 年 4 月 21 日在杭州举行，主题为"融合·创新·梦想"，是国内首次在数字阅读领域的高层次交流盛会。此届大会从行业纵深、转型发展、跨界合作等方面全方位展现了数字阅读的行业潜能。咪咕数字传媒有限公司重磅发布了 2014 年度数字阅读白皮书，启动了"2015 数字阅读 +"计划，并重磅推出"悦读中国"榜中榜。

第二届中国数字阅读大会于 2016 年 4 月 13 日在杭州举行，以"创新·共享·绿色"为主题。在"互联网 +"和"大众创业，万众创新"背景下，此届大会探讨数字阅读领域的发展趋势和未来机遇，切实推动传统出版与新兴出版融合发展，促进产业转型升级；拓展、丰富数字阅读领域，构建充满正能量的网络文学联盟。大会上发布了 2015 年度中国数字阅读白皮书，评选揭晓了"悦读中国"四大年度奖项，宣布成立青少年绿色数字阅读联盟，发布数字阅读企业战略合作项目，并启动 2016 悦读中国年。

第三届中国数字阅读大会于 2017 年 4 月 14 日在杭州举行，此届大会沿袭了前两届大会规格高、规模大的特色，成为具有年度"风向标"意义的国家级行业盛会。大会上发布了 2016 年度中国数字阅读白皮书。白皮书分为"回顾""产业""用户""展望"四个篇章，系统总结了产业一年来的发展状况与成就。大会同时揭晓"2016年度十大数字阅读城市""2016年度十大数字阅读作品""2016年度十大数字阅读活动"。南宁、中山、贵阳、深圳、杭州、青岛、重庆、上海、成都、西安获十大数字阅读城市称号。

　　第四届中国数字阅读大会于2018年4月13—15日在杭州举行，以"新时代 新阅读 新向往"为主题。此届大会内容涵盖论坛、博览会、IP交易会及全民赛事等多项活动。"数字阅读发展与技术博览会"汇集了来自数字出版、网络文学、影视游戏、人工智能等领域的100多家知名企业的发展成果，并举办名家签售、读者见面会等互动活动；IP版权峰会发布了2017年中国数字阅读领域最具开发潜力的IP作品，并通过主题演讲、圆桌论坛、榜单发布、项目推介等形式，为产业上下游提供合作交流平台；发布《2017年度中国数字阅读白皮书》，开展手机阅读十年专题演讲，并公布2017年度中国十大数字阅读作品、十大数字阅读城市及十大数字阅读项目。此外，大会还举办了灵犀趣朗读大赛颁奖典礼及"阅读＋健康"公益捐助跑等活动。

　　第五届中国数字阅读大会于2019年4月12—14日在杭州举行，以"e阅读，让生活更美好"为主题。在此届大会上首设的"学习强国"主题展区展示了丰富优质的数字阅读资源。发布《2018年度中国数字阅读白皮书》显示，伴随党和国家的领航定向与战略布局，各类政策的出台与完善，各地落地实施与出新出彩，全民阅读呈现蓬勃发展态势。截至2018年，我国数字阅读用户总量达到4.32亿，人均数字阅读量达12.4本，人均单次阅读时长达71.3分钟；十佳数字阅读作品包括《习近平谈治国理政》（第一卷）、《习近平新时代中国特色社会主义思想三十讲》《大江大河四部曲》《哲学与人生》《网络英雄传Ⅱ：引力场》《宁家女儿》《聪老师的世界音乐之旅》《明月度关山》《老妈有喜》《茗香赋·陆羽传奇》；十佳数字阅读项目包括"学习强国"学习平台、得到APP"每天听本书"知识工程、咪咕文学院项目等；十佳数字阅读城市是北京、杭州、成都、太原、宁波、上海、厦门、乌鲁木齐、济南、广州。

第六届中国数字阅读大会于2020年4月23—30日在杭州举行，以"e阅读，让生活更美好"为主题，以"5G+，新阅读，新体验"为年度办会方向，并开启首次云端办会模式。《2019年度中国数字阅读白皮书》显示，截至2019年，中国数字阅读用户总量达到4.7亿，人均电子书年接触量近15本，接触20本以上电子书的用户达到53.8%，每周阅读3次及以上的用户占比达88.0%。2019年中国数字阅读整体市场规模已达到288.8亿元，同比增长13.5%，其中大众阅读市场规模占比逾95%，是产业发展的主导力量。白皮书同时指出，2019年，中国数字阅读内容创作者规模继续扩大，已达到929万人。其中，年轻作者快速成长，"90后"作者占比高达58.8%。内容上，立体多样的现实主义题材更受用户欢迎，都市职场、青春校园、历史军事类网络原创内容受到热捧。改编上，在覆盖人数Top 10的电视剧中，文学IP改编作品高达九席，成为影视剧本最大内容源；十佳数字阅读作品包括《平"语"近人——习近平总书记用典》《未来学校：重新定义教育》《此生未完成》《诗词来了》《中华先锋人物故事汇》《网络英雄传之黑客诀》《应物兄》《中国铁路人》《繁星织我意（上）》《学懂汉字》；"2019 年度十佳数字阅读城市"为南京、成都、深圳、南昌、杭州、北京、合肥、武汉、海口、厦门。

第七届中国数字阅读大会于 2021 年 4 月 16 日在杭州举行，以"数字赋能新发展，阅读追梦新征程"为主题。《2020 年度中国数字阅读报告》显示，2020 年数字阅读行业市场整体规模为 351.6 亿，增长率达 21.8%，其中大众阅读市场规模 326.7 亿，专业阅读市场规模 24.9 亿。2020 年中国数字阅读用户规模为 4.94 亿，同比增长 5.56%，增速有所放缓。伴随出版行业数字化转型加速，人均纸质书阅读量 6.2 本，比 2019 年减少 2.6 本；电子书及有声书人均数字阅读量较去年增长 5.5%；26.8% 的电子阅读付费用户每月平均花费 100 元及以上。专业阅读用户月均阅读 13.5 天，月均阅读时长 250 分钟，人均阅读数量 9.5 本（篇）。有声阅读最受用户青睐的分别为有声小说、相声小品和广播剧。2020 年数字阅读用户付费意愿为 86.3%，付费内容的类型上，近 50% 的用户为网络文学付费。

大会创新举办"阅读城市峰会"，邀请部分十佳数字阅读城市的领导嘉宾，围绕书香社会建设进行经验分享；"出版发行业融合发展高峰论坛"邀请国内出版行业、文化产业嘉宾及头部企业，共同探讨线上线下融合发展新模式，发布咪咕云书店全新品牌，举办行业融合发展战略合作签约仪式；"儿童阅读论坛"举办浙江少儿阅读联盟成立仪式，发布《2020 中国儿童数字阅读报告》、咪咕童书项目计划，并邀请行业嘉宾、知名作家针对儿童阅读的发展与未来开展系列交流活动；"IP峰会"从版权开发、内容创作角度探讨 2021 年 IP 发展方向，发布 2021 年"鹤鸣杯"IP 潜力价值榜，并进行重点项目发布与 IP 推介会等活动；"5G泛阅读峰会"由中国联通沃阅读、中国电信天翼阅读、中国移动咪咕阅读发起，探讨5G新基建背景下，大数据、人工智能等新一代信息技术赋能数字阅读行业的未来发展趋势。

除5场高峰论坛外，此届大会同时举办2021咪咕阅读作家盛典，启动咪咕杯网络文学大赛颁奖仪式及新一届网络文学大赛发布仪式，邀请业内嘉宾共话网络文学未来发展。组织召开网络内容安全治理研讨会，与数字阅读行业嘉宾共同研讨如何加强新技术形态下内容审核能力建设。

第八届数字阅读年会于2022年4月23日在首届全民阅读大会数字阅读分论坛上举行，以"5G+赋能，让阅读更美好"为主题。此届数字阅读年会是首次纳入全民阅读大会同步举办。大会特别设置云上年会，重点关注学龄儿童、银发人群、乡村人口、青年人群等，汇聚全民阅读报告、全民阅读倡议书、中国好书榜、2021年全国老年人推荐的优秀出版物书目等内容，推动数字阅读深入人心；大会线下数字阅读体验馆展示活动中，咪咕数智达人"古逸飞"化身讲解员、5G+AI读机走进社区、学校、商圈，还有"咪咕杯"征文活动、全息互动剧场、咪咕红色剧本游戏等丰富内容展出，带来多维立体的5G+文化沉浸式体验；同时，咪咕咖啡作为首届全民阅读年会唯一指定咖啡品牌，携云南保山小粒咖啡亮相数字阅读体验馆，促进"咖啡＋艺术＋阅读"的三大圈层融合，助力乡村振兴。

《2021年度中国数字阅读报告》显示，2021年中国数字阅读产业总体规模达415.7亿元，增长率达18.23%；用户规模层面，2021数字阅读用户规模达5.06亿，人均电子阅读量为11.58本，Z世代成为数字阅读主力军；此外，会上还举行一年一度的"悦读·越美好"互联网平台创意创新活动，邀请业界专家进行成果分享和经验交流，深入探讨新时代读者阅读行为和阅读习惯的数字化转型，以及数字内容消费服务方式的改变。

第九届数字阅读年会于 2023 年 4 月 24 日在杭州举行。此届大会以"数创未来·智享阅读"为主题，由中宣部出版局指导，中国音像与数字出版协会、浙江省委宣传部、杭州市委宣传部主办，中国音像与数字出版协会数字阅读工作委员会、杭州市西湖区委、西湖区人民政府、中国移动咪咕公司共同承办。

会上发布的《2022 年度中国数字阅读报告》指出，2022 年，我国数字阅读用户规模达 5.30 亿，同比增长 11.5%，用户规模带动市场繁荣发展。提升阅读体验和优化题材结构是数字阅读用户最为关注的内容，未来数字阅读行业需要更加关注用户需求、注重内容精品建设、规范版权市场、提升模式与技术创新；会上还举行了 2023 "悦读·越美好"互联网平台创意创新活动启动仪式。

案例三：新时代乡村阅读季——脚沾泥土手捧书香，焕发文化振兴力量

乡村文化建设是乡村振兴的重要内容。乡村振兴既要塑形，更要铸魂。在新时代推进全民阅读，乡村不能缺位，农民更不能缺席。由中央宣传部、农业农村部、国家乡村振兴局连续 5 年联合开展的"新时代乡村阅读季"活动，是全国性农民阅读文化活动，也是在农家书屋数字化建设中脱颖而出的优秀项目。各地落实中央要求、响应基层呼声，积极部署落实，结合本

地实际细化方案、完善措施。5 年来超过 5 亿人次农民参与线上阅读活动，有效满足了农民群众精神文化需求。"新时代乡村阅读季"受到了农民群众普遍欢迎和好评，社会影响力持续提升。

"新时代乡村阅读季"开展的背景

2007 年全面开启的农家书屋工程目前已在全国建成 58.7 万家农家书屋，覆盖了有基本条件的行政村，累计配送图书 11.6 亿多册；进行数字化建设的农家书屋达到 12.5 万家，提供数字阅读内容近百万种。为推进农村全民阅读、培育文明乡风做了大量工作，取得了显著成效。2019 年中央宣传部、中央文明办等十部委联合印发了《农家书屋深化改革创新 提升服务效能实施方案》，提出做强做优一批示范书屋，规范提升一批标准书屋，整改完善一批问题书屋，使农家书屋资源闲置、机制不活、内容不合口味、数字化程度不高等问题得到初步解决，让农家书屋有书读、有人管、有活动吸引，形成聚人气、有活力、可持续的生动局面。

在此背景下开展的"新时代乡村阅读季"活动，围绕实施乡村振兴战略的总要求，以新时代文明实践中心为统领，以农家书屋为平台，立足新兴与传统结合、线上与线下融合，阵地建设与知识服务互动，以优质阅读推动农家书屋提质增效，在提升书屋服务效能、提升文化素养等方面发挥更大作用。

"新时代乡村阅读季"活动形式与特色

2019 年"新时代乡村阅读季"活动开展以来，紧密联系农村农业实际，从切实解决农民文化需求出发，推出了一批农民乐于参加、便于参加的精品阅读推广活动。开展了包括主题出版物阅读分享、百家书城惠民售书联展、"发现乡村阅读榜样""农民喜爱的百种图书"推荐、"我爱阅读100天"读书打卡和乡村阅读嘉年华等适农乐农重点活动，既满足农民生产生活刚需，又立足农村思想阵地建设要求，具有良好的示范引领作用。

有关部门还在全国范围内组织开展了"乡村振兴·最美风采"2019年全国农民摄影书法作品征集活动，全国农民诗歌作品征集展示活动和全国农民楹联创作征集展示活动，"讲述村庄故事""发现农村阅读榜样"，遴选推介21个全国村级"乡风文明建设"优秀典型案例，遴选"县乡长说唱移风易俗"活动等，展示新时代农民精神风貌，发掘村庄人文底蕴和魅力风采。2022阅读季评选出20位来自全国各地的优秀"乡村阅读榜样"，26个"乡村阅读季"优秀组织奖，3位"优秀管理员"达人奖和7位"优秀管理员"卓越奖，3位"阅读达人"达人奖和7位"阅读达人"卓越奖。调动农民群众参与乡村文化建设的积极性。

乡村图书馆（李智宏摄）

池阳书舍（李智宏摄）

"新时代乡村阅读季"经验与成效

"新时代乡村阅读季"活动的开展，突出榜样示范，挖掘培育更多的优秀代表和示范活动。涌现出一批扎根基层、热心奉献的乡村阅读榜样，引导广大农民群众开卷阅读、普及科学文化知识，抵制封建迷信和陈规陋习。2022年乡村阅读推进论坛上发布了"乡村振兴十大阅读推广人"名单，并首次评选出阅读导向正确、助力文化振兴、具有推广价值、群众高度认可的全国优秀示范活动12个。2023年论坛发布了30个农家书屋创新示范案例、50位"乡村阅读推广人"和198个"最美农家书屋"入选名单，集中展示了近年来各地推动农家书屋提质增效的生动实践和创新成果。

阅读季活动重视提供更多优质阅读产品和服务，把"送文化"和"种文化"紧密结合，推动农民群众精神生活共同富裕。"农民喜爱的百种图书"

推选活动自 2019 年举办以来，每年从上千种图书中层层评审最终评出农民喜爱的图书 100 种，含政经类、科技类、医卫生活类、文化类、少儿类等。中国出版集团、商务印书馆为阅读推广人和农家书屋管理员代表捐赠了《习近平扶贫故事》《红色气质》等图书，商务印书馆将为全国各地农家书屋捐赠价值 3000 万码洋的图书。

承办单位积极推进活动的开展，在全国各地乡村掀起了比学赶超的阅读氛围。来自政府机构、新闻媒体、出版单位、互联网企业、著名阅读品牌等活动承办单位，积极推进全国活动的开展。在数字内容推送上，"我爱阅读 100 天"读书打卡活动，采用打卡积分排名的方式，设置多种奖项及"读书换话费""阅读有奖金"等丰富奖品，以线上阅读、免费阅读、有奖阅读培育农民阅读习惯。"我爱阅读 100 天"公益活动，联合了当地农家书屋等机构为农民群众送去丰富的纸书和电子书资源，活动累计覆盖全国 31 个省（区、市），332 个市（州、盟），2599 个县（区），农民群众参与人数达 691 万，用户累计在线阅读时长超 5275 万小时。随着活动形式不断升级，内容不断深入，在全国各地乡村掀起了比学赶超、崇尚阅读的浓厚氛围。

"新时代乡村阅读季"是深入推进乡村文化振兴、提高农家书屋服务效能的重要活动，是农村文化生活的一件大事。其在引导农民爱读书、读好书、善读书，增强思想道德素质和科学文化素养，为乡村振兴赋予文化动能，推动文化扶贫、精准脱贫中的作用日益显现。在缩小城乡文化差别、增强农民文化自信、推动城乡文化协调发展和农村精神文明建设上做出了重大贡献。

━━━ 案例延伸 ━━━

历届"新时代乡村阅读季"简介

2019 年"新时代乡村阅读季"：此届活动以"新时代新乡村新阅读"为主题。由中央宣传部、农业农村部主办，四川省委宣传部、中国农业出版社、农民日报社、中国新闻出版传媒集团、新华文轩出版传媒股份有限公司、中国移动咪咕文化科技有限公司、北京快手科技有限公司承办。9 月至 12 月在全国组织开展。

2020 年"新时代乡村阅读季"：以"耕读传家兴文化 脱贫攻坚小康年"为主题。由中宣部、农业农村部主办，中国新闻出版传媒集团有限公司、中国农业出版社等 16 家单位承办的 2020"新时代乡村阅读季"在京以网络直播形式启动。4 月下旬至 10 月末在全国组织开展。

2021 年"新时代乡村阅读季"：此届活动于 4 月 23 日在贵州省遵义市启动，以"永远跟党走 书香伴小康"为主题，由中宣部、农业农村部、国家乡村振兴局联合主办。4 月下旬至 9 月末在全国组织开展。

2022 年"新时代乡村阅读季"：此届活动于 4 月 24 日在北京举办的首届全民阅读大会·乡村阅读推进论坛上启动，以"阅读小康气象，奋进振兴征程"为主题，由中央宣传部（国家新闻出版署）、农业农村部、国家乡村振兴局指导，中宣部印刷发行局、农业农村部农村社会事业促进司、国家乡村振兴局政策法规司共同主办，中国农业出版社、中国移动咪咕数字传媒有限公司承办。

2023 年"新时代乡村阅读季"：第二届全民阅读大会·阅读与乡

村振兴论坛暨2023"新时代乡村阅读季"启动仪式于2023年4月23日在浙江杭州举办。此届乡村阅读季由中宣部印刷发行局、农业农村部农村社会事业促进司、国家乡村振兴局政策法规司主办，围绕"书香润乡村，阅读促振兴"主题，以农家书屋为平台，推出主题出版物阅读、农民喜爱的百种图书推荐等适农乐农活动，推动习近平新时代中国特色社会主义思想深入人心。

2024年"新时代乡村阅读季"：第三届全民阅读大会·阅读与乡村振兴论坛暨2024"新时代乡村阅读季"启动仪式于2024年4月23日在云南昆明举办。此届乡村阅读季由中宣部、农业农村部主办，围绕"学用新思想，奋进新征程"为主题，以农家书屋为平台，推出多项适农乐农活动，推动习近平新时代中国特色社会主义思想和党的二十大精神扎根农村、深入人心。论坛发布了在全国遴选出的50位"乡村阅读推广人"，集中展示了近年来各地涌现出来的乡村阅读推广示范人物，为探索新时代乡村阅读发展路径提供了重要借鉴。

"我爱阅读100天"读书打卡活动参与方式：（1）扫描下方二维码，下载安装咪咕阅读APP。（2）搜索"乡村阅读季"，点击搜索结果中的活动入口进入活动页。

案例四：深圳读书月，25 年高贵的坚持——"阅读·进步·和谐"，让城市因热爱阅读而受人尊重

深圳是因改革开放而生的移民城市，年轻的深圳曾因缺少文化底蕴被戏称为"文化沙漠"。为改变这一现状，改革开放以来深圳通过持续的投入和不懈的努力，持之以恒地在内涵上建设"书香之都"，在公共文化事业上获得了不俗的发展和建设成果，其中，已连续举办 25 届的"深圳读书月"发挥了积极作用。

阅读影响人，人影响城市。"阅读"是千万移民精神、文化生活的"刚需"，是学习创新、逐梦人生的基本途径和必要方式。作为先行示范城市，深圳将推广全民阅读视为全民学习创新的基础和根本遵循，率先提出"实现市民文化权利"，最早以条例形式制定全民阅读法规，探索出全民阅读活动成熟的"深圳模式"——"政府倡导、专家指导、社会参与、企业运作、媒体支持"。25 年"高贵的坚持"，深圳实现了从名不见经传的边陲小镇向国际"书香之都"的文化腾飞与文明跨越，也实现了从 30 万人的知识渴求到 700 万人的文化权利，创出了许多知名品牌活动，年度参与人次逐年上升，由首届 170 多万人次上升至逾千万人次。"深圳样本"为其他城市提供了一个可持续、高质量以全民阅读推动城市发展的典范。

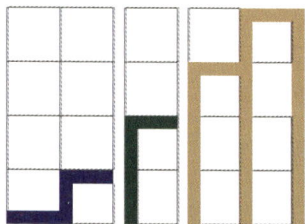

城市气质用阅读丈量，文明典范看阅读先行

经济可以快速增长，但文化只能日积月累地积淀。最终形成一个城市

气质、决定城市发展持久力和影响力的，是城市的文化形态和文化活力。文化深圳，从阅读开始。从一个深圳读书月到上百个节庆品牌遍地开花，这是深圳阅读的速度。沿着深圳全民阅读的发展脉络，收获了深圳在新时代背景下对全民阅读事业进行纵深探索和先行规划的累累硕果。作为由政府推动的一项公众文化节庆——深圳读书月创立于2000年，以"阅读·进步·和谐"为总主题。2000年4月，深圳市文化局提交的《关于在深圳市举办"深圳读书月"活动的报告》，获得中共深圳市委宣传部的同意批复，同年9月21日，深圳市委市政府正式明确每年的11月1日至30日为"深圳读书月"。同年11月1日，首届深圳读书月启动。自此，深圳开创了以城市名义举办读书月（节）活动的先声。读书月逐渐成为深圳市民的文化庆典，城市的文化名片，影响力遍及全国和港澳地区。2013年10月，联合国教科文组织特别授予深圳"全球全民阅读典范城市"光荣称号。

与此同时，深圳致力于打造"图书馆之城""书店之都"，始终把知识作为城市强大的发展动力加以培育，把阅读作为市民的生活方式加以推广，"先读为快，先行致远"，推动着这座城市快速成长。在深圳经济特区成立30周年之际，"让城市因热爱读书而受人尊重"和"实现市民文化权利"入选"深圳十大观念"。这说明，由"深圳读书月"衍生出来的阅读理念已经深入深圳市民的心。

长假后第一天开馆，深圳图书馆读者排队入馆场景（2016年2月16日）

政府倡导积极引领书香社会

深圳是全国最先通过市委、市政府的倡导和支持开展全民阅读的城市，通过政策引领不断贯彻文化建设理念，在阅读领域的先试先行体现了一座城市的战略选择。在无数个"第一""率先""首次"背后，是深圳市政府着力于提升市民素质，建设学习型城市，营造书香社会的成效。1995 年，深圳首次提出"建设现代文化名城"的战略目标，凸显深圳对公共文化事业和公民文化权利的重视。2002 年，第三届深圳读书月提出"建设公民道德实现文化权利"口号。2003 年，深圳在全国率先确立"文化立市"发展战略，提出把文化产业打造成支柱产业。2004 年，深圳提出打造"两城一都"（图书馆之城、钢琴之城、设计之都）目标。2007 年，深圳率先出台公共文化服务体系实施方案，在全国率先进行理论研究和实践探索，把公共文化服务体系作为满足和实现广大市民和外来建设者的基本文化需求和文化权利，落实民生净福利的出发点和立足点，确保人民群众享受、参与和创造文化的基本权利。2008 年，深圳出台全国第一个文化产业促进条例，后续发布了 10 余项文化产业政策……深圳持续推进文化建设，在不断细化和丰富的过程中为阅读建设提供了坚实基础。2009 年，深圳市委市政府印发了《关于深入开展全民阅读活动 加快推进学习型城市建设的若干意见》，首次明确全民阅读作为城市发展战略之一，要求进一步推动"深圳读书月"等全民阅读活动发展。这也是在全国首次把全民阅读提升到市委市政府决策规划范畴并产生广泛影响。随后深圳读书月组委会制定了《深圳读书月发展规划（2011—2020）》，为推动全民阅读尤其是"深圳读书月"的全面、深入、可持续发展提供了指导和保障，标志着"深圳读书月"活动在宏观设计方面走上一个新台阶。

立法保障公民阅读权利

为巩固已有的实践成果，明确未来发展目标和方向，深圳启动了全民阅读立法工作，历经两年于 2016 年出台了第一部全民阅读领域条例形式的城市法规——《深圳经济特区全民阅读促进条例》，从战略高度明确了全民阅读对城市未来发展的意义。《条例》将深圳阅读活动"深圳读书月"法定化，确定读书月活动的运行机制与活动内容，为"深圳读书月"的长效发展提供了根本保障，并将 4 月 23 日世界读书日确定为深圳未成年人读书日。

此外，以《深圳经济特区全民阅读促进条例》为法规依据，以《深圳文化创新发展 2020（实施方案）》等相关政策为意见指导，以《深圳读书月发展规划（2021—2030）》等规划性文件为纲领，以深圳市全民阅读研究与推广中心建立的评价指标体系为评估标准，"深圳读书月"可持续发展和高水平提升获得了制度性保障。

社会力量多方协作不断创新活动机制

从城市、社会、国家的长远发展来看，全民阅读推广、学习型城市和书香社会建设，需要各级政府和社会各界分工合作、持之以恒、循序渐进地推进与落实。深圳出版集团是读书月始终一贯的推动者；深圳报业集团和广电集团是读书月的宣传者、策划组织者、参与者；媒体是读书月活动的重要宣传者和推动者，其不遗余力地宣传、报道，在有效提高读书月知名度、认可度的同时也提供了舆论监督机制；市文化局、市教育局、市工青妇等单位以及市委市政府各部门也在各自领域尽心尽力。

城市文化塑造既需要政府的大力推动，也离不开社会各方力量集思广益、群策群力的广泛参与。通过全民阅读推广把政府的提倡与民间的参与紧密联接起来，形成了政府与民间的文化互动关系。超过200个各类民间阅读组织、2000位阅读推广人和阅读志愿者等民间力量犹如"星星之火"，在读者群众中燃起阅读的"燎原之势"。例如，三叶草故事家族、青番茄阅读组织、深圳读书会、聚橙网读书会、后院读书会等，在具体活动层面发挥了社会"书香细胞"一般的作用，保障着深圳全民阅读的内容质量和民间活力。2012年第十三届读书月的启动仪式上，国内首家由企事业单位、群体团队和民间阅读单位共同合作的"深圳市阅读联合会"正式宣布成立，其作为各类民间阅读团体的集合体，为读书月活动出谋划策，并积极承办与读书月有关的活动。

此外，企业积极承担社会文化责任，缓解了读书月活动的财政压力，逐步降低政府投入读书月活动的成本。同时，利用企业的高效率管理运作模式，提高了读书月的效益。

重视书香城市建设研究与"深圳读书月"经验总结

2016年，深圳出版发行集团发起并成立了深圳市全民阅读研究与推广中心。该中心负责组织、统筹深圳阅读指数项目，组编《深圳全民阅读发展报告》，发布年度《深圳数字阅读报告》等。紧扣深圳全民阅读领域最新成果和发展趋势的年度发展报告，《深圳阅读蓝皮书——深圳全民阅读发展报告》已连续五年出版（2017—2022年每年推出一本）。"'书香深圳'测评"（原"深圳阅读指数"）项目，从2014年至今已连续八年发布阅读调查数据成果。"全民阅读丛书"系列已出版《让城市因热爱读书而受人尊重》《让城市的每扇窗户都透着阅读的灯光》等，记录了"深圳读书月"的历史步履；聘请专家学者组成总顾问和特别顾问团队，成为"深圳读书月"的智囊团，以思想和智慧保障读书月活动的科学性和专业性。海天出版社在2018年、

2020 年先后邀请我国全民阅读领域的优秀专家学者王京生、朱永新、徐雁共同主编的"书香中国·全民阅读推广丛书"，两辑共 10 册，丰富了全民阅读的人文内涵。

不断与时俱进、调整创新

25 年来，读书月不断与时俱进、调整创新，与文化体制改革、政府职能转变、推动大型文化活动社会化运作的形势相适应。例如，为顺应数字化时代，2016 年及时调整"深圳读书月"活动重心，将第十六届读书月年度主题定为"互联网 + 读书"，并从此在重点活动中增设了"互联网 +"板块；在"阅读双城记"活动中先后与英国爱丁堡、奥地利维也纳、德国柏林等开展阅读文化互动，把深圳通过文化交流推向世界。

伴随着市民读书热情和求知渴望、走过了 25 年的深圳读书月，是我国城市全民阅读活动的起点，也成为阅读活动的重要品牌。读书月让阅读铸就了一座移民城市的文化基因，成就了特区不衰的创新活力。

案例延伸

以"深圳读书月"为典范，全国已有 400 多个城市常设读书月、读书节

"深圳读书月"开我国城市举办读书月活动之先河，如今已成功举办 25 届，成为我国乃至世界范围内全民阅读活动的典范。近年来，陆续吸引了国内数十个城市的嘉宾到深圳观摩学习，造就了城市公共文化活动的新品牌效应。2005 年设立的"东莞读书节"、2006 年设立的"苏州读书节"、2007 年设立的"福州读书月""株洲读书月"等，就是以"深圳读书月"为典型创立的。

深圳读书月带动了各地全民阅读推广活动不断拓展和深化，汇集成建设"书香社会"、促进"全民阅读"的时代声浪。经过多年不懈努力，全民阅读的氛围越来越浓，全民阅读形式越来越丰富多彩，继"深圳读书月"之后，以"书香中国"阅读活动为引导，全国各地开展读书节、读书月、读书周、阅读日等一系列特色鲜明的品牌活动："北京阅读季""书香中国·上海周""书香荆楚·文化湖北""南国书香节""书香八闽""三秦读书月""江苏读书节""书香新疆·全民阅读"等书香品牌不断培育、巩固并在各地"开花"，全民阅读日趋深入人心。据统计，目前各省（区、市）均有省级阅读品牌，400 多个城市常设读书节、读书月等，80% 以上的县（区）开展阅读品牌活动。

深圳读书月公众号：

深圳读书月微信号： readingmonth

新浪微博： 深圳读书月官方微博 @深圳读书月

第三节　启示与思考

苏州图书馆"阅读大礼包"利用家庭小环境开启人生阅读第一课，培养人生"起跑线"的阅读习惯；中国数字阅读大会通过搭建平台强化移动网络技术对社会阅读的影响；深圳读书月和新时代乡村阅读季则是政府营造活动氛围深化和普及社会阅读。这四个案例从不同视角契合阅读与社会的互动，体现了阅读与社会环境相互联系、相互影响又相互制约，无论是着手家庭小环境对幼童阅读习惯的孕育、阅读从娃娃抓起，还是强化科技对阅读方式的改变，搭建普及和深化社会阅读的平台，都是充分运用阅读与社会的互动机理，潜移默化地推广和深耕社会阅读，促进阅读与社会的良性互动，促进人的全面发展和社会的全面进步。

阅读是一种教育行为，也是教育的重要手段和途径，阅读习惯和素质的养成对教育功能、目标的实现至关重要。阅读不同的内容有助于实现不同的教育功能和目标。科学研究表明，7岁以前是儿童智力高速发展的时期，也是儿童口头、书面语言即阅读能力习惯培养的"黄金期"，对人的一生发展至关重要，早期阅读和书写能力对启发儿童的求知欲、培养日后的学习能力、提高知识素质、完善健全社会人格有重要影响。

世界各国都重视儿童阅读能力的教育培养。如美国有"阅读是基础"的教育改革运动，英国有"阅读起跑线"计划和婴幼儿"阅读包"服务计划，俄罗斯有"阅读早于走路"的儿童教育共识。一个人的学前教育、中小学教育还有大学教育是人生的起步阶段，教育就是要培养一个人的阅读兴趣，使之养成阅读习惯，发展其阅读能力，终身爱阅读。通过广泛阅读，不仅能够获取博约知识，学习基本的人生技能，感受美好的情感，培养情操，而且能够培养思辨能力和创新思维，健全人格。苏州图书馆开展婴幼儿阅读包服务计划是针对0—3岁的婴幼儿赠送阅读包、给予配套的阅读服务，通过在家庭营造亲子阅读环境来播种阅读的种子。各地参与和仿效苏州图书馆的做法进一步促进和影响了国内对婴幼儿早期阅读启蒙事业的重视，开展"人之初"的关怀逐步成为全国的共识和行为。"阅读起跑线"在英国发起30多年来帮助了无数家庭与阅读结缘，帮助了无数孩子热爱阅读。十几年来，苏州的家庭和孩子们也有了这样的缘分和福气。不仅为3万多个家庭带来家庭阅读的乐趣，更是在早期填补了国内0—3岁婴幼儿早期阅读指导服务的空白。因此，苏州图书馆"阅读大礼包"在推动国内公共图书馆进行早期婴幼儿阅读与形成良好的家庭阅读氛围方面具有里程碑式的意义。以苏州图书馆"阅读大礼包"为模板，形成包含"阅读大礼包"+"品牌活动"+"活动成效评估"的婴幼儿"阅读礼包"推广新模式，打造国内公共图书馆婴幼儿阅读推广的标杆和示范，是值得向其他还未开展婴幼儿"阅读推广"地区开展科学化的婴幼儿"阅读礼包"阅读推广服务创新经验。

科技对阅读的塑造在于改善阅读介质，优化阅读方式，提高阅读效率，带来阅读革命，形成阅读社会。人类每一项关于读物的科技进步，都引起一场阅读的革命性变化。随着移动网络数字技术的普及和兴盛，公众的阅读习惯以及阅读偏好伴随着新媒体海量内容的涌入逐渐发生着改变，以纸质书籍为主的传统阅读模式受到了猛烈冲击，越来越多的人喜欢在网络上进行数字互动的社交化阅读。社交化阅读给阅读活动带来革命性变化，使阅读互动的规模和广度、深度、频度和效度前所未有，互动的结果海量生成、声形并茂，互动还使社交化阅读逐步向社群化阅读演变，重塑新的社会交往关系，重构阅读互动循坏生态，促进阅读行业的健康发展。全民阅读的推广工作也要与时俱进，不断变化和改进。中国数字阅读大会作为数字阅读领域国家级、综合性行业活动，以全面提升全民阅读质量和水平为目标，联合产业合作伙伴，共同探讨数字阅读行业的发展趋势和未来，拓展、丰富数字阅读领域，将丰富阅读活动内容与提升思想文化内涵相结合，将传统出版与新兴出版相结合，将公益活动和市场推广相结合，搭建政府、行业与用户互联互通的交流平台，推进国家文化软实力和中华文化影响力，提升广大人民群众精神文化消费水平，推动全民阅读蓬勃发展。

阅读本身就是一种普遍的文化现象，同时它又从个人的精神建设层面长期地、潜移默化地影响着大众文化和社会文化，推动社会文化的发展，是当今社会不断进步发展的重要因素和重要动力。第一，阅读可以有效提升国家文化软实力。第二，阅读可以提高国民素质，推动构建和谐社会。第三，阅读激发人类的创造力，从而推动科技进步和促进社会文明。新时代乡村阅读季面向农村，脚沾泥土手捧书香，为村民文化充电，为乡村振兴赋予文化动能，是农村文化生活的一件大事，更是推动城乡文化协调发展的重举。已连续6年举办的新时代乡村阅读季"我爱阅读100天"公益阅读活动，开设免费阅读专区，把精彩内容推送到农民手机上、指头边；还联合当地农家书屋等机构，为农民群众送去丰富的纸书资源。文化星火助力乡村精神共富，焕发文化振兴力量。新时代乡村阅读季组织举办主题鲜明、内容丰富、形式多样、媒体融合的阅读活动，厚植乡村阅读土壤。不仅"送文化"还"种文化"，推动更多资源下沉，丰富乡村阅读资源。以新型农家书屋为承载空间，创新知识文化服务，推动乡村文化数字化，延伸乡村阅读场景、服务及体验，满足农民群众精神文化生活新期待，为乡村文化振兴加码赋能。

深圳读书月从宏观环境视角，将丰富阅读活动内容与提升思想文化内涵相结合，提升人文精神，保障公民阅读文化权利。读书月走过的25年，正是深圳文化形成的关键时期。25年来，深圳读书月实实在在地办成了老百姓自己的事情，收获日益扩大的社会效益和社会影响力，广大群众的读书热情得到了最大限度的调动，让我们看到了一个城市百折不挠的文化攀升。就当下全国各地举办读书节、读书月等实际情况来看，推广活动形式趋同、缺乏内容上的新颖性和内涵上的吸引力等，已成为共性化的问题。

如何在创意创新中可持续提升发展，"深圳读书月"与时俱进的历程，恰好为我们提供了一个可资借鉴的典范。深圳阅读激活了城市强大的创造力，改善了城市风貌，提升了城市品位和文化内涵，形成了多元开放包容创新的城市气质，增加了城市的吸引力、竞争力。不断呈现的特区文化新名片，让深圳逐渐成为汇聚先进设计、时尚创意的文化蓝海。根植人文厚土的文创产业为深圳的可持续发展注入源头活水。"文化立市"的深圳，也因此进入全球城市竞争力排名前十强。一边是静水深流的阅读，一边是激情四溢的创新。深圳在打造"幼有善育、学有优教"的"城市文明典范""民生幸福标杆"、建设中国特色社会主义先行示范区的大道上品读相伴，一路书香。期待"深圳读书月"这一"高贵的坚持"，能够领跑更多的南北方和中西部城市的公共文化活动，在"书香中国"的建设进程中镌刻下一块又一块的文化里程碑。

第六章

以阅读为中心

第一节　阅读的社会产业

产业是具有某种同类属性的企业经济活动的集合，它是人类社会分工和生产力不断发展的必然结果。阅读作为人的一种社会活动，现代已逐步发展成为人们的基本生活方式。正是这种以文本（档）形式存在的信息知识的消费过程（也即阅读活动）及其需要的逐步普及和社会化，拉动了满足人们阅读需要的产品和服务的生产、分配和交换，特别是由于科技的支持和发展使其规模化和丰富化，从而形成阅读的社会产业（简称"阅读产业"）。

移动互联数字技术改变人们的生产生活方式，首先改变人们的信息知识的获取方式，带来社会阅读方式的变革，以读者和阅读为中心的当代社会阅读重构了传统的以出版物为中心的阅读生态圈，形成了重视阅读消费和体验、以读者为中心的阅读产业，使阅读产品的生产、营销各个环节都要主动为读者和阅读倾斜、服务，满足社会阅读需求，否则就无法生存。

阅读产业就是那些为读者提供可以阅读的产品或服务的所有相关产业，具体包括图书出版业、报刊业、影视业、互联网业和移动阅读业等产业类型。任何一个概念的产生都体现了一定的环境变化和社会需求，阅读产业这个概念也是一样，作为文化产业的一部分，它强调消费者"阅读"的过程和效果，强调从消费者的角度分析和研究阅读产品生产消费服务的过程；关注阅读消费的效果；在强调其经济回报的同时，更强调其社会效益，即对推动社会向善向上和提升人类社会文明程度的贡献。

目前，互联网阅读业和移动阅读业应运而生并迅速崛起，阅读产业结构已经发生并正在发生着剧变。阅读产品需要新的渠道和平台与读者建立更强大的连接，满足读者移动化、碎片化、个性化、社交化、可视化、智能化的阅读需求，为读者在阅读时间、工具和渠道上提供便利，而这些正是互联网阅读业和移动阅读业的优势所在。基于大数据技术和云计算的读者数据库使阅读产业有史以来首次与读者即时互动，使作者、编者、读者和出版者、营销者、消费者"一网打尽"，融于一体，随时随地互动交流而生出更多思想和智慧的火花。而未来，基于读者阅读需求、阅读场景和阅读体验建立起更加完备的阅读服务链和阅读价值链，将是阅读产业发展的必然趋势。

全民阅读为阅读产业的形成和发展提供强劲的助推力，不仅从国家层面确立阅读在产业结构中的主体性，还从个体的层面凸显了阅读在产业结构中的能动性。全民阅读需要聚合各种阅读资源和要素共同发力，更需要阅读产业的融合推进。全民阅读、媒体融合都需要以人为本，以满足读者阅读需要为中心，打破一切体制、机制、区域等的障碍，促进各种阅读资源、要素、资金、技术、市场的整合和融合，重构阅读产业链，一起作用于全民阅读，促进人的全面发展和社会的全面进步。

第二节　以读者为中心打造阅读产业链

案例一：方所概念书店——用创意升级文化理念、拓展书店新体验

漫游不息 · ［fang suo commune］ · 阅读不止

广州例外服饰有限公司协同两岸三地文创精英，打造了全新文化生活品牌的概念店方所（Fangsuo Commune）。2011年11月25日，首间方所书店在广州市天河区太古汇商场正式开业。2015年1月29日，成都方所书店在成都市锦江区成都远洋太古里开业。此后，2015年10月，上海分店开业；2016年6月，青岛分店开业；2020年9月，西安分店开业；2021年1月，三亚分店开业；2023年6月，深圳分店开业；2024年1月，北京五棵松店开业。方所书店的主要经营范围是人文、艺术、设计、建筑类书籍，其中有4万种港台书刊和近万种外文书，也有部分内地出版物。店内专门设有"方所推荐""媒体推荐""网络意见领袖推荐"等特色书架。方所书店的主要特点：一是涵盖书店、美学生活、咖啡、展览空间与服饰时尚在内的一体化全新的文化空间；二是采用新型商业模式进行跨界经营的现代书店，是新型文化产业升级的开创者。

方所书店的跨界经营

作为方所创始人之一的毛继鸿，并非第一次用"跨界方式"探索渠道的创新。早在2007年，他就在云南昆明开了一家名为"双面例外"的门店，在店面中，毛继鸿融入大面积图书空间，陈列和销售以艺术、美学为主的

书籍。之后，"双面例外"又陆续在武汉、厦门等城市落地。

2008 年，第一家"例外生态店"在北京崇光百货落地，店中除了图书，还引入 G.O.D 等家居品牌以及以环保、自然主义为主题的美学生活用品。据悉，"双面例外"所在的武汉新世界百货、昆明新西南百货和厦门 SM 商业城均属"例外"A 级经销点。武汉、昆明在内陆市场的表现占据领先位置。

首间方所书店是毛继鸿与"台湾行人文化实验室"创始人廖美立联手打造。廖美立曾参与创建诚品书店，被普遍认为拥有浓重的"诚品书店血统"。方所运营总监谭白绢和图书顾问罗玫玲，都曾在诚品有过超过 10 年的店面运营经验。方所广州店是涵盖书店、美学生活、咖啡、展览空间与服饰时尚在内的一体式全新文化空间，面积约 1800 平方米，融合 500 平方米的书店、400 平方米的展示和销售设计品的美学馆、260 平方米的展览空间、250 平方米的服饰馆以及 90 平方米的咖啡馆。它提供的产品，包括图书、服饰、美学生活产品、植物和咖啡，而且全部自营。方所的"美学生活"商品，便基于这一理念，经历了层层严格的筛选：从全球 1000 多个设计品牌中初选 130 余种，之后再从中精选 80 余种，最终引进 50 余种，其中超过 20 种首次在国内亮相。挑选的标准相当严苛：手工制作、自然主义风格，强调环保概念，耐用，更重要的是"一等品"。

通过方所书店的空间设计、商品来源、讲座、展览等运作可以看出，一方面，管理者试图透过对世界多元文化的引进，将港台及西方国家的文化意象深入历史与当下本土的社会生活文化之中，通过异域与地方文化的实践开辟一个汇聚世界各地多元文化因素的新空间，从而在方所的空间中投射了一个跨越时空的世界文化缩影；另一方面，从以上官方微博的内容中可以看出，在对其文化商品进行介绍时，主讲人试图将其商品塑造成具有豪华、精致特点的文化产品，通过揭示其商品所塑造的高品质生活来增加其文化附加值；而其讲座主要吸引的对象，也是这些被塑造成具有美好形象、追求自我成就的群体，且讲座主题也以良好的价值观展现在消费者面前，个体在这个领域中被形塑出一种个人独特的风格和典雅的形象。文化全球化成了方所书店文化实践延伸与深化的手段，透过这些文化关系和实践，经营者将方所文化书店塑造成一个全球文化的缩影和具有尊贵与典雅特质的文化空间。

方所书店的美学营销

"方所"遵循后现代建筑学的一个重要理念，即"场所精神"。该理念的提出者挪威建筑学家诺伯舒兹（Christian Norberg-Schulz 1926—）在其著名的《场所精神：迈向建筑现象学》一书中指出，建筑的意义不仅在于空间结构的理性规划和功能切割，更重要的是它必须以富有"诗意"的总体氛围来安顿人的精神，让人产生方向感和认同感，正是这些主体感知，昭示着建筑的"场所精神"，它如同古希腊的神灵在具体建筑环境中对人类精神的庇佑。从整体上来看，方所书店的美学筹划不仅停留在结构空间层面，作为包括图书、服饰、饮食、生活美学用品等在内的多业态复合体，它的所有产品和销售环节无不经过别出心裁的美学处理，甚至连服务本身也已经被高度美学化了。

方所书店恪守人文精神、融美学设计于商业空间的设计理念，取得了巨大的商业回报和行业认同。方所书店的成功不仅来自投资人的眼光和经营管理创新，更在于它的设计理念。这种设计理念完美地体现了当前语境下消费美学的基本精神。这主要体现在以下两个方面：一方面，方所书店的设计表现了对"日常生活审美化"现象的敏锐感知；另一方面，方所书店的设计理念还反映对读者审美化消费的切实尊重。

事实上，审美性消费已经是当代语境中最根本、最重要的消费方式。

从本质上来说，这种消费方式也是日常生活审美化现象在大众生活方式层面上的逻辑延伸，这一点作为消费大众之一的读者，当然也概莫能外，其表现在两个方面：首先是读者的阅读方式，它是一种追求轻松愉悦的美感体验的阅读，或者叫"悦读"；其次是购买方式，读者倾向于选择赏心悦目、设计和包装精美的读物。而且，由于读者消费的是文化产品这种与美学旨趣颇为相近的对象，他们对于消费空间的美学设计也有其特殊要求。

方所书店的设计者正是看到读者的消费方式本身已经是一种审美化的行为或者说深受审美逻辑的驱动，因此，他们意识到若不能提供一个相应的美学化的场所来满足其消费需求，也必然不会被消费选择多元化、消费趣味日渐挑剔的读者大众真正接受，这样自然不会挽留住读者匆忙的脚步。方所书店从客体—消费空间和主体—消费方式两个方面的研究，对实体书店进行消费美学救赎的可能性，然后根据主体—客体—精神的逻辑进路，提炼出"美学营造""美学营销"和"美学营魂"这一消费美学的一般模式，它们的有机结合成为实现美学盈利的"三部曲"。

方所书店的自我呈现

方所书店作为文化运营机构和公共文化策划机构，一直致力于通过城市美学设计，打造尊重人文自然，具有智慧与绿色的城市生态。方所书店的图书在其不同分店功能分区中约占 30% 至 50%。虽然通过差异化定位，突出艺术设计类图书和外版书的采购与销售，与同行相比其图书类销售收入已经非常高，但与店内非图书类商品相比，利润还是很低。方所策划总顾问廖美立此前在接受媒体采访时，以方所广州店为例，称店内图书和非图书类商品的营业额和利润比分别为 35∶65 和 37.7∶100，可见，非图书类商品依然贡献了方所利润的大头。

方所首个社区书店——成都方庭书店

随着网络社交媒体的发展以及"晒"文化、"秀"文化的发展，人们的自我呈现从现实延伸到网络，越来越热衷于虚拟空间的"自我呈现"，如美国学者、著名媒体人安德鲁（Andrew Keen）在著作《数字眩晕》中描述的那样，"社交是21世纪的杀手级应用"，这意味着我们的个人信息、位置、品位以及身份将在社交网络中暴露无遗。人们通过主动的"自我呈现"赢得关注；用个性化前台的建立标榜自我，建立身份认同；借评论、回复或点赞等互动方式维系人际关系。

美国社会学家欧文·戈夫曼（Erving Goffman 1922—1982）在《日常生活中的自我呈现》一书中将社会机构比作一个舞台，个体的社会行为就是表演，人们在互动过程中按一定的程序扮演自己的多种角色，试图通过言语、姿态等表现控制自己留给他人的印象。表演者希望通过自己与舞台设置间有高度一致性的表演，与观众产生内在认同，告诉观众表演者的社会身份、礼仪状态和他在表演中的互动角色，期待目标观众认真对待自己在表演中建立的印象，希望观众相信：他们眼前的这个角色确实具有他要扮演的那个角色本身具有的品行。唯其如此，他的表演才是圆满的。这种圆满的标志是表演者达成观众对一种一致性代表的特定理想类型的期待，当观众接受了表演者投射的某种情境定义并或明或暗地表称自己是某种类型的人时，就一定程度接受了表演者施加的道德要求，允诺以这种类型的人期待的方式来评价和对待表演者，表演者由此实现对他人的行为，尤其是他人应对他的方式的控制。

方所书店是设计大师精心打造的"高颜值"，不管是呈现欧式、美式或者中式的艺术风格，都无一例外地将生活美学的观念融会其间，更像一个展示生活方式的场所、一个文化交流的空间。社交媒体给这些书店的标签往往是"最美""文艺范儿""天堂的模样"，不论进入书店的个体是不是真正的"读者"，面对相机镜头，都会不自觉登上一个高度仪式化、礼仪化的舞台，他/她在这个空间中的个体表达就成为一种"表演"，而书店，成为这个表达的"前台"。方所书店在社交媒体中已变成一个展示和表演情怀的舞台，这个舞台在线上和线下的空间同时呈现。按戈夫曼的定义，个体表演中有意无意使用的、标准的表达性装备叫作"前台"，包括舞台设施、装饰品、布局，也包括个人的言谈举止、外貌表情等。一般而言，前台是固定的，表演者只有置身其中才能开始他们的表演，而离开了舞台设置，表演也就随之结束了。角色的自我的建立和促成基于其行动的整个场景，由现场发生的所有事件的整体象征决定。

🔖 案例二：中国诗词大会——演绎诗词吟唱　创新阅读风尚

2016 年初，《中国诗词大会》第一季开播，以古诗词为主打的文化节目迅速升温，迎来了收视率和口碑"双丰收"。此后，新媒体积极跟进，抖音、快手、小红书、B 站等平台迅速升温。经典诗词被重新演绎吟唱，创新新时代新阅读的新风尚。以《水调歌头》为例，既有根据苏轼名篇《水调歌头·明月几时有》创作的歌曲，也有配合词牌节奏谱写的现代编曲。借助音乐，诗词所特有的音律美被放大，有了更加利于传唱的表现形式。文化音乐节目《经典咏流传》将诗词转化为优美的歌曲，用现代的唱法和曲调来演绎传统经典。

抓住情绪，引起共鸣

"和诗以歌"激励国民共克时艰。音乐抚慰情感，诗词滋养精神。诗词穿过茫茫岁月，被重新编织成歌，和时代同频共振。受新冠疫情影响，《经典咏流传》第三季的音乐节目注入了人文关怀。从疫情初期鼓舞医护人员士气的《岳阳楼记》，到在武汉"解封"之际推出《面朝大海，春暖花开》，再到先后特别推出武汉协和医院医护工作者演唱的《和你在一起》，北京协和医院国家援鄂抗疫医疗队与同事们演唱的《守护》，以及民谣歌手冯翔带来武汉话版《二十四节气歌》等节目持续激发出人性的温热和精神的伟力。

2022 年抖音发布的《抖音古诗词数据报告》显示：2021 年，抖音古诗词相关视频累计播放量 178 亿，同比增长 168%。网友对传统诗词的喜爱也带动了相关书籍的销售。2021 全年，抖音电商平台古诗词类书籍销量同比增长 588%，《唐诗三百首》《跟着诗词去旅行》《飞花令里读诗词》等诗词类书籍销量位居前列。报告显示，"诗仙"李白是抖音网友最喜欢的诗人，苏轼、李清照两位宋词代表紧随其后。最受欢迎的唐诗一项中，王维的《相思》力压李白的《将进酒》，位列榜首。古诗词的演绎形式正日益多元化。"00后"喜欢将诗词与说唱结合起来,"90后"则更爱用舞蹈复现诗词之美,"80后"最喜欢用朗诵的形式感受诗词魅力,"70后"则偏爱用戏曲理解诗词。

"和诗以歌"鼓舞国民共睹盛况。2022年2月4日,北京冬奥会开幕,北京冬奥会特别策划了《冬奥诗词大会》,用绝美古诗打开冬奥会。有"忽如一夜春风来,千树万树梨花开"的冬奥场地,有"等闲识得东风面,万紫千红总是春"的立春节气,有"才见岭头云似盖,已惊岩下雪如尘"的高山滑雪,有"不经一番寒彻骨,怎得梅花扑鼻香"的加油勉励……4月16日,神舟十三号载人飞船返回舱在东风着陆场预定区域成功着陆。央视网为此特别策划时政微视频《中国式浪漫:古诗词中的航天梦》,用"史上最强作词天团"的诗篇,吟唱一场"错位时空"的浪漫。

"和诗以歌"倡导国民共沐国风。CCTV-1《经典咏流传》节目官方抖音账号,截至今年6月底,《经典咏流传·大美中华》累计播放量3亿余次。抖音创作者"唱造AI实验室"在其Rap古诗词栏目中创作了23集说唱版本古诗词,累计播放量500余万次,收获点赞50余万次。凭借"高考背书系列"走红国风圈以来,奇然、沈谧仁组合创作的新歌都深受瞩目,他们的代表作《琵琶行》《阿房宫赋》以明快的节奏、优美的旋律帮助高中生快速背诵课文。《木兰辞》《春晓》《蜀道难》等经典诗篇披上了国风潮外衣后,在年轻人中引发了一股"诗词热"。

传承经典,精致生活

诗词传唱化成金曲,天籁之音震撼人心。经典古诗词改编成广为传唱的歌曲,比如:邓丽君演唱的歌曲《人约黄昏后》,歌词为朱淑真的《生查子·元夕》;邓丽君演唱、王菲翻唱的歌曲《清平调》,歌词为李白的《清平调》三首；毛宁演唱的歌曲《涛声依旧》，歌词为张继的《枫桥夜泊》；王菲演唱的歌曲《但愿人长久》，歌词为苏轼的《水调歌头·明月几时有》；龚玥演唱的歌曲《月满西楼》，歌词为李清照的《一剪梅》；于文华演唱的歌曲《枉凝眉》，歌词为曹雪芹的《枉凝眉》；杨洪基演唱的歌曲《滚滚长江东逝水》，歌词为杨慎的《临江仙》；胡夏、郁可唯的《知否知否》，歌词为李清照的《如梦令·常记溪亭日暮》……对于经典诗词而言，音乐性是与生俱来的审美属性之一，高低起伏的声调依照语义排列，如同五线谱上跳动的音符。一首首经典诗词以唱的方式萦绕耳畔，走进现代人生活的各种场景。

诗词传唱融入文旅，地籁之音梦寐以求。诗歌文化在提供给人类巨大精神价值的基础上，也提供了包括经济在内的文旅价值。屈原可谓最早的行吟诗人，他流放行吟荆楚云梦，三湘四水，现如今都已经成为旅游打卡点。武汉黄鹤楼因崔颢的《黄鹤楼》，苏州寒山寺因张继的《枫桥夜泊》，成都杜甫草堂因杜甫的《茅屋为秋风所破歌》，杭州西湖因苏东坡的《饮湖上初晴后雨》……成为全国著名的 5A 景区。《浙江省诗路文化带发展规划》提出建设浙东唐诗之路、大运河诗路、钱塘江诗路和瓯江山水诗路"四条诗路"，打造有灵魂、有美景、有历史、有文化的现代版"富春山居图"。四川省、重庆市各推出"诗歌之旅"十条精品旅游线路，每条线路设计包括代表性诗人、线路、景点、旅游金句，凸显文旅融合和巴蜀元素。中华诗词研究院设立了"丝绸之路诗词"项目，该项目以丝路为线索，将历代诗人行迹在地图上描绘出来，既可研究丝路文学，又可为文旅提供资料。

诗词传唱浸润日常，人籁之音热情洋溢。诗词传唱将诗心作为一种生活指引，将诗意作为一门生活哲学。《尚书·虞书·舜典》"诗言志，歌永言"的意思是，诗是表达思想感情的，歌是唱出来的语言。所谓"言志"，可以理解为对日常语言表达形式和所表达内容的突破。"诗词传唱人"江生将古诗词谱成歌谱曲吟唱，已发表《回乡偶书》《蝶恋花》《浣溪沙》等单曲，尝试把东方冥想和灵性疗愈元素融入作品，挖掘声音的疗愈力。叶嘉莹先生一生坎坷多艰，曾历经战乱，在海外飘零数十载，在许多次人生的至暗绝望时刻，是诗词给了她无穷的力量。当传统文化以崭新面貌涌入人们生活，并逐渐浸润人们的日常生活，天籁之音洋溢着人们对生活的热爱。苏州老人王敬义以天籁调、酒令调、鹿港调等9种古代民谣曲调为60首古诗配曲创作"唐诗吟唱集"。坚持了几十年，吟唱的习惯让王敬义老人每天锻炼肺活量，保持心情舒畅，也强健了体魄。

2022 首届全民阅读大会全民阅读诵读活动

激活创作，创新教学

自 2018 年以来，《经典咏流传》已经举办了五季，受到了广大的人民群众的喜爱，引发大小屏"双屏共振""叠加刷屏"。《经典咏流传·大美中华》是《经典咏流传》的第五季，于 2022 年 4 月 3 日在 CCTV-1 首播，截至 2022 年 5 月 19 日，节目相关的 21 个热搜话题累计阅读量达 10.5 亿次，讨论量 29.8 万次，其中第四、第五两期节目播出当晚，主话题阅读量均 12 小时内破亿。《经典咏流传》不断用"和诗以歌"的创新方式谱写传递中华诗乐美育公开课。

坚定文化自信，推动诗词文化代代相传。事实上，中国人在小的时候都曾用背诵经典诗词的方法完成对很多汉语词汇的原始体验，构成了对人生精神世界的"锻造"。新编创的诗词音乐吸收融合了流行音乐、民谣、世界音乐等音乐类型的部分特征，曲风更加多样，题材更加宽泛。以电视剧《甄嬛传》的音乐为例，《采莲》的歌词大量使用乐府诗《江南》的诗句；《惊鸿舞》的歌词大都来自曹植的辞赋名篇《洛神赋》；刘欢作词的《凤凰于飞》，灵感来自《诗经·大雅》，"凤凰于飞，翙翙其羽"，使用了中国神话传说中的两种鸟"凤"与"凰"来指代现实中的人，委婉而含蓄。诗词文化热，折射出对优秀传统文化的旺盛需求，召唤中国人更好地传承经典诗词文化。

坚定文化自信，发展诗词文化乡土特色。网络热歌《锦绣成都》是改编自李白《上皇西巡南京歌》（其二）。四川省成都市黄天信、邓堃蓉将带有巴蜀韵律的古风与现代摇滚相融合，融入四川方言，古朴且高雅地畅抒了一回天府之国。邓堃蓉运用诗词吟诵、改编传唱凸显巴蜀地域特色。比如：以诸葛亮为蓝本的原创歌曲《武侯曲》穿越千年的守望和传承；以杜甫的《绝句》创作了《落雪千山等归人》描述故土的人文思想。评弹以"说""唱"解读古诗词，让江南诗词余味长留。比如：唐代诗人杜荀鹤的《送人游吴》评弹，起源与流行皆因苏州的繁华；杜牧《寄扬州韩绰判官》中"春风十里扬州路"，写的正是唐时的江南风光；韦庄《菩萨蛮》中"人人尽说江南好，游人只合江南老"，每个人心中或可有他自己的"江南"。

坚定文化自信，创新诗词文化教育方法。学校对传承中国古典诗词起着基础性作用。为传承鲁艺精神，弘扬我国优秀传统文化，沈阳音乐学院师生编排了古诗词歌曲《念奴娇·赤壁怀古》《黄鹤楼送孟浩然之广陵》。海南省海口市琼山区扎实推进"小学古诗词琼剧戏歌与课程"进校园，让小学生领略古诗词琼剧戏歌的迷人魅力。福建省文化和旅游厅主办的非遗进校园——2022年闽台艺术家南音音乐会，让非遗文化和现代教育相结合，将唐风宋骨的古韵表现得淋漓尽致。抖音创作者"跟着婷婷姐姐唱古诗"为经典古诗词谱曲新唱，让孩子轻松背诵古文古诗，66集累计播放量800余万次。诗词文化教育丰富学生的精神世界，赓续中华民族千年文脉。

提高审美，滋养精神

诗词吟唱启迪审美，满足精神文化需求。中国古典诗词之美可以分为三个层次：第一是音声之美，对应感性的能力；第二是意境之美，对应审美的观念；第三是品格之美，对应道德的境界。读诗读到最后是读人，会引发读者思考自己要成为什么样的人。诗词吟唱从用户画像、内容形态、表现技巧等方面看，诗词吟唱呈现多样化、多栖化、多行业、多领域特征，展示出人文审美、文化创意、科技创新等独特魅力。文化音乐节目《经典咏流传》将当代审美与中华美学精神相结合，进一步激发、涵养和培育了中国人的审美情趣、审美习惯和价值取向。不管诗词吟唱如何发展，满足人们精神文化需求的追求不会改变。期待有更多的诗词吟唱作品在人性化、精细化、品质化上下功夫，真正成为人们心中"让生活更美好"的文化家园。

诗词吟唱弘扬艺术，推动履行社会责任。2021年底，歌唱家龚琳娜领衔、作曲家老锣原创，龚锣新艺术乐团演奏的古诗词音乐会——《流动的时光——二十四节气古诗词音乐会》开始巡回演出。每到一个地方龚琳娜都会邀请当地少儿合唱团一起同台演出，龚琳娜认为，音乐会绝不是独唱炫耀的机会，而是要让所有的人感受到中国音乐与西方音乐完全不同的美感。古诗词音乐会囊括了二十四节气《立春·立春偶成》《惊蛰·新雷》《谷雨·一蓑烟雨任平生》《立夏·天仙子》《小暑·如梦令》《处暑·昨夜西风》《秋分·秋词》《小雪·天下谁人不识君》《大寒·大寒出江陵西门》等曲目。龚琳娜运用戏曲、民歌等多种声乐技巧，融汇老锣的谱曲、演奏设计，让诗词语句回到行云流水的自然模态。

诗词吟唱创新演绎，推动增强历史自觉。2022 年 5 月 27 日，习近平总书记在主持中共中央政治局第三十九次集体学习中强调，我们坚持把马克思主义基本原理同中国具体实际相结合、同中华优秀传统文化相结合，不断推动马克思主义中国化时代化，推进了中华优秀传统文化创造性转化、创新性发展。要坚持守正创新，推动中华优秀传统文化同社会主义社会相适应，展示中华民族的独特精神标识，更好构筑中国精神、中国价值、中国力量。通过创新演绎新时代的诗词吟唱，一次又一次给读者带来惊喜，让每一位读者充分感受到经典诗词的魅力与内涵，让新时代新阅读的新风尚登上世界文化的殿堂。

中国诗词大会公众号：

> **案例三：中国移动咪咕阅读——促网络文学升级内容产业走向成熟，引领品质阅读**

2014 年 12 月 18 日，隶属于咪咕文化科技有限公司的咪咕数字传媒有限公司（以下简称咪咕数媒）成立，其前身为中国移动手机阅读基地，于2009 年初在中国移动浙江公司启动建设，2010 年 5 月正式推出手机阅读业务。以"畅读品质好书"为宗旨的咪咕阅读 APP 系咪咕数媒开发的一款集阅读、互动等多种功能于一身的阅读器手机应用程序。咪咕数媒是中国移动咪咕文化科技有限公司旗下子公司，依托咪咕阅读、咪咕云书店、5G融媒手机报等系列产品，累计培养了 4.6 亿用户的数字阅读习惯。截至2022 年 6 月，咪咕数媒各类合作伙伴超 2000 家，全场景月活用户数超 1亿，正版数字内容超 60 万册，拥有签约作者超 1 万人。咪咕数媒拥有原创文学作品内容储备，如天蚕土豆《万相之王》、唐家三少《守护时光守护你》、余华《活着》、王小波《沉默的大多数》、刘慈欣《三体》、顾漫《你是我的荣耀》等。

三大产品创新打造数智风尚

5G 科技的创新、读者习惯的改变，加速了阅读的数智化进程。咪咕阅读是集网络文学、数字出版和有声阅读内容于一身的数字阅读产品。通过AI 智能语音朗读功能，打造看听一体的沉浸式阅读场景，为用户提供数字阅读内容消费和互动服务，已汇聚超 60 万册精品正版图书内容，覆盖党政经典作品、畅销出版图书、精品原创小说、热播影视原著等内容品类，囊括电子、有声、漫画等多种内容形态，拥有海量原创文学作品内容储备，触达全阅读场景数亿用户。咪咕阅读还推出咪咕文学天玄宇宙、奇想空间、她力量、浮生世界四大厂牌，持续挖掘优质内容。

咪咕云书店携手国内 300 余家图书出版单位及文化行业合作伙伴，打造会员制在线书店，拥有 60 万册在架图书、60 万册电子书和全年 500 档音视频直播节目。通过聚合图书＋多元内容，为用户带来纸书、电子书、音视频课程等一站式知识文化内容体验；为行业提供一系列创新服务和技术支持解决方案，赋能线上线下书店，延伸阅读场景，助推出版行业数智化转型；更依托中国移动 5G 优势，实现云上 VR 书店、5G+AR 图书等 5G+ 新技术在阅读领域的落地，助力全民阅读深入推进，为群众带来更智慧、更多元的阅读体验。

5G 融媒手机报是中国移动手机报的升级产品，以视频彩信和 5G 消息为主要形态，升级手机收件箱传统展现，创新突破交互限制，引入智能音视频及大数据能力，为用户带来多形态、沉浸式阅读体验。汇聚 200+ 家权威媒体内容，拥有海量图文资讯、视频内容资源库，为个人用户提供个性化资讯内容服务及"看、听、读"一体的融媒资讯体验。面向政企客户，构筑智能化媒体生态，联合业界打造党建、乡村振兴、文旅等 5G 应用场景。

通过创新开拓数字阅读产品，咪咕数媒不断推动行业数智化升级，助力全民阅读蓬勃发展。

构建多维内容生态

除了在产品上的持续探索，咪咕数媒还深耕 IP 多元化开发，推动网络文学朝着精品化、全产业链化发展。

咪咕数媒旗下文学厂牌，致力于挖掘和培育优秀创作者，独家签约言情天后缪娟、重生女王晓云、新锐作家木诺然、知名作家海胆王等优秀创作者超过万人。并聚焦科技科幻、地方文化、行业百态、女性成长四大垂类题材，创立"奇想空间""天玄宇宙""浮生世界""她力量"四大内容厂牌，挖掘各垂直领域内容，打造符合时代精神的好作品，推进 IP 全产业链发展。

此外，咪咕数媒成立了"咪咕挑灯工作室"，以"讲好中国故事，提供具有中国特色的沉浸式剧本游戏解决方案"为愿景，以内容为核心，以现有 IP 及作者资源为基础，打通剧本游戏上下游产业链，实现全场景的剧本游戏内容孵化。2022 年，咪咕挑灯工作室基于咪咕 IP "燎原计划"，进行多元互动内容开发，以剧本游戏为基点，撬动文旅、衍生品、新消费等亿万级内容大市场。目前已完成《江湖此夜寒》《墙头马上》等近百部各类风格题材作品，公开发行的红色题材剧本游戏有《共产主义接班人》《铁路大厂》等。依托中国移动技术背景，工作室还致力于通过全息投影技术、互动游戏技术、虚拟制片技术、剧情编排技术等多媒体技术开发，赋能剧本游戏全新的互动沉浸体验，打造 5G+ 内容与技术生态。

面向企业客户，咪咕推出学培通知识文化服务品牌。学培通致力于为行业用户提供学习培训及人才发展的全案解决方案，聚合多元学习资源，围绕其真实业务场景，量身打造学培服务，并通过构建管理数字化、学习可视化、服务定制化的综合体系，赋能企业数智化转型升级。

一直以来，咪咕数媒致力于探索数字阅读的无限可能，从 2015 年首届中国数字阅读大会到 2024 年第三届全民阅读大会数字阅读分论坛暨第八届数字阅读年会，咪咕数媒已连续十年助力数字阅读创新升级。同时，咪咕深耕阅读领域也受到广泛认可，如选送作品《网络英雄传Ⅱ：引力场》荣获"2018 中国好书"，选送作品《宛平城下》荣获 2019 年度"中国好书"，重磅 IP《惜花芷》亮相戛纳秋季电视节，咪咕数媒获批为浙江省文化和旅游企业梯度培育计划第一批骨干企业，等等。未来，咪咕数媒将继续肩负起新媒体国家队主力军的使命和担当，以"文化＋科技"为驱动，为用户提供丰富、优质、一站式的内容平台与体验，为产业数智升级注入不竭动力，让全民阅读走进千家万户。

价值共创的产业模式

21世纪初，美国印度裔管理学大师普拉哈拉德（C.K. Prahalad）与拉马斯瓦米（Ramaswamy）提出了价值共创理论，即用户与企业共同参与创造价值。用户参与价值共创，有利于帮助企业改善产品与服务，从而构成企业的竞争优势；同时用户可以在价值创造的过程中既产生自我满足感，又提升对企业的信任与忠诚度。这是基于消费者体验提出的价值共创理论，强调消费者在价值创造中的核心作用。此后威戈（Vargo）和鲁奇（Lusch）于2004年提出"服务主导逻辑"，引起了管理学界与企业界的普遍关注，成为现代价值共创研究的重要节点。该理论认为，服务是交换的根本性基础，产品是提供服务的分销机制。

在数字阅读平台上，用户同时拥有消费者和生产者的双重属性。用户个性化需求的彰显、阅读的多场景融合化趋势与表达欲望的增强，都表明用户不再仅仅是资源的接收方，而是可以运用知识与技能，通过资源整合、关系建设等方式来进行价值创造的生产者。数字阅读平台以服务为媒介搭建了与用户沟通交流的桥梁。

一方面，价值共创中咪咕阅读的用户参与。主要表现在三个方面。一是内容评价。平台上用户的评价能够对用户的购买决策产生影响。咪咕阅读采用了这一机制，用户可以在书页的任何一句话后在线输入笔记或感想，并且在图书的首页可以写下对该书的评论。二是内容分享。用户基于内容的分享可以增强社交互动，从而提高价值创造的可能。在咪咕阅读中，图书的每一句话都可分享至社交平台，通过社交来构建用户之间的关系。同时，咪咕阅读也注重站内内容分享，设置了"广场"空间，用户可以对内容进行分享和推荐，吸引其他用户互动。三是内容重构。内容重构是用户对平台已有作品的改编及再创作的过程。咪咕阅读的用户可以通过"广场"发布基于书籍的自制图片、视频或篇幅较短的文章，实现对图书资源的整合与再创作，还可以制作书单，以减少其他用户的检索时间，同时根据书单寻找自己感兴趣的内容。

另一方面，价值共创中咪咕阅读的平台参与。主要表现在两个方面：一是价值共创的激发阶段。个性化推荐：兴趣能够有效促进用户参与价值创造。咪咕阅读在新用户使用 APP 时会了解用户的兴趣爱好，通过大数据推送用户感兴趣的内容，激发用户融入价值创造的突破点，增强用户活跃度。专家带动：咪咕阅读通过举办中国数字阅读大会，借助专家、机构的影响力带动用户参与。活动牵引：咪咕阅读举办"我爱阅读 100 天"读书打卡活动、"我和我的祖国"全民诵读活动来促进用户与用户之间、用户与平台之间的互动交流。通过举办活动来增强用户体验，使用户产生积极性，增强对平台的黏性。二是价值共创的促进阶段。数字阅读平台对用户的引导体现了平台的服务宗旨，有利于促进用户参与价值创造。咪咕阅读在 APP 界面的最上方提供了书籍搜索功能，并且进行类别划分，

方便用户查找书籍。帮助与反馈。咪咕阅读设置了"帮助与客服"，解答会员与资费、账号密码与功能使用等问题，同时对用户的意见反馈做出回应，以减少用户因平台服务与功能使用而造成对价值共创的阻碍。数字阅读平台一方面以成就为导向提升用户的情感依赖，一方面设置物质奖励增强用户黏性。咪咕阅读设计了"成长俱乐部"，通过完成新手任务和日常任务获取成长值，成长值越高等级越高，不同的等级拥有不同的权益。咪咕阅读还设计了咪咕积分，通过完成积分任务，赢取咪咕书券。

数字阅读对人类文化空间进行了解构和重构

数字阅读为人类重塑的文化空间是一个复合文化空间，是一个线上与线下、在场与缺场交互统一的社会空间。

社会学关于空间的思想和理论对传播研究的发展影响很大。自 20 世纪 70 年代以来，贝尔的后工业社会空间理论、福柯的权力空间理论、布迪厄的场域空间理论、吉登斯的时空理论、列斐伏尔的空间生产理论、哈维的空间正义理论、卡斯特的网络时空论等理论对传播学均产生了重要的影响。当下，城市传播研究、身体传播研究、媒介与传播地理学等研究都不同程度地受到了空间社会学的影响。

每一次传播技术的革新和媒体语境的变迁都会造成阅读的对象、形式、性质的变化。就人类整体的信息交流、信息获取行为而言，都存在这样一个特点。印刷媒介出现后对人类信息交流的影响即为一个典型的例证。

剑桥大学教授约翰·B. 汤普森（John B. Thompson）他是社会学领域为数不多的将研究重点放在媒介与社会变革、新传播技术和出版产业的社会学家，我们应该对他有更多的关注）就认为，印刷媒介在突破空间限制进行传播的过程中，造成了新的空间区隔：符号与其社会作用的疏离、文本的意义和作者意图之间的疏离、读者阅读语境与书写文本语境的疏离、文本与其指称对象的疏离。

就空间而言，数字媒介及数字阅读行为对人类的空间感知和空间建构产生了深刻的影响。复旦大学潘霁教授曾指出，书写印刷主导的文明传承主要采取线性逻辑形态，人与符号世界的当下接触和双向投射借助纸张或屏幕等二维扁平化的界面发生，由此产生的平面化令人类面对自然与文化获得了巨大的分析力和控制感。但作为代价，大众媒介符号运作中更复杂的空间性被视而不见，空间本身因而被视为符号流动的容器。数字技术令媒介运作获得了更多空间化形态：公共空间的互动大屏，城市地标无处不在的二维码、光影投射、谷歌地图和基于定位的算法等"地理媒介"即为新沟通条件的集中表达。人与数字媒介的关系无论在隐喻意义还是实际上更多采用三维空间的原型。数字环境下，媒介运作不再只是"真实"环境的信息渠道，或随时可关闭的功能装置，媒介成为人们栖身其中的一种情境空间。

目前数字阅读应用的"个性化"与"社交化"已经成为两大趋势，我们在看到这两者带给我们便捷与精致的阅读体验的同时，也应注意到两者为我们带来的一些新的文化空间情境。例如，数字阅读的分享、转发、点赞功能让阅读逐渐从一个纯粹私人化的行为转变为自我展示的一部分。随着数字阅读应用的社交性不断增强，我们即将面临的问题是阅读的工具化——阅读开始从"后台"走向"前台"。

案例四：喜马拉雅 FM——随时随地，听我想听

2012 年 8 月，上海喜马拉雅科技有限公司（以下简称喜马拉雅）成立。2013 年 3 月，旗下的移动客户端"喜马拉雅 APP"音频分享平台上线。喜马拉雅的品牌使命是成为一家人一辈子的精神食粮。丰富的产品和服务，

给用户跨越年龄、跨越时间的精神营养补给，并通过声音增进人与人、代际与代际的沟通与连接。作为移动音频领域早期的拓荒者，十几年来喜马拉雅通过科技赋能文化，重塑声音的价值，用声音服务数亿用户。在喜马拉雅，每个人都可以用声音分享故事、知识和观点，让人们成长有所伴、精神更富足、情感有所托、思想可交流，并因此收获粉丝、成就感，收获IP增值、商业变现的机会。声音是讲述故事的重要载体，让成长有所伴。

在喜马拉雅，可以找到不同年龄段所需的丰富内容。喜马拉雅是有声书爱好者们的聚集地，拥有全网最多的独家出版物有声书，第一时间将市场上新兴、热门、经典题材进行有声演绎。推出了《平凡的世界》《摸金天师》《明朝那些事儿》《我身上有条龙》《全职高手》《霍乱时期的爱情》等人气有声书。喜马拉雅是国内精品有声剧最大的出品方之一，名著有声剧、武侠玄幻有声剧、悬疑有声剧、原创儿童有声剧、言情有声剧等与内容厂牌、IP孵化并行，共同组成丰富品类。推出了《三体》《庆余年》《雪中悍刀行》《红楼梦》《天之下》现象级剧作。喜马拉雅聚集了大量头部播客，并为创作者提供录制、剪辑、上传、互动等便捷服务，帮助用户发现喜欢的播客，链接人与人。喜马拉雅播客助力喜马拉雅构建更强大的内容生态。喜马拉雅拥有包括郭德纲、单田芳等行业头部IP在内的众多相声评书经典专辑。推出新评书扶持计划，助力原创曲艺创作、传承非遗文化，也持续为广大的曲艺创作者提供优质的内容传播平台。喜马拉雅拥有20万条以上儿童类品质声音IP，让3亿儿童健康成长，一站式解决家长和孩子需求。代表作如《神探迈克狐》《森林密探零零七》《神奇校车经典故事》《我有一只霸王龙》《不一样的卡梅拉》等。

"耳朵经济"成为喜马拉雅的典型特征。根据喜马拉雅《2022年原创内容生态报告》显示，喜马拉雅创作者人数同比增长24.6%，优质原创内容月均投稿量同比增长 146%，2022 年新增长原创内容播放量 4.27 亿次。年龄小于 30 岁的创作者占比 45%，越来越多的年轻人开始在喜马拉雅发掘声音的价值。从小朋友到大学生，从"Z 世代"到退休老人，不同年龄、各行各业的创作者都在喜马拉雅发声。喜马拉雅播客托管数超 24848 个，年轻白领和大学生是播客忠诚度最高的群体，播客日益成为年轻人的新生活方式。超 10000 名残疾人创作者在喜马拉雅用声音跨越身体障碍，寻找生命之光。喜马拉雅通过 AI 技术赋能创作者，AIGC 为音频内容插上翅膀。

数字时代的听觉空间

在喜马拉雅的整个产品结构的布局中，精细化、全面化运营是产品一大特点。对喜马拉雅的 APP 布局进一步分析，可以发现产品形式包括音频播放形式分类（录播、直播、机器人播放）、音频来源分类（个性推荐、平台精选、电台）、音频内容分类（书籍、娱乐、教育、生活、特色）和相关信息（相关介绍、听友圈、会员介绍）四大方面。产品功能包括听音频、听友圈、创作音频和其他信息四大方面，其背后的逻辑是用户的使用与满足，即用户需求的实现。喜马拉雅主播则分为专家播客、组织播客和普通播客。在众多移动音频电台中，喜马拉雅较早布局 UGC（用户生产）+PGC（专家生产）模式，形成了层次丰富的 PUGC 平台，一方面保证内容专业性，另一方面挖掘优质内容生产者，形成内容的多样化、个性化、垂直化和深度化发展。中国传媒大学的冯帆以喜马拉雅为例，探讨了 PUGC 模式下的互联网电台内容生产，提出了吸引知名人士，树立平台品牌；升级草根播客，打造品牌专区；布局文创内容，注重 IP 保护；依靠数据优势，智能匹配内容四大策略。

喜马拉雅主要从软件和硬件两个方面架构旗下产品，互联网和手机

APP 产品为其主要产品形态，同时打造了新声活空间、有声化平台、喜马拉雅 Inside、声创空间、游戏联运等多种产品形态，实现线上线下全方位发展。喜马拉雅 Inside 同时和各手机品牌合作，将有声内容渗透到生活中各个智能终端和场景。基于其丰富的应用场景（吃饭、运动、读书、上下班路上、做家务、运动时、开车、睡觉前）和其无限性、主动性以及伴随性等特点，移动音频产品获得了越来越多用户的青睐。

在场景上，可以分为兼听、闲听、主听三种状态，喜马拉雅针对不同使用场景的节目开发和推广满足了上下班路上、开车、吃饭时、睡觉前等不同场景的用户需求，并进而设计相应功能。例如对于驾驶途中的收听需求，就可以设置一键式车载设备接入接口。车载领域和物联网的进一步整合，说明了基础设施和应用服务的关系正在积累量变。当媒介形态发生改变，人与环境互动的模式也发生了变化。在移动音频平台中，"听觉空间的回归"也意味着人与环境的交互方式有了新的变化。

播客成为内容创作新蓝海

扶持原创内容及播客主成为喜马拉雅内容生态拓展的重要方向，播客成为内容创作新蓝海。随着播客日益流行，播客逐渐成为年轻人的生活方式；越来越多的创作者开始通过音频播客来表达自我，分享知识、观点和生活。就像我们可以用文字、图片或视频来创作一样，播客也逐渐成为内容创作的新蓝海。2023 年年初，喜马拉雅宣布推出"万千星辉"原创扶持计划：为创作者提供系统化成长课程、个性化运营指导、更多流量扶持、垂类赛道大咖交流机会等服务，全方位助力创作者入门冷启动及长期成长，计划扶持 10000 名潜力播客主，帮助他们在喜马拉雅获得更好发展。

播客日益渗透和影响着我们的生活。为助力播客主成功，喜马拉雅正逐步升级产品、工具、服务及流量扶持，以创作者为中心，打造创作者引入和孵化的完整体系，提供从产品、运营到商业化的全程服务。

在创作赋能方面，喜马拉雅通过大数据及运营手段，为创作者提供创作灵感。同时，喜马拉雅通过 AI 技术极大降低创作门槛，提升创作效率。通过 AI 技术手段，喜马拉雅让音频创作变得更智能和人性化，把创作者从纷繁复杂的专业剪辑软件中解救出来，让创作者在站内实现了音频内容在线录制、在线后期制作、一键发布的创作闭环。同时，喜马拉雅的创作灵感和话题功能也将继续升级，通过站内大数据分析，实时挖掘用户消费热点，让创作者创作的内容更能满足用户需求。

在创作者等级牵引方面，喜马拉雅于 2022 年 11 月推出全新创作力等级体系，通过不同维度综合评估创作者等级并提供个性化内容诊断，全程守护创作者完成"萌新期、潜力期、成长期、成熟期"的成长，目前已有近 6 万创作者通过扶持和创作力牵引实现等级跃升。

在变现渠道方面，喜马拉雅将通过全民话题任务、主播会员扩量计划、提升商单撮合效率和覆盖面、扶持付费原创内容等多种方式为创作者提供商业价值赋能。喜马拉雅通过商业能力培训、商业工具教学、收入结构分析等服务，增强创作者商业化能力，拓宽变现渠道。

听觉空间回归

在最初"内容平台"的定位基准下，十年间，喜马拉雅将一个个"音频孤岛"创造性地连成一个"声音宇宙"：喜马拉雅内容生态包括有声读物、泛娱乐音频、播客、知识分享和音频直播等内容。在 AI 技术加持下，喜马拉雅更是插上了想象的翅膀。近年来，喜马拉雅 AI 语音技术落地成果颇丰。喜马拉雅的两项语音技术成果被世界顶尖学术会议"2022 年 IEEE 国际音频、语音与信号处理会议"收录。此前，喜马拉雅智能语音实验室利用 TTS 语音合成技术推出"单田芳声音重现"系列专辑。随着 AI 技术手段的落地，喜马拉雅自身企业的护城河日益拓宽加深，将继续秉持着长期主义理念发展，通过科技赋能文化，继续拓展与创新声音的更多可能性，为用户提供更多优质的精神食粮。

2022 年 6 月 21 日，喜马拉雅与全球领先的数字出版商 Pottermore Publishing 合作，推出全球首部官方授权全本中文有声书《哈利·波特》，上线 10 天内即创造千万播放纪录。很多用户留言，它颠覆了对"耳朵的认知"。这一重磅 IP 通过精湛的配音、精细的制作和丰富的音效，首次为中国的听众们带来了原汁原味、无删减的《哈利·波特》。喜爱这一 IP 的用户分布在学校、职场，在通勤、居家、休闲、亲子放松时刻，在喜马拉雅上以另一种方式进入"魔法世界"，成为在线音频最新的话题点。时间终归才是商业的终极战场，在"屏幕时间"增量见顶的时候，"耳朵"时间的价值终归会被越来越多人发掘。一个鲜明的趋势在于，智能手机的销量自 2017 年开始就在逐年下滑，而智能汽车、IoT 等产品的销量却在持续增长，时间的"抢夺暗战"从眼球转向耳朵，可以说是笃定的结果。

在中国，移动音频电台从 2012 年开始成长，到 2014 年走向成熟期，2016 年到 2017 年呈爆发式增长。从 2018 年开始，知识付费、在线直播、在线教育也相继发力，与音频结合，为用户提供多元化的知识服务和娱乐服务。互联网和移动互联网的快速发展，特别是移动支付的便利化推动了有声产品的价值变现。在信息环境上，信息的极大丰富、选择的多元让今天的用户在数以亿万计的信息海洋中获取有用的信息。与书籍的线性阅读和纸质书籍的时空限制不同，用户在网络空间很难专注地驻足于某个信息，而是在不断的链接和超链接中寻找信息，一方面知识的维度更加立体，另一方面也可能迷失在信息的海洋中，这也对用户的信息搜索能力和信息筛选能力提出了较高的要求。

传播学者麦克卢汉的"媒介延伸论"，将字母、口语、游戏、道路、服装、住宅、货币、时钟等都列为媒介，认为媒介延伸了人类的运动、感觉和神经三大系统，同时预言电子媒介技术将延续大脑中枢神经。麦克卢汉指出"听觉空间的回归"，文明的演进进入"重新部落时代"。移动音频平台即为人类听觉的延伸。拉潘姆根据麦氏理论提出印刷文字和电子媒介的一些不同特征，比如电子媒介具有"共时式""非连续"的特点，造就"图像型的人"，由此产生了不同的"思想感情结构"，以及抛弃了"市民的观念"，获得了"游牧民"的敏锐性。以"陪伴"和场景"独占"制胜的在线音频，目前折射出的流量价值和商业潜力不过是冰山一角，身处其中的喜马拉雅等在线音频平台需要来自用户、资本、广告主等更长期的关注和投入。

第三节　启示与思考

以上 4 个案例充分体现了当代阅读产业的发展现状，如案例一"方所概念书店"反映了全民阅读和移动互联条件下传统售书行业渗透和融入其他产业，产业价值链随之以"阅读"和"读者"为中心的重组。案例二"中国诗词大会"体现 21 世纪以来的技术革命带来互联网与各大产业对准消费者（读者）的迅速融合，"互联网＋新闻出版"使原有出版行业的产业分类界限模糊。案例三"中国移动咪咕阅读"说明移动互联网技术的发展使人们的生活习惯和生活方式发生了重大改变，同时也使读者的阅读需求和阅读行为发生了重大变化，而需求满足是一切商业逻辑实现的前提和先决条件。案例四"喜马拉雅 FM——随时随地，听我想听"则呈现出为满足当今读者"听读"需要的阅读产业的主要商业模式。

以上4个案例充分说明，后现代阅读或者说"当代阅读"，不同于传统和现代阅读，它以读者为中心，是一种突出主体、彰显个性、强调特色的阅读方式，读者在阅读行为中有绝对的自主权，不再是知识信息内容被动的接受者，而成为主动者。信息内容在网上数字化海量生成、流动式发散，产业发展必须根据读者兴趣需求、符合读者的习惯、迎合读者的喜好，吸引读者的注意，维护读者的黏性。由于阅读内容的无限性和读者时间、精力有限性之间的矛盾，读者阅读以碎片化、浅阅读、趣味阅读和交互式阅读为特色。即当代已从过去"作者为王""渠道为王"过渡到"读者（阅读）为王"的时代。当代阅读的读者成为整个社会阅读结构的主体和中心，阅读产业的概念也正是随着这个时代和社会环境的改变逐渐形成的，充分体现出时代特色，同时也体现出产业发展规律的结果。"中国移动咪咕阅读"案例就是适应移动互联时代阅读的典型案例。

互联网特别是移动网络数字技术严重冲击了传统和现代阅读方式，传统阅读产业模式需要转型升级，要以"互联网+"的形态适应和融合移动网络时代，互联网本身又重构了新的阅读产业生态圈。在这个生态圈中，作者、编者与读者分别在两端并能通过网络即时互动，作者、编者和读者的身份也随时变更互换，中间通过阅读产品、阅读服务企业促进阅读信息的传递和阅读行为的完成。这个圈层里有阅读内容提供、发行、平台运营、产品渠道销售四个基本环节，但彼此的界限正在消解。从媒体融合的角度，通过"阅读产业"可以消弭传统媒体与新兴媒体的界限，实现以读者（用户）阅读行为为中心的传媒各种新旧客体的一体化，即全媒体传播。而且，经典阅读、品质阅读在媒体融合和全媒体传播时代更有旺盛丰富的生命力，"中国诗词大会"案例提供了很好的启示。

人才、创意以及有创意的人才在阅读产业的发展过程中起着至关重要的作用，这也是阅读产业与其他众多产业的不同之处。创意是人作为主体用自己的思维和观念对阅读、内容、文化资源与服务供给发挥策划、设计、研发、加工、再创造和再提高等作用的过程，是将产业资源转化为产品及服务并优化的过程，是产业创造价值和发展的源泉。"方所概念书店"案例成功就是明证。

在新技术革命和全民阅读的大背景下，人们需要运用移动互联思维，用读者阅读行为"统摄"所有相关产品资源、生产和服务，通过体制机制创新，打通阅读市场资源和要素流动的壁垒，使分布在传媒、科技、教育、文化、艺术、电信、广告、产品、资本、装备等不同部门、不同地域、不同所有制组织中的线上线下一切资源和要素能够合理流动并充分使用，实现按照市场要求配置资源的效果，从而实现资源利用最大化，实现阅读产业社会效益与经济效益的双效统一，共同推动全民阅读。

阅读产业的发展与商业模式的创新密不可分。商业模式即企业的经济模式，其本质内涵为企业获取利润的逻辑和方式。因此，从根本上说，商业模式也就是"盈利模式"。只有紧跟、对准读者的阅读需求变化，不断创新商业模式，才能促进阅读企业和产业的可持续发展。"喜马拉雅FM——随时随地，听我想听"就是不断追随满足当代读者阅读需求的结果。

第七章

独读不如众悦（阅）

第一节　阅读的社会组织

人是组织性、群体性很强的社会动物，人类的社会组织是人们为了有效地达到特定目标，按照一定的宗旨、制度、系统建立起来的共同活动集体。组织的普遍存在提高了人们的社会活动效率，延伸和扩展了人类自身的能力。

阅读作为一种社会行为，它有社会自组织的功能，即通过阅读，人们可以获取语言文字、民族、文化、阶层、信仰、观念甚至兴趣、爱好等的身份和价值认同，同时其自身也需要社会组织。人们为了阅读形成面对不同人群、不同功能和不同类型的社会组织，以组织的有效载体和合力，培养阅读能力和习惯、满足各种阅读需求、倡导和推广社会阅读、提高阅读能力和功效，促进人的全面发展和社会进步。

阅读组织是社会成员为了实现阅读目标而有意识地组合起来的阅读团体，它是人类阅读活动比较复杂、高级、大型的社会共同体，包括阅读的立法组织、管理组织、行业组织、教育组织、产业组织、公益组织、交流推广组织、调研组织等，这些组织的职能是培养国民阅读能力和习惯、满足社会阅读需求、倡导和推进社会阅读、提高社会阅读能力和功效，它具有开放性、知识性、倡导性、协同性、长期性等特性。

历史地看，阅读组织既是阅读事业发展的结果，也是推动阅读事业前进的重要力量，更是社会阅读事业发展水平的标志。现代社会的生产、生活和创造力的发挥越来越与各种社会组织紧密地联系在一起，越来越依赖各种复杂的社会组织来达到其目标。社会阅读也是一样，阅读能力和习惯的培养靠组织，读物的供给和满足靠组织，阅读的交流推广靠组织……总之，社会阅读离不开各种各样的阅读组织。

人类的阅读组织有悠久的历史，中外的阅读组织生态体系的建立和完善经历了漫长的历史过程。改革开放以来，随着我国经济社会的发展，国民教育水平的提高，政府和社会各界的倡导和推广，全民阅读的热潮逐渐兴起，社会阅读活动持续活跃，社会组织力量也日益多元化。

国家图书馆内景照片

21 世纪以来，随着经济的飞速发展，互联网的普及，特别是移动互联网的普及，阅读方式的变革，全球已有的阅读组织都面临着转型升级、重整和重构，以形成新的阅读组织生态链。网络阅读社群正在成为一种新型的阅读组织。现代移动网络通过建立数字阅读中心、通信服务组织、各类终端设备制造组织，满足读者的移动数字阅读需要；通过建立各级各类图书馆、书屋、阅览室保障社会成员的基本阅读需要；书店和各类阅读行业组织倡导以阅读为乐、阅读为荣的理念，开展丰富多彩的阅读活动，等等。当代阅读组织发展呈现主体多元化、规模扩大化、布局普及化泛在化、互动网络化、结构融合化全媒体化、服务智能化精准化、推广专业化、活动全球化等趋势。

第二节　举社会组织之力深耕全民阅读

案例一：陪乡村孩子阅读世界，向梦而行——满天星公益用阅读连接爱心与力量

满天星青少年公益发展中心（简称"满天星公益"）是一家专注于乡村儿童阅读推广的教育类公益机构，于 2012 年 1 月在广州市海珠区民政局注册登记，其使命是提高乡村儿童的阅读品质。为实现这一使命，满天星公益以阅读循环圈理论为基础结合多年的项目实践，创建了满天星公益乡村儿童阅读推广体系——以建立县域儿童阅读推广联盟为模式，聚集一批认可儿童阅读重要性的校长及教师，通过提供阅读资源、合作建设乡村公益图书馆，同时开展教师培训和书香校园阅读活动，来提高乡村儿童的阅读品质。该体系主要围绕提供阅读资源、打造阅读环境、组织阅读活动和培

养有阅读协作能力的教师开展服务并借此让孩子们通过阅读都能找到出色的自我，共同创造一个丰富多彩的世界。

满天星公益创立至今，大致经历了三个发展阶段。自主开发或合作开展的项目，在不同的发展阶段，取得了一定成效并收获了一些荣誉。

初创期：2012—2014 年

确立机构内部理事会设置，通过筹备会议确定机构使命、愿景、价值观，确立并推进图书馆建设的三年计划，并形成了多份调研活动报告，为

满天星公益愿景

机构未来转变的发展方向提供了丰富的实践经验。先后推出"爱聚·满天星公益图书馆"行动（启动于2011）、阅读冬令营和夏令营（2012）、公益星囊计划（2012）、青年公益领袖计划（2012）、"乡村阅读·教师先行"计划（2013）等，并在2014年正式确认四个核心项目：公益图书馆/星囊计划/阅读推广活动/教师培训计划，为机构的项目发展奠定了基础。

到2014年，48所公益图书馆、50268册新书、119次大型阅读推广活动、5692个星囊阅读包裹、13位种子教师参与培训计划、183名星囊大使助力乡村阅读推广、13846名乡村教师和孩子从中受惠、1313名城市青少年参与阅读推广活动。

2014年8月，满天星公益星囊计划获得了"第三届中国公益慈善项目大赛——实施类百强项目"。

项目模式确立期：2015—2018年

2015年6月6日，满天星公益理事会表决通过了机构新的使命描述，把原来的双使命精简并聚焦在：提高乡村儿童的阅读品质。与新兴、郁南、连平等县域教育局搭建在地儿童阅读推广联盟平台，加大对乡村阅读教师的在地培训支持、开展阅读示范课进校、小学分级阅读课程研究与开发、策划及组织书香校园阅读活动，公益图书馆建立新馆的速度放缓，注重现有图书馆的维护和更新，并将标准化的公益图书馆改造成班级图书角以及开放书吧等新形式。同时为了和本地教育部门建立持续良好的合作关系，推动项目效果最大化，满天星公益的重点工作区域逐渐由省外欠发达地区转向省内欠发达地区。

2018年初，满天星公益确立以"县域儿童阅读指导与推广联盟"作为核心的项目模式，同时将公益图书馆、阅读活动、阅读课程、阅读教师发展作为机构四大服务内容。在信息化方面，将借阅系统、流动书籍和线上教师社区三个系统整合为 Readora 爱阅读信息平台，通过互联网技术为乡村儿童和教师提供专业的阅读服务支持。截至 2018 年底，满天星公益累计建设公益图书馆 82 所，捐赠图书 210004 册，资助期满具备自主运营能力的公益图书馆共 41 所。分别与广东云浮市新兴县、郁南县，河源市连平县，贵州黔东南自治州剑河县的教育局及县图书馆取得合作成立 4 个县域儿童阅读推广联盟。累计举办 4 期线上书友会，10 场阅读示范课进校园活动，研发并发放 1—6 年级阅读教案、阅读教材 1153 册，实施阅读课程 1800 余节，培训乡村教师 2342 人次。

剑河县岑松小学图书馆

剑河县南加小学图书馆

剑河县敏洞小学图书馆

剑河县箐竹中心小学图书馆

到 2018 年，满天星公益持续开展公信力、专业化的形象建设工作，实现年报、网站、微信、邮件等多平台联动，动态公布善款捐赠及使用信息、项目进展；同时，满天星公益联合各个渠道共同发声，每月全方位公布月报，形成网站、邮件"联动交响"，全方位立体式公开透明。在自媒体平台，微信公众号持续实现内容输出，通过"满天星儿童阅读"及"满天星公益"，为不同群体提供差异化内容，提高满天星公益在不同群体中的知名度。

这一阶段，满天星公益的官网也进一步升级改版，整体内容更为充实，布局更加完整。此外，增加了实时善款展示板块，做到更加公开化、透明化，并且确保实时数据、善款收入和支出清晰展示。

2018年3月，满天星公益保持高水准的社会责信度和行业影响力，被民政局评为4A级社会组织。12月，满天星公益在由险峰公益基金会主办的"险峰行动"公益机构能力大赛第一期中荣获季军及82万奖金。

二次转型期：2019年至今

在二次转型期间继续深耕项目体系，满天星公益对机构未来三年的战略目标进行了战略解码，将项目体系、信息化、组织建设和行业支持四方面作为机构未来十年的战略方向，并且围绕着这些战略方向制定了战略目标及具体的衡量指标，并在行业支持和资源筹集上做出了有效的探索。

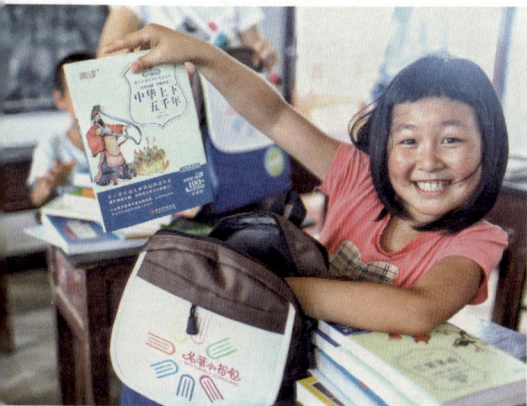

第一次看到这么多课外书，简直像做梦（张嘉雨摄）

项目体系上，形成有效的乡村儿童阅读（素养）教育和阅读推广项目体系，持续提高项目的质量、深度和广度；信息化方面，逐步完善乡村儿童阅读信息平台，提升阅读推广的有效性、精准性及广度；在组织建设上持续打造规范高效的共创型组织；在行业支持上，为乡村儿童阅读领域的合作伙伴提供专业支持，扩大受益规模。

2020年5月，星囊计划面向全国发出公益合作伙伴招募，借助成熟、轻量化以及标准化的公益产品——星囊阅读包，联动15个专注儿童教育的公益组织，共同携手一起改变乡村儿童阅读现状。2020年全年面向外部组织派发星囊9943个，覆盖12个省份。2022年6月，联合广东省青少年发展基金会和爱阅公益，发起阅读马拉松活动，截至2022年8月31日，阅读马拉松参与人数达到130830人，累计打卡819163次，帮助满天星公益图书馆项目获得153753.80元的善款。

这一时期，满天星公益收获多项荣誉和奖项。2019年，满天星公益获评为中国"美好公益"领先机构，满天星公益社区图书馆志愿服务队获年度优秀志愿服务团队，荣登广州慈善（公益）组织影响力榜。2020年，满天星公益乡村儿童阅读推广体系入选好公益平台并被广州市社会组织管理局评为AAAA级社会组织、中国"美好公益"优秀机构。华洲社区图书馆还在2020年荣获"最美少儿阅读空间"、海珠区图书馆"阅读好伙伴"称号、十佳社会创新项目奖等。2021年，满天星公益荣获"第五届中国青年志愿服务公益创业大赛铜奖"并荣获中国"美好公益"领先机构、"最佳未成年人阅读推广伙伴"等称号。2022年，满天星公益再次获评为中国"美好公益"领先机构，流动书箱项目获评为CSR环球创新榜"价值创新致敬奖"和中国公益慈善项目大赛优质项目。

案例延伸

满天星公益媒体报道

【腾讯公益】由网友指定的股东大会该怎么开？这家机构居然还玩出了新花样

【南方日报】乡村图书馆上新：让孩子爱上阅读

【新京报】提高乡村及流动儿童阅读品质媒体沙龙在北京举行

【南方都市报】当绘本出现在乡村小学，阅读正在发生改变

【广东电视台】一方菜园 耕读传爱

【人民政协报】公益"股东人"大会：促进公益组织从"透明公开"到"价值共建"

【广东卫视】儿童节"大礼包"请查收！带你开启一段趣味无限的奇妙之旅

【中国社会报】"星囊计划"圆了山区孩子的阅读梦想

【山西日报客户端】"星囊计划"落户平陆

【湖北日报】我们一起数"星星"！云梦启动"满天星公益星囊计划"

【南方杂志】最腼腆的孩子开朗了，最沉默的孩子笑了……乡村这些改变太酷了！

满天星公益网址：https://www.starscn.org/

满天星公益微博：https://weibo.com/starscn

满天星公益微信公众号：mtx_stars

案例二：全国首家全民阅读协会——吉林省全民阅读协会

自 2012 年开始，吉林省委、省政府拨出专项资金印制民生读本，面向困难群体、特殊群体和进城务工人员免费发放。同年 12 月还成立了由 120

名媒体记者、作家、公务员、教师和老干部共同
发起的"吉林省读书协会"，后改为"吉林省全民
阅读协会"，于 2013 年 4 月 7 日成立，由吉林省
委宣传部主管。这是在全国率先注册成立的省级
全民阅读协会。

贯穿全年的阅读活动

协会充分发挥社会组织作用，以项目形式，以专业方法，开展全民阅
读活动，使全民阅读成为备受瞩目的"文化惠民工程"。定期举办吉林省全
民阅读论坛，通过一次又一次地推动，来扩大全民阅读的良好氛围。2015
年承办了"百万好书下乡村，十万赤子送阅读"大型全民阅读公益活动。
近年来，开展了吉林省全民阅读宣传周和全民阅读月活动，与吉林省多个
部门合作，开展了吉林省农民阅读季、吉林省中小学生寒暑假阅读季、吉
林省社区阅读节、吉林省职工读书节、吉林省残疾人读书月大型综合活动；
开展"天下书香读书会""读木成林"等贯穿全年的品牌阅读活动。同时，
还开展书香吉林摄影大赛、"书香之家"评选活动等。

实施书香卓越计划，让阅读变成实实在在的行动

实施书香家庭卓越计划、书香校园卓越计划、书香职工卓越计划，将全
民阅读与学校教育结合起来，实现全民阅读进校园；将全民阅读与职工成长
结合起来，实现全民阅读进机关、进企业、进军营；创建家庭读书会推广工
程，使全民阅读进家庭。让全民阅读由倡导变成实实在在的行动和生活方式。

书香家庭卓越计划。实施书香家庭卓越计划，激发并调动方方面面的
社会力量，解读古今中外优秀人物传记和经典名著，以多姿多彩的课程，

将全民阅读与家庭教育、家风建设结合起来，实现全民阅读进家庭、进社区、进乡村。2017年2月，吉林省全民阅读协会负责人撰写了《家庭读书会：社会文明的珍珠，家庭幸福的瑰宝》一文，发表在《新文化报》上，阐述了推广家庭读书会的构想，并于3月9日在吉林省第二实验高新学校风铃花班48个学生家庭中正式启动实验。实验办法由班主任发动，召开家长会，宣讲创办家庭读书会的意义和要领。实验进展得非常成功，尝到了甜头的家长们欢欣鼓舞，孩子们读书、讲书热情高涨，各种温馨画面、感人故事层出不穷。伴随着宣传，又有一些班主任申请加入实验，队伍不断壮大。

2017年6月18日，吉林省教育厅、吉林省妇联、吉林省新闻出版广电局联合举办"家庭读书会实验报告会"，一些教育局干部和200多位班主任参加报告会，并逐步拓展到在本地区、本学校、本班级推广家庭读书会。11月，第一个实验班全体家长推出《我家有了读书会》一书，由吉林人民出版社出版发行。2018年5月12日，由吉林省教育厅牵头，召开"家庭读书会推广工程交流大会"，每个市州派40名干部和教师代表参加。为推广家庭读书会工程，新冠肺炎疫情期间，吉林省全民阅读协会专门制作了《家庭读书会里蕴藏的教育财富》系列课程，通过互联网面向全国开放。

把全民阅读做到家庭里，并且常态化、生活化，吉林省全民阅读协会的努力卓有成效，"书香家庭卓越计划"得到相关部门的大力支持，普及工作正逐步展开。

书香校园卓越计划——"从一句话到一本书"学习项目。2018年3月，吉林省全民阅读协会在长春市二道区东盛小学启动"全教育大阅读体系建设"实验，促进"家庭教育、学校教育、社会教育、自我教育四位一体""读、写、讲、做齐头并进"。2021年，吉林省全民阅读协会启动"书香校园卓越计划"，以校园为中心进行培训，引导广大师生以写书为目标，以冰心的《繁星·春水》和泰戈尔的《飞鸟集》为例，为自己的"著作"命名，设计封面、扉页、目录、序言、正文和封底，从"一日一读""一日一记""一日一得"做起，设计并撰写人生第一本书。在"写书"中熟悉书籍、拥抱书籍、热爱书籍，让全民阅读成为创造新知识的沃土。2022 年 3 月 9 日，吉林省全民阅读协会与吉林省教育关心下一代工作委员会联合下发《关于开展"书香校园卓越计划"的通知》，在全省广泛推广"从一句话到一本书"学习项目。

创建"书香吉林讲书堂"，让阅读推广人和全民阅读活动无处不在

如何能够让全民阅读推广人呈几何级数增长，进而，让全民阅读无处不在。2017 年 9 月 17 日，吉林省全民阅读协会创建了"书香吉林讲书堂"。活动形式是一名讲书人围绕一部优秀人物传记或经典名著进行深入阅读，制作成课件和讲书课程，讲书人讲 90 分钟，之后听书人讨论 90 分钟。讲书活动吸引了媒体记者、校长、图书馆馆长、书店管理人员、公务员等前来参加，讲书人被邀请到省图书馆、书店、学校、机关、企业等机构讲书，吉林网络电视台全程直播讲书活动，线上观众由 8 万人增长到 20 万人、30 万人……讲书成为白山松水一道迷人的全民阅读风景。

受各方诚恳相邀，吉林省全民阅读协会把"书香吉林讲书堂"牌匾挂到大学图书馆，广大师生都来讲书；挂到中小学、幼儿园多功能教室，老师、学生、家长都走上台来讲书；挂到吉林省监狱管理局所辖 19 个监狱，狱警和服刑人员讲书成为独特的改造方式……每一个讲书人都收获满满，他们认为："讲书是一种崭新的学习方式，讲书是个人成长与服务社会互相促进的全民阅读活动。"

近年来，协会又推出了"我给父母讲本书"活动，让讲书进家庭；举

办"我给大家讲本书"赛事，让讲书进班级、学校、企业、机关、社区、乡村、军营、公园、监狱。不受时间和空间限制，数十万名讲书人都成了全民阅读志愿者。

为了给书香单位建设、书香家庭建设和个人成才提供可靠的课程保障，2019年1月，协会还推出了"阅读与写作成才计划"，重点课程为"大阅读观十二讲""五真写作法二十讲"。

成立分会组织和研究基地等，积极拓展多领域阅读推广合作

为深入贯彻落实全民阅读推广活动往深里走、往心里走、往实里走，协会还成立分会组织和研究基地等，积极拓展多领域阅读推广合作。协会在全省各市州及县市区推动成立地方全民阅读协会，推动一些高校成立阅读协会，推动省直机关、大型企业成立阅读分会。

2015年4月，吉林省全民阅读协会成立朗诵艺术委员会，引领更多人进入有声阅读的美好天地。2023年3月，吉林省全民阅读协会与长春师范大学

氤氲书香沁心间（王成宇摄）

图书馆共同创建了"全民阅读项目大学研究基地"，并致力于把研究基地打造成高校深化阅读推广特色品牌，为吉林省书香校园建设贡献力量。

"吉林省全民阅读"被教育部评为"特别受百姓喜爱的终身学习品牌项目"。从活动效果上看，以创办家庭读书会为例，家庭读书会推广工程是协会创办的第一个实验项目，从一个班级 48 个孩子家庭做起，50 天后第二个班级 39 个家庭加入，100 天后 200 多个班级近万个家庭加入。此后，一些学校、一些地方教育局和妇联加入，山东、江苏、湖北、河北、山西、湖南、上海、新疆等地的学校和阅读推广机构纷纷学习吉林经验。读书会既解决了困境重重的家庭教育问题，又解决了家校共育问题、家风建设问题，更是很好地解决了全民阅读进家庭问题。2018 年 4 月 20 日，中央电视台新闻直播间以《家庭读书会：用阅读打开幸福的密码》为题作了 4 分钟报道。2021 年 6 月 28 日，新华社《内部参考》以《吉林省探索"家庭读书会"激活全民阅读学习"细胞"》为题作了深度报道。

"书香家庭卓越计划"实施 5 年来，对一直推广家庭读书会的 31 位班主任的调查显示：拥有家庭读书会的孩子都建立起了深刻而持久的学习内驱力，成绩出色；建立起了自我管理能力，热爱生活，善于沟通，表达能力强，领导能力强，抗压能力强。拥有家庭读书会的家庭夫妻关系密切，1086 个家庭在 5 年时间里没有一组夫妻离异；有 8 组先前离异的夫妇因为开展家庭读书会而破镜重圆。创办家庭读书会就像播种火种，播撒到班级，盛开在万千家庭。

"从一句话到一本书"实验项目经过一年多运行，目前，已有 5 万多名师生加入实验，促进了学校由"教书育人"向"读书育人"转变，向"讲书育人"提升，向"写书育人"跨越。

通过实施项目推动和专业培训，帮助协会的人才成长。在《中国教育报》推动读书十大人物评选中，2020 年和 2021 年连续两年都有协会核心成员入选。协会实施万名阅读推广人培育工程、十万名书香少年培育工程，围绕 100 部优秀人物传记和 100 部经典名著开展"我给大家讲本书"活动，点燃全民阅读激情，让全民阅读在家庭、学校、机关、企业、乡村、社区、军营、特殊群体中落地生根。

案例延伸

以吉林省为表率，部分省市县相继成立全民阅读促进会

吉林省于 2013 年成立全民阅读协会，在全国属于率先以社会组织的形式推动全民阅读事业的省份。吉林省还在所辖市州、区县和省直机关纷纷成立全民阅读协会，不断丰富全民阅读活动的内涵和载体，切实推进全民阅读进家庭、进社区、进学校、进机关、进企业、进乡村、进军营。在吉林省带动下，各地逐渐推进全省性、联合性、非营利性的社会组织全民阅读促进会、全民阅读促进协会的成立。

2014 年 4 月 23 日，福建省"书香八闽"全民阅读暨世界读书日活动启动仪式上，福建省成立全民阅读促进会。2016 年 4 月 18 日，江苏省全民阅读促进会在南京宣布成立并在所辖 13 个地级市陆续成立全民阅读促进会。发挥导向引领作用、桥梁纽带作用、平台集聚作用、服务带动作用，把政府与社会两个方面的积极性统筹起来，创新全民阅读工作模式，更有效地推动全民阅读向纵深发展。

山东省高度重视全民阅读工作，在各市加强组织领导。东营、烟台、济宁、泰安、日照等市成立全民阅读工作领导小组，济南市成立"书香济南"建设指挥部，潍坊市成立全民阅读工程组委会，聊城市成立全民阅读促进会，为开展全民阅读活动提供了强大动力。

为了探索以社会化的办法加强阅读推广和阅读服务，2017 年河北省保定市全民阅读促进会、石家庄市全民阅读促进会、邢台市全

民阅读促进会相继成立。2018 年 5 月，由 21 家成员单位共同发起的"河北省全民阅读志愿者工作委员会"成立。近几年，承德市全民阅读协会成立，沧州市全民阅读促进会、衡水市全民阅读促进会也相继成立。

还有一些省份从市、县一级率先成立全民阅读促进会。例如河南省在濮阳市率先成立全民阅读促进会，浙江省在衢州市率先成立全民阅读促进会，湖北省在武汉市率先成立全民阅读促进会。湖南省在岳阳市率先成立首家县级促进组织——临湘市全民阅读促进协会。

在全国的带动下，2020 年 1 月，韬奋基金会全民阅读促进会成立。作为从事全民阅读推广、研究、传播的全国性、非营利性社会组织，韬奋基金会全民阅读促进会主要致力于提升全民阅读相关工作的开展，推动学习型社会建设，为出版行业和社会深入开展全民阅读工作提供智力支持和服务。

吉林省全民阅读协会微信号：jlsqmydxh

案例三：推广新阅读理念的民间科研机构——北京新阅读研究所

北京新阅读研究所成立于 2010 年 9 月，是新教育实验旗下的阅读研究推广公益机构，也是新教育实验旗下成立的第一个专业性的研究机构。凝聚国内外近百人组成顶尖阅读专家团队，2010 年 10 月，由国家全民阅读形象代言人、新教育发起人朱永新教授创办并担任荣誉所长。首任所长为著名阅读推广人、2015 年全国十大读书人物王林博士。现任所长为著名作家、著名阅读推广人梅子涵教授，执行所长为青年作家李西西。为了深化对"营造书香校园"行动的研究，新阅读研究所成立以后，致力于以中国人基础阅读书目研制、领读者大会、领读者培训、种子计划、萤火虫亲子共读等为品牌项目。

新阅读研究所也被人誉为"中国的书目专家"。中国人基础阅读书目的研制先后推出"中国小学生基础阅读书目""中国幼儿基础阅读书目""中国初中生基础阅读书目""中国高中生基础阅读书目""中国大学生基础阅读书目""中国教师基础阅读书目""中国父母基础阅读书目""中国企业家基础阅读书目""中国公务员基础阅读书目"等成果。这些书目，为一个中国人从幼儿开始到成为一个社会人的阅读提供了路径，引起了很大的反响，新阅读研究所成立第二年即荣获全国阅读推广机构大奖。

中国中小学学科阅读书目项目是新阅读研究所历时 5 年研制并于 2020 年在领读者大会上推出。研究分传媒、地球科学、电影、视觉艺术、戏剧、心理、音乐、植物 8 个分册，为阅读推广人、优秀教师、优秀父母等儿童阅读研究者与爱好者相关专业素养和技能提升提供更多便利和支持。该书目分为学生基础阅读书目与教师基础阅读书目。教师版和学生版各包括 30 本必读书目和 70 本推荐书目。首批学科书目包括中学数学、中学化学、中学历史、中学艺术、小学科学 5 大学科 1000 多种书，其他学科正在有序研制当中。

2011 年 11 月，新阅读研究所成立新教育亲子共读研究中心（后更名为

新父母研究所）从事家校共育、亲子共读等阅读与家庭教育问题的研究与
推广工作。新教育萤火虫亲子共读项目先后在全国 100 多个城市建立了"萤
火虫工作站"，为数万名教师、父母组织开展公益活动一万多场。2016 年 9
月 28 日，孔子诞辰日当天，新阅读研究所在北京举办了以"改变，从阅读
开始"为主题的领读者大会。

2023 领读者大会

新阅读研究所自成立以来一直致力于书目研究，为了凝聚更多的阅读
研究和推广人员，新阅读研究所从 2016 年发起举办了领读者大会，截至
2023 年已举办 8 届。每年 9 月的领读者大会也成为新教育的年度重要工作
会议，并吸引来自国内的专家学者和国际儿童阅读联盟（IBBY）的专家们
参加会议。2019 年，在西安举行的以"儿童阅读与世界未来"为主题的领
读者大会上，"中国阅读三十人论坛"正式成立，新阅读研究所作为秘书处
单位，全面提供服务支持。

2020 年新冠肺炎疫情期间，新教育发起的"云伴读"课程开播。疫情暴
发是灾难，但同时也提供了一个未来教育的试验场。"云伴读"课程先后获
得了近 50 万人次点播，其中参与直播的约 40 万人次。新阅读研究所开设的

"新阅读喜说写"抗疫联合儿童说写公益课程，共有 26.7 万学员参加，提交作业 225.9 万份。（"新阅读研究所"微信号：newread）

案例四：人民出版社读书会——读书会以其社会性与交互性特点激发全民阅读创新活力

由人民出版社发起的人民出版社读书会成立于 2014 年 8 月 15 日，是以各大出版社、党政机关、企事业单位、高校科研院所、志愿服务组织和公益机构、新闻媒体、知名专家学者以及广大读者等为主体，以读书、阅读为主题，以"读书会"为核心内容的大型社交平台。主要立足于出版行业，通过线上阅读和线下交流的 O2O 模式，打造全国首个专门推动全民阅读、大众读书的公益项目，为高端读者、特殊读者群体量身定制文化套餐、提供专享读书服务，引导全民"多读书、读好书、善读书"。

人民出版社读书会的成立是在中央全面推进"全民阅读"大背景下，2011 年，人民出版社团委在中央国家机关团工委、国家新闻出版总署机关党委指导下，开展了"书香行动"，向中央国家机关展开推荐好书活动。为深化"书香行动"，2014 年 8 月，在中央国家机关青年志愿者协会指导下，人民出版社青年志愿者协会联合中央和国家机关各部门以及所属企事业单位志愿服务组织共同发起成立了先进青年自组织——读书会。为全力推进"全民阅读"工程，发展壮大读书会，2015 年 5 月 4 日，人民出版社成立人民出版社读书会办公室，专门负责人民出版社读书会各项工作。同年 8 月读书会社交平台上线。2016 年 4 月，人民出版社全国读书会联盟筹委会在北京成立。在中国出版协会的指导下，2018 年 11 月 19 日，人民出版社读书会全国读书会联盟正式成立。

人民出版社读书会由线下活动和线上平台组成。读书会模式，一方面是线上打造读书会社交平台，入驻有名家、团体、出版社、兴趣读书会等，通过新书发布、话题讨论、活动报名、书摘书评、阅读快讯、社交圈、今日推荐、公开课等开展线上活动。平台的"好好学习"栏目，为广大读者学习党的路线方针政策，特别是习近平总书记重要讲话精神提供了学习家园。另一方面，读书会线下活动已在全国各地、面向各类读者开展了数百场内容丰富的读书活动，成为推动全民阅读，倡导全民读书的重要阵地。读书会还打造了四大品牌的主题活动。一是"把书读出来"项目，由人民出版社读书会与中国国际广播电台环球资讯频道共同合作，为广大书友提供更多可供选择的优质图书，通过线上广播和线下活动，用声音传播思想和正能量；二是"亲子阅读"项目，用童书激发儿童阅读兴趣，为亲子之间的沟通创造一种新的途径。用图书融合家人关系，营造良好的家庭氛围；三是"公益一刻钟"项目，利用每期读书会开始前的十五分钟，对一个公益组织或志愿服务项目进行宣讲。已经进行过宣讲的公益组织或志愿服务项目包括"爱心衣橱""早产儿联盟""大爱清尘""众心公益"等；四是"换书易书"公益项目，在每场读书会活动结束后，读者可以用带来的旧书兑换一本新书。兑换收集的旧书经读书会办公室整理后进行义卖，所得款项全部用于捐助公益慈善事业。

读书会在主题阅读中发挥引领作用。人民出版社读书会倡导有品质的阅读，对基层群众，更要加强阅读引导，加强精品书、好书的推荐，让更多有价值的精品内容得到更广泛的传播，逐渐彰显出主题阅读的引领作用，赢得了广大读者的好评和支持。人民出版社读书会是北京市加强区域化党团建设的典型案例，已分别在北京市西城区、东城区、海淀区、朝阳区、丰台区建立分会。读书会先后走进国家机关事务管理局、工业和信息化部、中国科学院、首都图书馆、北京大学、中国政法大学、首都经济贸易大学、北京外国语大学、北京师范大学、首都师范大学、中国人民公安大学、中国青年政治学院、中国劳动关系学院、北京中医药大学、武警北京指挥学院、北京市西城区第一图书馆、老舍茶馆、中国国际广播电台等机构开展读书活动。2016年起，读书会开始走向福建建阳、浙江宁波、陕西延安、新疆克拉玛依等地，在福建、辽宁、陕西、浙江、重庆、四川等地建立各地分会，惠及读者十万余人。

全国读书会联盟在引领主题阅读的过程中勇于担当主力军的角色，使如星辰般散布在全国各地、各行各业的读书会有归属感、有形态感，帮助各地读书会成为区域的名片。全国读书会联盟筹备委员会成立后先后开展了五期培训班。2016年4月第一期培训班上，来自全国各地的出版行业、党政机关、企事业单位、高校及科研院所、公益机构及社会组织、新闻媒体等69家读书会成为全国读书会联盟筹委会成员单位。在2016年先后举办四期培训班，获得社会各界广泛好评。2017年3月24—26日，第五期培训班在京举办，来自全国出版社、党政机关、高校、科研院所、企事业单位、公益和社会组织及新闻媒体的70余名学员参加了培训。

全国读书会联合会正式成立后先后开展了三期学习班。2018年11月19—21日，全国读书会联合会（筹）学习班在京开班，来自全国各个地区的读书会为推动全民阅读持续助力。2019年6月24—26日，全国读书会联盟筹委会第二期学习班在北京举办了为期三天的学习。2019年11月20—23日，全国读书会联盟第三期学习班在北京举办了为期四天的学习。学习班融合了智能互联网运营系统，为全国读书会进一步搭建资源共享、思想共建的平台，提供了连接活动和资源共享的机会，凝聚了推动全民阅读的力量。

2015 年 12 月，"读书会"项目从全国 5509 个项目中脱颖而出，获得由共青团中央、中央文明办、民政部、中国残疾人联合会、中国志愿服务联合会共同颁发的第二届中国青年志愿服务项目大赛金奖。

2018 年 1 月，人民出版社读书会在由中国出版协会、中国新闻出版研究院主办的第十一届新闻出版业互联网发展大会评选中获得"优秀网络营销平台"荣誉。

2018 年 1 月，人民出版社读书会在 2017 年度"青年之声"服务体系建设中贡献突出，荣获由共青团中央办公厅、共青团中央网络影视中心颁发的 2017 年度团中央"青年之声"建设先进单位奖。

2018 年 4 月，人民出版社读书会荣获由中国出版协会、中国期刊协会、中国编辑学会等多家单位联合举办的"首届出版融合技术·编辑创新大赛"颁发的"优秀组织奖"。

2018 年 4 月，人民出版社读书会在 2018 中国全民阅读年会组委会组织的"全民阅读优秀推广机构、推广人"推介活动中，荣获"全民阅读十佳推广机构"荣誉称号。

2018 年 7 月，读书会微信公众号获得由中国新闻出版传媒集团、中国全民阅读媒体联盟共同颁发的第三届"大众喜爱的 50 个阅读微信公众号"荣誉称号。

2024 年 4 月，在第三届全民阅读大会上，人民出版社读书会微信公众号（ID：rmcbsdsh）入选第八届"大众喜爱的阅读新媒体号"，这也是第四次获此殊荣。

人民出版社读书会微信公众号获奖证书

案例延伸

"读书会"溯源及当前我国"读书会"组织概述

1902年由瑞典中学教师奥斯卡·奥尔森创立的读书会被视为第一个现代读书会，标志性事件是他第一个发布了学习圈的内容，发展了关于学习圈的观点和理论。奥尔森曾说他的理想是"每个人都应该自己教育自己"。正是读书会学习圈这种不昂贵且简单、每个人都能参与且参与者都平等的读书学习方式，帮助了瑞典，使它从一个欧洲最贫穷落后的国家，发展成为世界上最发达的国家之一。

我国近代读书会活动的兴起，源头可以追溯到清末。中华民国成立后，各类形式的读书会、读书社、读书互助团、读书研究会、阅书会、阅读会等接连出现。1919年"五四运动"之后，读书会的呼吁在《时事新报》等主要媒体上时常出现。这些读书会主要由学校、图书馆、党政机构、文化与社会团体以及一些个人发起组织，如北京大学国文学系读书会、草堂图书馆读书会、考试院公益读书会、妇女职业促进会会员读书会、基督徒读书会等。20世纪30年代初，一批出版社积极发起各类"读书会"，上海光华书局，首先发起光华读书会，其他各书局紧随其后，现代书局发起现代读书会，新月书店发起三五读书会，神州国光社发起神州读书会，等等。虽颇极一时之盛，但持续时间都不长。

改革开放后，我国著名经济学家于光远曾发表了一篇题为《怀念"读书会"组织"读书会"》的文章，回忆了抗战时期在上海、北平、天津、广州、延安等城市中读书会的开展及亲身参与情况，认为读书会是集体学习的一个好形式，应该把组织读书会的工作抓起来。

从2010年开始，在阅读推广如火如荼开展的背景下，我国各地区读书会的创办如雨后春笋，相关研讨会也相应展开，尤其是自2014年召开"读书会发展论坛"以来，引起图书馆界、阅读界、出版界、教育界及党政机关的日益重视，从理论、管理、功能、虚拟等多角度探究当代读书会。同时我国积极进行读书会专业人才的培训，其中，"读书发展论坛""领读者计划"聚集和培训了大量的专业阅读推广人。目前，现有读书会可划分为七大类型：公共图书馆主导的读书会，中小学图书馆主导的读书会，高校或学生社团主导的读书会，出版社或书店主导的读书会，媒体单位主导的读书会，机关、其他企事业单位主导的读书会，民间组织或个人主导的读书会。其中，有半数以上是由民间组织或个人主导的读书会。

人民出版社读书会微信号：rmcbsdsh

第三节 启示与思考

本章选择的"满天星公益""吉林省全民阅读协会""北京新阅读研究所""人民出版社读书会"分别属于阅读的公益组织、阅读行业组织、阅读研究组织、阅读的推广组织这4种类型，阅读组织是社会发展到一定阶段自发生长出来的阅读阐释和价值共同体，这4种类型是阅读的社会化程度高度发达后才出现的现代社会阅读组织形式，全民阅读活动的倡导和兴起推动这类组织的发展。

全民阅读需要各类形形色色的阅读组织从不同方面发力，共襄盛举，推广全民阅读。如"满天星公益"陪乡村孩子阅读世界，向梦而行，用阅读连接爱心与力量；全国首家全民阅读协会吉林省全民阅读协会创建"书香吉林讲书堂"，让阅读推广人和全民阅读活动无处不在，实施"书香卓越计划"，让阅读变成实实在在的行动；北京新阅读研究所作为推广新阅读理念的民间科研机构，致力于中国人基础阅读书目研制、举办领读者大会、领读者培训、实施种子计划、萤火虫亲子共读等为品牌项目。而人民出版社读书会则在主题阅读中发挥引领作用。这些阅读组织都在各自领域发挥着培养国民阅读能力和习惯、满足社会阅读需求、倡导和推进社会阅读、提高社会阅读能力和功效等作用。

阅读组织只有与社会需要有机结合起来才能焕发出强大的生命力。如"满天星公益"其使命是提高乡村儿童的阅读品质，而乡村儿童是全民阅读中最薄弱的群体，也是最需要社会关怀的阅读社会角落，"满天星公益"选择这一群体进行帮扶，并以"县域儿童阅读指导与推广联盟"作为核心项目模式，同时将公益图书馆、阅读活动、阅读课程、阅读教师发展作为机构服务内容，得到社会的响应并取得可观的成效，这一公益活动使人们相信，阅读也许无法直接改变乡村孩子的命运，却可以为孩子提供改变自己命运的机会，因此其有广阔前景和无限的生命力。

当代阅读组织应线上线下联动，更充分发挥其组织的作用。如人民出版社读书会由线下活动和线上平台组成。线上打造读书会社交平台，入驻有名家、团体、出版社、兴趣读书会等，通过新书发布、话题讨论、活动报名、书摘书评、阅读快讯、社交圈、今日推荐、公开课等开展线上活动，线下活动更丰富多彩。吉林省全民阅读协会通过吉林网络电视台全程直播讲书活动，线上观众由 8 万人增长到 20 万人、30 万人……使讲书成为白山松水一道迷人的全民阅读风景。"满天星公益"则将借阅系统、流动书籍和线上教师社区三个系统整合为 Readora 爱阅读信息平台，通过互联网为乡村儿童和教师提供专业的阅读服务支持，形成高效规范的乡村儿童阅读（素养）教育和阅读推广项目共创体系。

组织的阅读推广应把家庭、学校、社会和自我阅读推广串联起来，深耕细作，促进社会阅读的充分有效和可持续发展。新阅读研究所成立新教育亲子共读研究中心（后更名为新父母研究所），专门从事家校共育、亲子共读等阅读与家庭教育问题的研究与推广工作。新教育萤火虫亲子共读项目先后在全国 100 多个城市建立了"萤火虫工作站"，为数万名教师、父母组织开展公益活动一万多场。吉林省全民阅读协会用 10 年的探索，形成了备受社会各界欢迎的全民阅读载体——家庭读书会推广工程、书香吉林讲书堂、全教育大阅读体系建设等，形成了"阅读与写作成才计划"系列课程，还与吉林教育杂志社联合推出《吉林教育（全民阅读）》，定位为"书香单位和书香家庭读本"，激活了社会力量，促进了全民阅读常态化、生活化。人民出版社读书会的"亲子阅读"项目，用童书激发儿童阅读兴趣，为亲子之间的沟通创造一种新的途径。用图书融合家人关系，营造良好的家庭氛围。

需要建立全国性的全民阅读协调指导组织和阅读研究组织。"全民阅读"（Reading for All）作为一项具有国际性倡议的社会活动，其字面意思即"让全体国民参与、实现阅读"。它既是一种文化理想，又是一项现实的社会活动，这些年在我国蓬勃兴起和发展，开展和深化全民阅读多次连续写入党和政府的工作报告，总书记率先垂范，多次指示和号召全民阅读，全民阅读已成为国家战略，全国各地各类阅读组织方兴未艾，因此，在建立健全各级政府部门的全民阅读协调推进议事机构的同时，需要建立全国性的全民阅读综合指导协调组织和交流平台，即全国全民阅读协会，作为党和政府与社会的中介，来统筹促进全民阅读工作。加强社会阅读的调研、评估和考核机制，设立全国和地方性阅读日（月、季），鼓励各类书业机构开展阅读推广活动，交流阅读推广活动经验。同时还应加强全民阅读研究，成立全国全民阅读研究会。

第八章

让阅读无时无处不在

第一节　阅读的社会保障

阅读的社会保障是借用社会学的名词术语来说明一种社会阅读现象和行为，指以政府为主导，凝聚全社会之力，运用社会的有效手段保障国民阅读权利，帮助国民取得阅读能力，培养国民阅读习惯，满足他们对阅读的基本需要。概言之，阅读的社会保障就是国家和社会为确保阅读成为人们生活的一部分，也就是最基本的信息知识获取和利用的权利及条件，不断促进人的全面发展和社会全面进步的一种制度安排和一整套社会工作系统，其实质是满足阅读需要的过程和手段。

人的需要是社会学研究的重要范畴。阅读活动作为一种现实的社会活动，首先产生于读者的阅读需要，阅读需要作为一种精神的社会的需要，具有不同于人的一般需要的规律和特点。目前我国阅读行为实现社会化普及，并已成为现代人基本生活方式的一部分，信息的获取和利用成为现代读者须臾不能离开的生活需要。

在全民阅读早已成为国际共识、移动网络数字技术又带来以读者为中心的阅读方式革命的今天，政府和社会应依据《宪法》和《公共文化服务保障法》《公共图书馆法》的规定，就像确保国民最低物质生活需要一样，来满足、保障国民最基本的信息知识和精神需求，阅读的社会保障是满足阅读需要的过程和手段，阅读需要是阅读社会保障系统工作的依据和完善的动力。阅读社会保障包括阅读的权利保障、阅读能力的保障、阅读时间的保障、阅读的空间保障、阅读物或阅读内容的保障、阅读的组织氛围保障和特殊困难群体的阅读保障等。

阅读保障作为一种社会事业，发端于资本主义社会，社会主义的公有制和社会化生产，给阅读的社会保障开辟了更加宽广的道路。对阅读实行社会保障，是社会主义生产的目的，是公共文化服务均等化的需要，是建设学习型社会和学习型政党的题中应有之义，是文化生产力的重要内容，是《宪法》的明确规定，是全民阅读的基础工作，也是我国的一项基本文化政策。

阅读的社会保障通过一系列法规制度，保护读者的阅读权利；通过教育，使社会读者获得阅读能力；通过社会的文本内容提供、文献出版生产、发行传播和利用系统，保障阅读物的供给和满足；通过一整套公共文化服务体系如图书馆、书店等为读者提供阅读场所。其合力直接指向读者的阅读需要，其工作运转过程正是满足社会阅读需要的过程。例如，这个工作系统中的文献出版生产过程，从创作、编辑到印制、发行传播，都是针对读者的阅读需要的；又如，这个工作系统中的图书馆，不仅向读者提供出版物，而且还通过各种其他手段（如编制二次和三次文献等）来深化提供知识资源服务，满足读者阅读检索的多方面需要。

阅读社会保障的主要原则是公益性、基础性、便利性、系统性、法治化和均等化。我国的阅读社会保障工作近年来得到了飞跃式的发展和进步，但还有许多薄弱环节，与发达国家相比，差距明显，我们要学习国外先进经验，找准立法为据、政府为主、婴幼起步、教育为基、内容为王、活动（组织）促进、政策扶持、硬件配套、特殊救济、舆论支持等着力点，加强阅读的社会保障，不断提高全社会的科学文化水平。

第二节 阅读保障服务全民

案例一：晋江市 24 小时城市书房——"不打烊"的市民公共文化空间

晋江市于 2016 年率先在福建省内开启 24 小时城市书房建设，是福建省最早开设 24 小时城市书房的地区。2018 年"建设 10 家城市书房"被纳入晋江市为民办实事项目。目前，通过发动社会各界联动共建的形式，晋江已在学校、社区、商场、景区、企业等场所建设了 11 家 24 小时城市书房，为市民打造不打烊的"家门口图书馆"。在 2023 年 2 月由中央宣传部、文化和旅游部、国家发展和改革委组织召开的推进公共文化服务高质量发展工作会议上，公布的全国基层公共文化服务高质量发展典型案例名单中，晋江市"24 小时城市书房：打造'不打烊'的市民公共文化空间"成为入选案例。

与传统图书馆的区别定位

24 小时城市书房被纳入晋江市图书馆总分馆服务体系内，并在晋江市图书馆和各分馆基础之上补充的阅读服务点，以方便城乡百姓更便捷地享受公共文化服务。和传统的图书馆不同，24 小时城市书房的阅读空间兼具舒适与个性化。在建设上突出小而精，便捷、自助、24 小时免费开放等特点，有亲子阅读区、休闲阅读区、休闲水吧等，让阅读融入市民生活；在设计上更为灵动、舒适、温馨，因地制宜地突出所在场地的文化风格和人文色彩。桌椅、灯光、室内装饰时尚、精致，书柜高低错落，搭配有懒人沙发、豆袋等，进一步提升了阅读体验品质；在运营上，24 小时城市书房利用属地管理部门、社会力量、志愿者群体，实行"无人值守＋营业服务"的弹性服务举措，实现优势互补。例如位于三创园的 24 小时城市书房，图书馆资源与休闲、餐饮等服务相结合，除负责日常经营管理及餐饮服务，还实行"无门槛"经营，为市民提供免费文献借阅服务，并不定期举办丰富的文化活动，形成"书房＋"的多样化服务。

"零门槛"享阅读的创新服务

逐步完善城市图书馆群，24 小时城市书房优化布局基层公共文化服务网络，实现"24 小时不打烊"自助借阅服务。晋江市目前拥有总馆 1 家、分馆 27 家、24 小时自助图书馆 35 座、24 小时城市书房 11 家，形成"市区 15 分钟文化圈""乡镇 30 分钟文化圈"。24 小时城市书房在覆盖主城区 6 个街道的同时，还辐射到晋南、晋西等多个乡镇，与图书馆分馆、24 小时自助图书馆等多个点串点成线、串线成链，实现总分馆图书资源的通借通还、数字服务的共享、文化活动的联动。让更多基层百姓共享公共文化服务发展成果，并通过不断创新推动公共文化服务高质量、可持续发展。

这 11 家 24 小时城市书房中，有多家是由企业及社会基金会参与共建的，如五店市传统街区 24 小时城市书房，与晋江农商银行共建；阳光时代广场的 24 小时城市书房，与阳光房地产开发有限公司共建；金井镇 24 小时城市书房，与福建七匹狼实业有限公司共建；英林 24 小时城市书房，与英林心商店毗邻，由英林心慈善基金会共建。

此外，依托"互联网+"、RFID等技术手段，晋江市24小时城市书房在实践中不断强化智能化发展思路，将物联网、大数据等智慧技术应用到书房的建设、服务和管理之中，实现全市文献资源统一采购和配送、统一监控、通借通还，提升一体化服务水平。

截至2022年底，晋江市每2.2万人拥有一个图书服务点，丰富的馆藏资源满足读者的多元需求，多彩的阅读活动也让市民感知阅读之美。

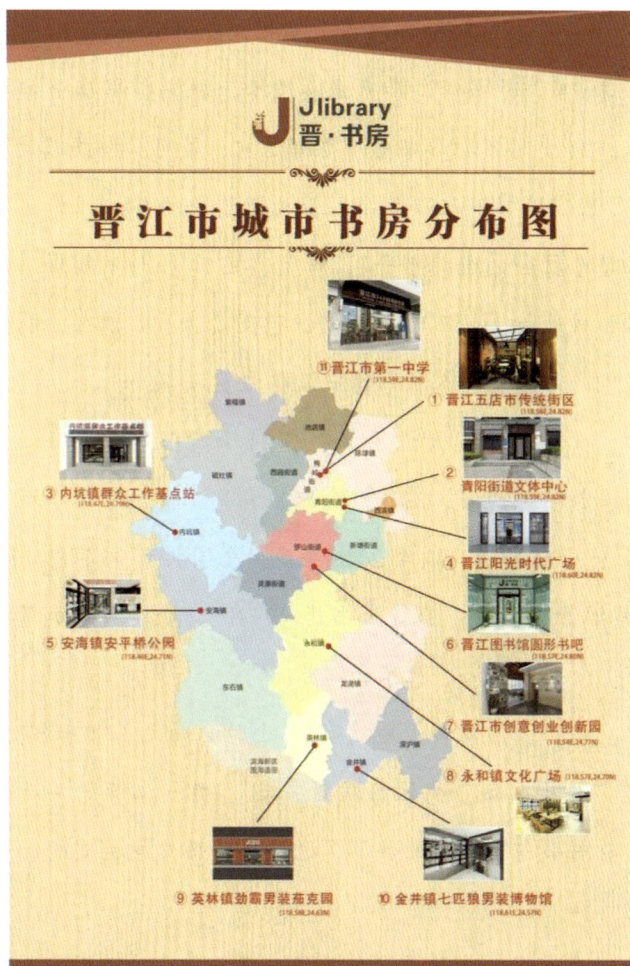

晋江市24小时城市书房分布图

我国24小时书店发展与经营概况

24小时书店是实体书店的一个子门类，即24小时不打烊的实体书店。我国第一家24小时书店是我国台湾地区的诚品书店敦化南路店。这家诚品书店在1999年率先采用此模式，而且是诚品书店四十余家分店中唯一一家24小时营业的书店。

2014年4月，三联韬奋书店美术馆总店开始24小时营业，成为北京第一家24小时书店。李克强总理给三联韬奋书店全体员工的回信中指出，24小时不打烊书店"很有创意，是对'全民阅读'的生动践行"，而且"读书不仅事关个人修为、国民的整体阅读水准，也会持久影响整个社会的道德水平"，希望"把24小时不打烊书店打造成为城市的精神地标，让不眠灯光陪护守夜读者潜心前行，引领手不释卷蔚然成风，让更多的人从知识中汲取力量"。

之后，北京又陆续开设了十余家24小时书店。上海、天津、南京、广州、长沙、西安、沈阳、合肥、青岛、杭州等多个城市也先后开设多家24小时书店。截至2018年底，全国共有95家24小时书店，其中48家国营书店、47家民营书店。当年24小时书店数量排在前三的省（市）分别是上海、北京和江苏。

此外，四川、内蒙古等地建有24小时自助无人书店87家。深圳率先发起"24小时城市街区自助图书馆"。智能书店的共享阅读并不仅仅意味着图书内容资源的共享，也意味着用户间共同的、开放的分享与交流。

24小时书店成为实体书店行业的一个亮点，持续增强人民群众的参与度、感受度、满意度。从公益性角度看，现在很多24小时书店，实际上是把书店卖书的职能扩展为服务阅读的功能。一大批具有公益性服务内涵的实体书店得到各级政府的财政政策支持。作为公共文化空间、城市记忆空间和市民交往空间，24小时书店已经成为许多城市的精神地标，体现了相应城市支持全民阅读的政策落地，为城市带来共有的精神力量，对文化意涵交融、城市形象构建和个人交往具有重要意义；从经营模式看，24小时书店对数字时代书店的转型探索提供了可借鉴的创新模式。如对青岛明阅岛书店的读者进行调研时发现，高学历（硕士及以上）人群到访多，安静舒适的环境对他们来说是最大的吸引力。书店采用主业＋副业的盈利模式，通过政府补贴和咖啡厅、文创产品的综合经营实现成本抵偿。同时，通过与房地产商合作降低成本、引入互联网流量思维，推动互联网原住民从阅读到悦读的回归。

整体而言，24小时书店的建设和运行，政府统筹规划，融合多方资源，引导社会力量参与到建设、服务与管理运营中，形成了"政府主导、市／区／镇联动、图书馆主动、社会力量互动"的共建共享机制，为构建城市书房一体化建设提供了强有力的保障。

然而部分24小时书店近年来也出现了停止运营的情况，如1200 bookshop广州天河北店停业、中信广州后街店在2019年9月停止夜间运营，上文中提到的青岛明阅岛书店经营中也存在成本升高、综合经营效果差等问题。结合目前技术发展，24小时书店的发展可以进一步突破的方面：一是通过以智能技术为支撑，以互联网为核心，利用网络平台而进行社会资源的交互，这种交互包括实体图书资源和读者的阅读体悟；二是根据用户的主要社会活动范围进行布局，对可达性相对较弱的地区进行网点设置，以增加城市非中心城区和偏远乡镇的阅读资源，增强城市居民阅读可达性，丰富乡镇公共阅读服务性。

案例二："我是你的眼"公益助盲行动——声为媒，书为友，与爱共赴"启志"之约

黑龙江"我是你的眼"公益助盲行动是 2015 年第 32 届国际盲人节上首次发起，并在 2019 年和 2021 年开展了第二届和第三届公益助盲行动。2021年 12 月，黑龙江"我是你的眼"公益助盲行动入选国家新闻出版署公布的2021 年全国全民阅读优秀项目。

"我是你的眼"公益助盲行动是以"关注视障儿童书橱、关注视障儿童内心成长状态"为目标，由黑龙江省委宣传部发起、扶持，由黑龙江省悦咿呀文化发展有限公司组织落地实施的全民阅读公益项目。该行动始终坚持致力于推动改善视障儿童阅读状态、阅读数量、阅读品质，打造人人平等的书香社会，让视障儿童通过阅读丰盈内心世界，形成认知正能量。

活动的发起和主要形式

2015 年 10 月 16 日，为庆祝第 32 届国际盲人节，使阅读走近盲人群体，"我是你的眼"公益助盲活动在黑龙江省图书馆报告厅举行。在本次活动上，黑龙江省新闻出版广电局为省图书馆捐建了"盲人听书室"和听书机设备。黑龙江省悦咿呀文化发展有限公司和黑龙江省图书馆、喜马拉雅 FM 等机构联合创建"心幕影院"工程并号召"好声音"爱心志愿者为盲童录制一个绘本故事。

主办方号召全社会各界人士加入进来为盲人读书献声，除了现场录制

之外，有条件的志愿者也可以自主完成录制，并把声音成品发至活动官方邮箱，或通过活动合作方之一的喜马拉雅 FM 上传、发布作品。收集到的有声作品经过甄选之后制作为成品有声读物，收录进有声书库，长期、持续地为盲人朋友提供听读、教育服务。

首次尝试结合传统盲文图书与线上有声读物方式是从第二届活动开始。这次启动仪式上正式上线了公益献声小程序，尝试将传统盲文图书与线上有声读物相结合，多层级、多触点、多手段帮助盲童更好地享受阅读权利。

目前，"我是你的眼"公益助盲行动连续四届在黑龙江省内开展小程序线上献声、助盲朗诵会、有声阅读服务、助盲公益宣传等数十场线上线下多种形式的公益助盲活动，服务视障人士数百人。

多方联合、全方位的帮扶活动开展

为了支持"我是你的眼"公益助盲行动，黑龙江省委宣传部对接黑龙江省残联、省委教育工委、省慈善总会以及社会爱心企业，发动社会力量、拓展活动城市，为公益项目的落地实施提供了全方位的帮扶和支持。

2015 年首次开展的公益阅读活动在哈尔滨、北京、苏州三地同期进行，助盲小程序是第二届公益助盲行动的重要平台，用于向盲童捐献声音作品，帮助他们更多地获取有声知识。黑龙江志愿服务平台同步发起了此次活动。融合线上小程序与线下语言的朗诵交流的专场主题朗诵会是由黑龙江龙运现代交通运输有限公司等支持并协办。本次活动中将一千六百多张印有小程序二维码的爱心宣传贴贴在龙运现代出租车上，帮助流动宣传。

第三届活动由黑龙江省委宣传部、省全民阅读办共同策划实施，黑龙江网、书香龙江官方公众号、黑龙江省悦咿呀文化发展有限公司官方公众号作为媒体支持机构对活动进行实况转播。

　　"我是你的眼"公益阅读行动还与哈尔滨市图书馆的"心目驿站"文化助盲阅读公益项目多次合作。2023年3月，双方共同举办了"我是你的眼——奉献青春·阅向未来"全民阅读直播活动。该活动联合黑龙江省哈尔滨市、大庆市，西藏自治区日喀则市三个地区的特殊教育学校、公益阅读服务团队同步开展。通过各地进行阅读经验分享、特殊群体阅读展示、志愿服务队落地等形式，拓宽特殊群体阅读受众人群，带动更多爱心人士关注特殊群体儿童书橱、传递阅读理念，参与到特殊人群的全民阅读服务当中。

助盲献声小程序二维码：

公益助盲行动宣传海报：

案例延伸

我国为视障读者提供阅读服务的基本概况

　　全民阅读重在"全民"，一个都不能少。残疾人阅读推广是全民阅读的重要组成部分，是促进残疾人共同富裕和全面发展的基础性工作。2022年5月5日《马拉喀什条约》对中国生效，惠及我国千万阅读障碍者。近年来，各地在关注残障人士的阅读需求，帮助视障读者突破阅读的障碍方面，逐渐加强服务。特别是公共图书馆，通过文化助残多种载体，不断健全软硬件环境，提供平等无障的公共文化服务，构筑服务视障读者的平台，发动社会力量，让视障读者能够切身实际地去阅读、去感受文化知识。

各地增开增设盲人阅览室、盲人图书角

20世纪80年代之前，我国没有一家图书馆具备为盲人服务的硬软件设施，相关设施的完善也是自1987年芜湖市成立盲人图书馆后才开始。2000年以后，有近七成省级和市级图书馆开展盲人服务。进入21世纪后，党和国家对盲人读者群体的阅读状况越来越重视，各级行政区域盲人阅读设施及环境也随之飞速完善，2001年，我国各级公共图书馆和残疾人综合服务设施开设的盲人有声读物馆（室）仅有220个。2021年中国残疾人事业发展报告显示，全国省级和地市级公共图书馆设立盲文及盲人有声读物阅览室已分别达到47个和394个。但到2022年底，这个数字就上升到了1315个。近两年更是有增长之势，以四川省为例，2021年1月阳江市盲人阅览室面向广大盲人读者开放，2022年4月德阳市罗江盲人阅览室、6月泸州市古蔺县盲人阅览室、11月自贡市荣县盲人图书阅览室相继建成并正式免费开放，2022年10月眉山市公共文化图书馆全面建成盲人图书阅览室（角）。

中国盲人图书馆成立于1994年，为解决盲文出版物数量日益增多和盲人读者的借阅需求不断增加的问题，2011年6月完成扩建后开放。新馆不仅提供盲人书刊及有声读物的借阅服务，还是盲人教育培训及盲人文化科技研究基地，是我国视障文化资讯服务中心。除了中国盲文图书馆，部分省市也设立有盲文图书馆，如湖北省第一家专门为视障读者服务的图书馆就是武汉市江夏区2014年建立的盲文图书馆，在一定程度上缓解了当地盲人的阅读需求压力。

2008年10月，在国家科技部、文化部、中国残联等多部门的努力下，我国第一家盲人数字图书馆——中国盲人数字图书馆网站正式开通，为盲人读者提供了新闻、电子图书、音乐、在线讲座等丰富的数字资源，填补了我国盲人数字图书馆的空白。除此之外，各地方机关也建立了数字图书馆。2014年10月，全国首个省级盲人数字图书馆——山东省"光明之家"盲人数字图书馆正式投入使用；2018年1月，江苏省首家无障碍数字图书馆在南通市落户；2019年4月，湖南省第一家盲人数字图书馆在湘潭市开馆。目前北京、上海、广东、四川等地的政府和残联、盲人图书馆等网站都已实现无障碍化。

线上线下双管齐下，为视障读者提供服务

公共图书馆有大量文献典藏，如何使视障读者同样可以汲取其中的文化知识，是公共图书馆要重点关注的领域。

志愿者有声助盲阅读。志愿者是盲人阅读推广的中坚力量。志愿者通过各种形式帮助盲人阅读。助盲志愿者有的服务于图书馆，服务形式有接送盲人去图书馆，面对面阅读，上门借还书、电脑、网络使用指导等；还有些志愿者团体，如广州爱心读书使团，他们通过联谊活动与盲友建立联系，开展阅读交流，通过聊天软件进行一对一交流或者网络聊天室群体交流活动以及户外交流活动，带领盲人走出家门，阅读并感受城市环境和人文环境的发展和进步，消除盲人出行的心理障碍。根据盲人的阅读需求录制有声读物，也是志愿者助盲阅读的重要方式。针对视障读者获取文化知识的方式，首都图书馆充分利用自身丰富的馆藏资源，将"心阅书香"助盲有声志愿服务项目细化为三个子项目，即"心阅影院""心阅美文""心阅随身听"。"心阅美文"活动采取举办线上诵读会的形式开展志愿服务。首图文化志愿者与视障读者一起在首图朗诵者志愿微信群开展"光荣与梦想""往事如风"等一系列主题诵读会；"心阅随声听"项目是非现场活动，首图文化志愿者持续录制优质的有声书音频。"心阅书香"项目每月开展1次线上志愿沙龙活动。在活动中，首图文化志愿者和视障读者一起交流阅读中的心得体会，共同提高阅读水平。

口述影像。为了让盲人可以完整地欣赏电影，志愿者将电影中利用视觉传达的内容以口述的方式传达给盲人听众。2012年7月，广电总局成立了98人的志愿者服务队伍，为盲人口述电影，同时广电总局为中国盲文图书馆口述影像馆捐赠100部口述电影作品。作为较早开始为盲人口述影像的北京红丹丹心目影院，有志愿者1000多名，并于2011年建立了中国首家民间语音图书馆"心目图书馆"，同时，还为天津、南京、郑州、深圳、大连、长春等十多个城市的志愿者团体提供技术支持，在全国各地为更多的盲人推广心目阅读。

其他助盲文化公益活动。"听书工程"是中央人民广播电台从其70余年积累的节目资源库中首选1万小时优秀节目资源捐赠给中国盲文图书馆，涵盖文学、曲艺、音乐、生活等多个门类内容，盲人读者可以通过中国盲文图书馆数字资源平台听到这些节目。酷听网为盲人开辟绿色无障碍通道，作为有声读物行业的领头羊，酷听网在行业内率先为盲人开辟绿色无障碍通道，盲人朋友可便捷浏览、收听酷听网的所有内容，真正实现无障碍阅读。

案例三：江苏省"全民阅读·春风行动"——阅读关爱惠及全省，"以人民为中心"的生动实践

江苏省自 2014 年开始，每年春节前各设区市都会同步开展"全民阅读·春风行动"，通过送书、送文具、捐款、捐物、组织文化活动等形式，为江苏城乡送去浓郁书香。每年举办"全民阅读·春风行动"就是为了丰富群众节日精神文化生活，更好满足人民群众特别是农民群众、农村留守儿童及困难家庭儿童阅读需求，动员社会力量开展健康向上的阅读推广活动和精准志愿服务活动，不断增强人民群众的文化获得感和幸福感，为乡村振兴战略和江苏文化高质量发展提供有力的精神支撑。

书香江苏
| SHU XIANG JIANG SU |

坚持以人民为中心推动活动建设

"全民阅读·春风行动"作为补齐农村公共阅读服务短板、推动书香城市建设的实际行动，始终坚持以人民为中心，市县乡三级联动，广泛动员社会力量参与，通过开展更多富有地方特色的阅读活动，引领全省全民阅读新风尚。经过十年的积累，"全民阅读·春风行动"已成为"书香江苏"的响亮品牌，惠及全省各地以留守儿童、贫困儿童为主的广大群众，成为接地气、冒热气、聚人气的群众性文化活动。这是江苏省全力打造"书香新春"的一个缩影，是"以人民为中心"的生动实践。"全民阅读·春风行动"主要任务包括：

在捐赠优质阅读物资上，动员社会力量向农村幼儿园和中小学校图书室（馆）捐赠少儿书报刊、数字阅读产品和视听终端，向农村留守儿童、城市流动儿童、贫困家庭儿童和进城务工人员、农民工子弟学校学生捐赠优质图书和学习用品。据不完全统计，在2014—2020年的7年中，全省共发动社会力量捐助资金2300多万元，援建少儿图书室807个。2021年省全民阅读办专门定制了1000个"书香江苏"阅读礼包，支持苏北五市开展阅读关爱活动。

提升阅读阵地效能上，推动公共图书馆利用馆藏和活动等资源优势与幼儿园和中小学校图书馆（室）合作，引导社会力量，广泛参与建设和运营一批便民化阅读阵地，动员社会阅读组织、阅读推广人深入乡镇（街道）开展读者喜闻乐见的活动，不断提升阅读设施使用率和满意率。例如，位于邳州市铁富镇新时代文明实践站门口停车场上的24小时自助书屋"书香江苏·银杏书屋"，占地150平方米，拥有红色经典、主题阅读、大运河文化、少儿阅读等图书1.5万余册，还设置了听书墙和听书设备。这家书屋由江苏省委宣传部和江苏凤凰出版传媒集团援建，目前是邳州第三家24小时书屋，乡镇首家24小时书屋。书屋实现智能微信开门、微信自助借阅还书等功能，还把农家书屋发展成党员教育阵地，让书屋发挥最大的效用。

在组织阅读推广活动方面，依托新时代文明实践中心（所、站）和各级各类图书馆、农家（社区）书屋、实体书店、共享阅读空间和中小学校、江苏省家庭亲子阅读体验基地、基层"残疾人之家"等阵地，组织"农家书屋万场主题阅读活动""巡展巡讲巡演"活动和"经典润乡土"行动，实施"点亮满天星，书送新希望"网络阅读公益项目，分类开展阅读讲座、家庭故事会、好书分享会和法治宣传教育等活动。以"我们的节日"为主题，适应手机阅读及移动有声听书等新兴阅读新趋势，组织开展经典诵读、评书荐书、读书征文等基层群众喜闻乐见的读书活动，扩大全民阅读覆盖人群，提升基层群众参与活动的满意率。借助县级融媒体中心全媒体传播平台，及时将思想精深、艺术精湛、制作精良的视听产品推送给基层群众。开展"带一本好书回家过年"活动，向视障人员提供盲文出版物、大字出版物、数字有声读物和定制化阅读服务。

乡村儿童的阅读梦Ⅰ

乡村儿童的阅读梦Ⅱ（Ⅰ、Ⅱ均为胡正东摄）

在开展结对帮扶和志愿服务方面，动员各级党委政府部门、群团组织、企事业单位和热心阅读推广的社会团体，与农村中小学、幼儿园、农家书屋（基层书屋）开展结对帮扶活动；依托各地新时代文明实践中心（所、站），各级全民阅读促进会壮大全民阅读专业志愿者队伍，组织教师、作家、出版工作者、科技工作者、新闻工作者、在校大学生、"百姓名嘴"等，利用元旦春节假期深入乡镇（街道）和村（社区），向基层群众传播阅读理念、开展阅读活动、提供阅读指导。以公益读书组织、爱心企业、各方阅读志愿者为代表的社会志愿力量的参与，成为开展阅读关爱活动日益鲜明的特征。省全民阅读活动领导小组成员单位每年组织"文学志愿服务队""江苏广播主持人读书团""科普志愿服务团队""千镇万村志愿服务团队"等阅读志愿服务组织，深入基层开展各类阅读推广活动。

在 2019 江苏省全民阅读春风行动主场活动中，《东方娃娃》杂志社在盱眙马坝镇中心幼儿园挂牌成立亲子阅读志愿服务团队，捐赠绘本图书 3000 余册；《科学大众》杂志社带着志愿者把科普大篷车开进校园；《七彩语文》《阅读》《莫愁》杂志社向群众赠送 5000 余册书报刊；图书馆和学校共建"春风少年读书会"；书香大使、作家、教师、编辑、播音员主持人、书法家以及各类全民阅读志愿者走进新时代文明实践中心、农家书屋、文体站、车站开展志愿服务。社会志愿力量的广泛参与，让"全民阅读"服务"全民"，让"春风行动"洋溢暖意。"全民阅读·春风行动"开展 11 年来，各类阅读关爱和志愿服务活动举办近 5 万场。

体现工作的针对性，破解江苏全民阅读工作区域不平衡

为破解江苏省全民阅读工作存在区域发展不平衡，阅读设施和活动的使用率、参与率不高，基层阅读推广力量不足等突出问题，"全民阅读·春风行动"依托"书香 +"的链接功能，构建全民参与，融公益助学、阅读推广、精品书展、文化展示为一体的以城市社区街道和基层乡镇为主舞台、村村互联互通的书香嘉年华。

江苏省和 13 个设区市全民阅读活动领导小组全面建立，各设区市全民阅读办参照省级示范活动，部署开展富有地方特色的"全民阅读·春风行动"。省有关部门单位高度重视，加强组织领导，坚持系统谋划，周密部署安排，充分调动多方资源，努力形成工作合力。省级财政每年列支全民阅

读专项费，省、13个设区市和51个县（县级市、区）成立全民阅读促进会。对符合《江苏省公益阅读推广活动认证扶持办法（试行）》的活动，省全民阅读办视情况予以扶持。全省党政领导、部门联动、社会参与、法治保障的全民阅读促进工作机制基本建立。

在创新内容形式方面，打造面向不同群体、各具特色的品牌阅读活动，推动县级图书馆和基层书屋形成互联互通的"公共阅读设施群"。适应数字阅读发展趋势，推动全民阅读工作与新兴技术融合，充分发挥新时代文明实践中心（所、站）和农家书屋阵地作用，顺应阅读内容分众化、阅读终端多元化的趋势，依托"学习强国"平台和县级融媒体中心，探索实施群众"点单"、文明实践所（站）派单、志愿服务组织"接单"等模式，加大优秀图书和期刊荐读导读力度，推广移动有声阅读，提升阅读活动效果。把阅读有机融入群众日常生活，实施便民阅读服务项目。

各级党委宣传部门高度重视"全民阅读·春风行动"宣传报道工作，组织各级各类新闻媒体开设专题专栏，把握报道重点，创新报道理念和方法，灵活运用新媒体技术平台和多种传播手段，切实提高宣传报道效果。全省广大新闻工作者将参与此次报道当作开展"四力"教育的生动教材，深入基层一线采访报道各地各部门单位的活动亮点和经验做法，营造浓厚的舆论氛围。

案例延伸

江苏省全民阅读工作在破解区域不平衡上的表率做法

习近平总书记考察江苏时要求江苏"着力在改革创新、推动高质量发展上争当表率，在服务全国构建新发展格局上争做示范，在率先实现社会主义现代化上走在前列"。紧紧围绕"争当表率、争做示范、走在前列"的使命要求，着眼于加快建设与率先实现社会主义现代化相适应的现代公共阅读服务体系，认真研究制定了"走在前列"的目标：到2025年，城乡公共阅读服务体系基本完备，优质阅读内容供给能力显著增强，阅读阵地设施建管用效能显著提升，阅读推广活动吸引力显著提高、覆盖面显著扩大，阅读服务方式更加高效便捷，阅读推广队伍更加壮大，管理体制机制更加科学规范，法治化建设取得新进展，居民阅读指数稳步增长，居民个人阅读状况和公共阅读服务核心指标位居全国前列。在这个总体目标引领下，在破解江苏全民阅读工作区域不平衡，保障居民阅读权利方面做出了示范和表率。

加强优质阅读内容供给，努力满足民众高品质阅读需求。坚持把优秀主题读物发行推广摆在突出位置。连续11年向社会推荐12本好书，连续10年评选推介"苏版好书"，"新华书房"每季度向读者推荐20本好书，"江苏精品"听书栏目上线"学习强国"江苏学习平台和喜马拉雅听书平台。"江苏数字农家书屋"设置"总书记论三农和乡村振兴"专题以及"今日推荐""书屋动态""活动发布""导读荐读""听书"等栏目，提供上万种图书、上百种报刊和上千小时有声读物、科普视频，实现在线阅读、数据管理、智能推送、直播培训、信息发布、承办活动等功能。

广泛开展阅读活动，促进和引导民众热爱阅读。连续21年举办江苏读书节，带动南京读书节、苏州阅读节、盐城读书节等读书节（月）活动实现市和县（县级市、区）全覆盖。连续14年举办江苏书展。"书香中国·全民阅读大讲堂""全民阅读·春风行动"和江苏职工读书月、江苏农民读书节、"书香飘万家"亲子阅读、红领巾读书征文等特色、分众阅读活动深入开展。省全民阅读办连续三年每年列支100万元专项资金，认证扶持一批省级公益阅读推广活动项目。

不断完善阅读设施，更加方便民众阅读。全省16280家农家书屋、全省117家县级以上公共图书馆积极发挥阅读推广主阵地作用。推动农家书屋积极融入新时代文明实践站，举办第十一届江苏农民读书节暨农家书屋万场主题阅读活动，开展新时代新乡村阅读活动，"江苏数字农家书屋"日均读者达5万人次，总注册用户超500万。苏州市、常州市、连云港市和涟水县、泗洪县等地相继建成图书馆新馆，徐州市、南通市和淮安市等地建成并投入使用一批24小时城市书房等阅读新空间。每年组织推选"江苏最美书店"，累计达90家。

案例四：深圳"一区一书城，一街道一书吧"文化战略——全民阅读"深圳样本"彰显"全球全民阅读典范城市"示范效应

书店是城市文化的生态窗口，是城市人文的精神寄托，是读书人眼中最美的地方。深圳是一座创新之城、文明之城，而书店是这座文明城市的闪闪星光。为了更好地满足深圳市民的精神文化需求，深圳实施"一区一书城，一街道一书吧"战略，各具特色的书吧遍布在城市的大街小巷，这也是深圳这座"图书馆之城"前进路上的力量源泉。2019年，深圳荣列全国国民阅读调查报告城市阅读指数排行榜榜首。2021年，"图书馆之城"被国家发改委作为"深圳经验"向全国推广。一直以来，深圳还被誉为"书店之都"，2022年，深圳深入推进"一区一书城，一街道一

书吧"战略布局，"全国新书首发中心"在深圳书城中心城揭牌，深圳书城湾区城正式开工。

"一区一书城，一街道一书吧"战略的提出

深圳勇当书业融合发展中的"探路者"，以大书城为主阵地、以小书吧为网络的空间布局，有效地构筑起覆盖读者家门口的"10分钟文化圈"。2018年7月，深圳市委市政府发布《深圳文化创新发展2020（实施方案）》力推"大书城小书吧"建设。在推动书城建设的同时，支持建设和经营适应区域环境的创意特色书吧，基本形成"一区一书城，一街道一书吧"格局。《深圳文化创新发展2020（实施方案）》中提出，到2020年将基本形成"一区一书城，一街道一书吧"格局，全市十区（新区）将建成10座书城、100个书吧，书城书吧将成为深圳人身边的"文化客厅"。

"一区一书城，一街道一书吧"战略部署，以书吧、书店为节点，建设更多新型阅读文化空间，稳步推进深圳第二图书馆建设。同时，通过擦亮深圳读书月、深圳书展两大阅读活动金字招牌，夯实智慧图书馆基础等多种方式，推动社会阅读蓬勃发展。迄今共建有7座超万平方米的大型书城、600多家公共图书馆和700余家其他各类实体书店，每年开展近万场公共文化活动，打造出深圳读书论坛、深圳书展、经典诗文朗诵会、年度十大好书、年度十大童书、温馨阅读不眠夜、深读书空间、赠书献爱心、"发展大局观"名家领读、深港澳中学生随笔大赛等知名品牌活动。读书、换书、赠书、走读、征文、辩论、演剧、讲座、朗诵等主题活动每年吸引超过1亿人次市民读者参与，充分实现文化惠民。如今，以大书城为主阵地、以小书吧为网络的空间布局，大大提升了深圳公共文化服务均等化水平，覆盖读者家门口的"10分钟文化圈"让阅读空间延伸到千家万户门口，让这座

城市真正实现了阅读无处不在。

简阅书吧的快速发展是"一区一书城，一街道一书吧"战略实施的基础，也是公共文化领域供给侧改革的创新尝试。从 2014 年起，深圳出版发行集团开始实践"一区一书城，一街一书吧"的战略部署。从第一家简阅书吧在龙华开业经过几年快速发展，书吧开进医院、社区、公园、产业园区、高校、景区、企事业单位、商业综合体、写字楼等，融入了大街小巷，融进了市民生活。

首家进入公立医院的宝安妇幼保健院简阅书吧里，实现边看书边等号，候诊读书两不误。首家进驻大学的深圳大学简阅书吧，属于时尚创意型的 3.0 版本，充满现代感、时尚感，"阅读 + 生活 + 创意"，业态最为丰富的一家。

首家入驻深圳具有 1730 余年历史的南头古城建筑群内的简阅书吧，古色古香，藏书 1 万册，以"城市共生 面向未来"为主题定位，为居民及游客提供文艺气息浓厚的阅读服务及文娱活动。

首家进入写字楼的香蜜湖简阅书吧，精选经典、畅销的经管类人文社科类书籍，同时设置休闲阅读、户外沙龙、茶艺等功能区，打造成融阅读休闲、文化艺术、办公会议为一体的公共文化服务平台，为白领营造良好书香环境。

简阅书吧的快速发展，与深圳加大公共文化服务、推动特区一体化的节奏是同步的，是公共文化领域供给侧改革的创新尝试，也是深圳出版发行集团携手各区各街道补齐公共文化服务"短板"的主动探索。书吧秉承"书店不仅仅有书"的理念，以个性化全方位的服务方式，承担着为市民群众提供公共文化服务的功能。

在书吧里，书依然是不变的主题，围绕书设计了好多生活服务，融合更多元素，满足更多需求，业态更丰富。一是"书吧＋图书馆"，引入图书馆借阅功能，实现"购书、借书、免费看书"三位一体的阅读服务；二是"书吧＋活动"，比如，2017年全年共提供580多场次公益性文化活动，将健康讲座、艺文策划、名家讲堂等带到市民身边；三是"书吧＋课堂"，引进四点半课堂等公益教程；四是"书吧＋展演"，举办书画展、电影展、话剧等，免费提供各类文化展演。不仅如此，书吧还提供文化资讯、便民服务等，成为市民的"第三空间"和社区文化生活中心。

书吧的推广得到了政府的大力支持和资助，基本上都是"免房租、免物业管理费、免水电费"。书吧既关注公益属性，当好提供城市公共文化服务平台的角色，也关注经营属性，探索新的产业模式，形成多层次的经济效益。从2014年迄今，书吧一直在发展中找寻着适合自身的发展路径，经历了从"主题书店""复合型阅读生活场所"到"以人文关怀为灵魂的社区文化生活空间"的蜕变。简阅书吧在经营思路、运营模式、把控成本等方面为新华书店成功转型，融合商业模式和公共文化服务提供了值得借鉴的经验。

深圳图书馆：阳光阅览区的读者

深圳图书馆：夜读者

　　越来越多的特色书吧在深圳大街小巷生根开花，"一区一书城"的规划也更好满足市民多层次的阅读需求。在深圳，有简阅书吧，深圳本土的民营书店也涌现出友谊书城这样叫响全国的优秀民营书店，同时也吸引了诚品书店、言几又、西西弗这样的品牌书店先后落地，为深圳的书店增添了亮点。还有尚书吧、我们书房、紫禁书院、覔书店、书啡生活、微微书吧等众多小书店，闪耀在城市各个角落。专业书店有建筑书店、自考书店和考试书店等众多"书空间"，让城市生活更富有层次和美感，也凝聚成一座城市前进路上生生不息的力量。由洪湖公园与深圳少年儿童图书馆联合打造的"荷·美空间"是一座开在公园内的书吧。自2021年7月底开放以来，已经成为周边居民学习、阅读的好去处。这里馆藏图书涵盖了绘本、青少年读物、人文社科、植物园艺等多个门类，可面向各年龄段读者。还为小朋友特别设置了亲子阅读区，这也为"生态＋生活"复合型公园的建设增加了一抹亮色，满足了多元化的民生需求。星罗棋布的书吧倡导"简单生活、自在阅读"，恰似城市中的"文化绿荫"，以其优雅的环境、丰富的功能、美好的气息，融入城市、融入生活、融入文化、融入未来，放缓了城市节奏，提升了文化质量，让人们的内心更加安静。

案例延伸

扶持实体书店发展的成效概览

在深圳市委市政府的鼎力支持下，深圳出版集团的努力使得在国内，没有城市像深圳这样，拥有数目如此之多、规模如此之大的书城文化综合体和社区书吧。"一区一书城，一街道一书吧"文化战略吸引了全国书店行业的目光。目前，北京、安徽、浙江、上海、江苏等多个省、市都出台了扶持实体书店发展的政策。特别是上海出台的《关于上海扶持实体书店发展的实施意见》，首次将实体书店发展纳入城市规划和发展的"顶层设计"，规定在城市建设中为实体书店预留经营场所，达到8万人的居住小区应预留不少于200平方米的书店面积。上海在2012年从新闻出版专项资金划拨1500万元支持出版物发行网点建设，其中500万元用于定向支持各类实体书店，尤其是形成专业定位和品牌影响的民营实体书店。杭州规定从2012年起，单独设立"民营书店专项扶持资金"，每年安排300万元重点扶持人文类和学术类的民营实体书店。上海从2018年开始规定所有扶持实体书店的资金全部用于民营书店。北京在2018年投入5000万财政资金扶持实体书店后计划2019年将扶持金额提高到10000万。

合肥市、县两级财政自2017年先后投入3亿多元，建成开放政府主导的城市阅读空间 110 个，在全国省会城市位居首位。这些散布在大街小巷里的城市阅读空间，让市民可以在这里借书、看书、买书，基本形成 15 分钟阅读圈。在功能上，城市阅读空间具备"4+X"功能，"4"即阅读、活动、展示（交易）、休闲等 4 个标配功能，"X"是指双创空间、市民小剧场、四点半学校、便民服务点等特色功能并通过设计具体落实到空间布局上。

第三节　启示与思考

阅读需求成为现代人的必需和生活方式。阅读是以吸取知识、信息、情感、社会价值为目的的生活方式，是人之所以为人、区别于其他动物生活的根本特征。古人说，非学无以广才。现在的移动互联网时代，除了书本，智能手机成了年轻人须臾不可离开的随身信息交流互动的阅读工具。阅读成为现代人除衣、食、住、行、劳外的另一种生活必需，即信息时代人类行为主要是衣、食、住、行、劳、信了。因此，可以说阅读为了生活，阅读就是生活。一个人如果一辈子不会阅读，就一辈子不会生活。阅读的过程，是把知识信息转化为生活本领的过程。由于现代生活节奏的加快、生活环境的复杂、社会选择的多样性，人们对知识、信息的依赖性更强了，一个人要在社会上生活、立足并有较高的社会地位，他需要通过广泛、开放、自由、多元、平等、充分地阅读获取知识信息来为自身思考、行为、交往的判断作依据，并为社会创造更多的精神和物质财富。

需要随时随地的阅读服务社会保障。既然阅读已成为现代人的一种生活必需和生活方式，社会就要想办法适应新形势满足这种需要。在这方面，深圳"一区一书城，一街道一书吧"以大书城为主阵地、以小书吧为网络的空间布局，大大提升了深圳公共文化服务均等化水平，覆盖读者家门口的"10分钟文化圈"让阅读空间延伸到千家万户门口，让这座城市真正实现了阅读无处不在。晋江市24小时城市书房也是这方面的一个典型案例。"书房+"的多样化服务，一方面，固本培元，加强全民阅读空间建设；另一方面，在充分运用阅读空间、阅读资源、阅读环境等有利条件，同时保障足够的时间便利性，让市民"零门槛"享阅读的创新服务。重塑"阅读+"定位，创新阅读模式，以新的阅读手段，以阅读空间的延伸强化阅读效力。这一成功模式首先得益于发挥了政府和市场统合作用，把政府的服务、管理作用与市场在资源配置中的决定性作用统合起来，既注重把握市场需求又善于发挥市场功能，引导市场力量，让城市阅读空间建设运营的取向更加精准、资源更加丰富、主体更加多元、动能更加强大。其次，这一成功模式得益于发挥了在事业和产业融合作用，保障城市阅读空间运营，基本公共服务与个性化服务并举，既输血又造血。

要破解阅读社会保障的不平衡不充分。现代社会，推进基本公共文化服务（包括保障阅读服务）均等化，是实现人人共享社会发展成果的必然选择。现实生活中存在地区、城乡、社群、阶层、年龄等的社会文化发展不均衡供给不足、共享不够的问题，都是发展不平衡、不充分的问题，都可以通过提高供给能力、提高共享水平、提高服务质量、营造阅读氛围、提高公众满意度等方式来提高均等化的水平。江苏省"全民阅读·春风行动"通过全民阅读过春节，书香年味两相宜。坚持以人民为中心，用书香营造节日氛围，让群众在新春的节日氛围中品尝丰盛的文化"盛宴"，用"春风行动"揭开春的序幕，借阅读活动送上春的祝福，切实增强广大人民群众的文化获得感和幸福感。"全民阅读·春风行动"是政府积极动员全民的热情和力量，重视农村公共阅读服务，补齐农村阅读服务短板，推动书香城市建设的实际行动。真正把"春风行动"吹到家家户户，让"全民阅读"蔚然成风。

促进图书馆和实体书店的发展。保障读者有阅读的安静场所，即发展各类公益的图书馆、文化馆、阅览室、书屋、实体书店、网吧、书房、阅报栏、书报刊显示屏等国民阅读场（处）所是阅读社会保障的重要内容和任务。《宪法》第二十二条规定，"国家发展为人民服务、为社会主义服务的文学艺术事业、新闻广播电视事业、出版发行事业、图书馆博物馆文化馆和其他文化事业，开展群众性的文化活动等"。第十九条规定，"国家发展各种教育设施，扫除文盲，对工人、农民、国家工作人员和其他劳动者进行政治、文化、科学、技术、业务的教育，鼓励自学成才"。政府和社会应在全面建成小康社会的基础上，顺应和满足国民阅读生活的新期待，加大投入，加强多功能阅读文化设施建设，创新阅读指导和服务方式，加强阅读推广人才队伍建设，形成科学规划、合理布局、覆盖城乡、便利实用、服务高效高质的公益性阅读设施服务体系，以保障社会的阅读场所，要优先优惠设立更多的书店、图书馆、农家书屋、企业书屋、社区书屋，还有家庭图书馆等，要使传统书店、图书馆、书屋等的单一功能不断转型升级，使之成为公众人人向往的多功能的"会客厅"和有品位有格调开展各类文化活动的社交聚会场所。深圳作为"全球全民阅读典范城市"，在推动全民阅读方面有着丰富的实践经验，前述"一区一书城，一街道一书吧"文化战略打造出先行示范的全民阅读"深圳样本"。一方面丰富以深圳读书月、深圳书展为突出代表的阅读文化菜单，另一方面完善以深圳书城、书吧为主要网点的全民阅读阵地，此外不断累积阅读研究学术资源，持续打造与"城市文明典范"战略定位相匹配的全民阅读推广体系。

　　构建现代公共文化服务体系、深化文化领域供给侧改革、便民惠民是重点考虑要素。这也是城市阅读空间建设运营的根本目的，也是检验实际成效的主要标尺。深圳市委市政府坚持理念先行，通过政策不断贯彻文化建设理念。简阅书吧模式进一步拓展了新华书店的功能，体现了深圳创新型城市的特点，符合中央关于把新华书店做实做强的发展理念和思路。同时，公益和商业都是文化实现服务功能的手段。在公益和商业结合方面，城市阅读空间运营把两者结合起来，既实现自我"输血"，又实现自我"造血"的有序循环。另外，湖南省永兴县自 2013 年以来在全县建设了 600多家免费休闲读书吧，每个区和学校都有一家。其中，公众读书吧还配有空调、电脑、笔墨纸砚、卫生间、读者留言板，尽可能满足读者像在家一样休闲学习的需求，让读者愿意来、坐得住、读得乐。如今，永兴人打麻将的少了，读书的多了；孩子们进网吧的少了，进书吧的多了；社会治安民调满意率由 5 年前的湖南省第 119 位上升到了第 17 位；经济社会排名全省第六。

　　必须对阅读困难群体进行阅读公益活动和救济。《宪法》第四十四条规定，"退休人员的生活受到国家和社会的保障"。第四十五条规定，公民"在年老、疾病或者丧失劳动能力的情况下，有从国家和社会获得物质帮助的权利""国家和社会帮助安排盲、聋、哑和其他有残疾公民的劳动、生活和教育"。第四十六条规定，"国家培养青年、少年、儿童在品德、智力、体质等方面全面发展"。

　　老弱病残幼等特殊人群在社会中处于弱势，对他们进行特殊的照顾和优待，体现文明社会应有的气度和对人格平等的尊重。政府和社会要通过立法改善阅读障碍者的阅读环境，完善阅读资源。图书馆应设立老年、残障人士阅读专区，扶持特殊人群学校中的阅读活动的开展，等等。在我国，所谓"特殊救济"，我们认为最重要的是培养儿童的阅读习惯和为老年人提供阅读的便利。我国已进入老龄化社会，如何保障老年人老有所为、老有所乐，这是个社会问题。据统计，我国现有 2.9 亿进城务工人员，有 6100 万农村留守儿童，8900 万各类残疾人（其中视障残疾人 1200 万人）。因此，对老年人、进城务工人员、留守儿童、残疾人开展"阅读救济"十分必要，任务艰巨。开展"我是你的眼"公益助盲行动，改善盲人阅读环境，让盲人阅读实现文化和信息交流无障碍，得益于全社会的关注和付出。从社会保障的视角，建立起残障人士阅读推广的长效机制，进一步推动残障阅读推广人培育计划，积极倡导社会整体资源联动，帮助残障人士在阅读中得到精神和心灵上的满足，让更多的残障人士通过阅读充实自己、提高自己，更好地融入社会，这是政府应尽之本分，企业社会之责任。

第九章

▼

不断引领阅读风尚

第一节　阅读的社会控制

美国社会学家帕克（Robert Ezra Park）和伯吉斯（Ernest Watson Burgess）认为，一切社会问题都是社会控制问题。人们的日常生活，社会的正常运行需要一定的社会秩序。为了保证社会运行的基本秩序，并尽可能使社会运行处于良性循环状态，每个社会都必须对其成员的行为有一定的约束和规范，这就需要一定的社会控制。

阅读的社会控制是借用社会学的"社会控制"概念来描述一种阅读的社会现象，指社会力量（包括政府、社会组织等）通过一定的（直接和间接的）方式和手段（包括强制和非强制）作用于人的社会阅读活动系统，使人的阅读活动系统自身规范化，如赋予阅读主体以阅读权能，保障阅读资源条件的供给，对海量的阅读文本的数量和质量等进行必要、适度的选择、优化、浓缩、规制并协调其内部运转，以维持社会阅读活动的正常进行和发展，适应当时的社会规范，使之为社会服务，从而维护整个社会活动秩序的过程。

由于社会阅读活动对个体的思想和行为具有特殊的影响作用，因此，阅读活动一直是开展社会控制的有效途径和手段；同时，对人们的阅读活动进行适度的社会控制，也一直是整个社会控制中的重要内容，只有对人们的阅读活动进行适度的规范和约束，才能使阅读社会活动系统内部维持一定的秩序，维持其正常运转和可持续发展，从而维护社会正常秩序，促进社会阅读活动的进步和发展。

现代阅读社会控制要遵循保障、效率、质量、公益、他人权益和法定等原则，不能权力任性和恣意妄为，不能过度。控制途径和手段多种多样，主要有宏观控制和微观控制，宏观控制如法律、意识形态、经济、科技等，微观控制如出版选择、编辑、发行、推荐书目、阅读指导、图书评论、图书宣传等。

阅读的社会控制与阅读自由是既对立又统一的，就像是一对孪生兄弟，相生相伴。适度对阅读的社会控制可使社会阅读更有保障、更有质量、更有效率、更可持续。在法律法规之外，读者的阅读自由是广泛而得到充分的保护的，阅读自由的保护也需要政府和社会的立法来实现。现代政府和社会应最大限度地切实保障国民的阅读自由，这不仅是国民的权利和义务，而且是言论和出版自由的基础。可以说，保障国民阅读自由就是保障社会文明的持续高扬和进步，就是保障国家和社会的创新创造活力。我们要找到阅读的社会控制和阅读自由两者的最佳结合点，确保社会和谐进步和个人自由的相得益彰。

第二节　阅读促进和规范社会向上向善

案例一："书香中国·北京阅读季"——筑建"六位一体"服务平台，联结社会力量，创变阅读价值

建设书香社会是一项长期任务，全国所有中心城市和不少市县每年都组织开展形式多样的阅读活动，涌现出了像"书香中国·北京阅读季""书香江苏""南国书香节""深圳读书月""书香天府""书香八闽"等具有鲜明特色和较强社会影响力的地方全民阅读活动品牌。自2011年启动以来，"书香中国·北京阅读季"已经从只有少数作家、学者、书评人参与的"精英聚会"，发展到社区、乡村、街道、企业、学校、部队等社会各界力量踊跃参加的"阅读盛典"；从自费组织十几家出版社推广阅读活动，发展到200多家出版机构主动提供免费活动资源；从都市报副刊发表几十字的阅读活动简讯，发展到50多家中央媒体开设专栏专版专题集中报道……书香社会建设在北京的实践充分体现了自上而下的行政力量在推动全民阅读工作常态化运行中所起到的重要作用。

由中共北京市委宣传部主办的"书香中国·北京阅读季"，自2011年启动以来，着力于培养阅读风气，引领阅读时尚，增强首都城市文化底蕴和品质，推进北京全国文化中心建设。北京市作为文化、政治中心，全民阅读工作一直处在领先地位，近年来紧紧依托"书香中国·北京阅读季"品牌优势，在打造"一个高效率组织机构、一个公共服务平台、一个立体式推广体系、一套科学评估办法"的全民阅读模式上可谓尽心尽力，形成了"党委领导、业界支持、社会参与、群众受益"的全民阅读推广体系。

注重顶层设计，安排部署详细周密

"书香中国·北京阅读季"由国家新闻出版署和北京市人民政府主办，成立书香中国·北京阅读季领导小组办公室，小组成员包括全市 20 余家成员单位和 16+1 区委宣传部、文化和旅游局等。多年来稳步形成了职能明确的阅读推广机构，打造了"六位一体"的综合性服务平台，包括公益活动平台、媒体平台、资源平台、引导平台、服务平台、新媒体平台，汇聚了北京乃至全国最优秀的阅读资源。

每届（年）"书香中国·北京阅读季"启动前，北京市委宣传部都要对阅读活动主题、具体指导方、实现的主要目标、如何实施等进行详细周密的部署，具体到每一项活动的时间、地点、内容、主办或承办单位等，既有常规项目，也有每年根据活动主题增减的特色项目。经过多年的发展，目前"书香中国·北京阅读季"方案设计已经形成了六大板块，分别以"启动篇""引导篇""体验篇""示范篇""展示篇"和"传递篇"命名，每个板块又分为若干项活动。如此周密的安排部署，有效地保障了北京全民阅读活动的开展。

注重战略规划，站位高远视野广阔

"书香中国·北京阅读季"在实践过程中，因地制宜，有针对性地进行发展规划，重点注意处理以下四种关系，从宏观层面有效推动了北京全民阅读与时俱进全面向纵深发展。

第一，高度和厚度。近年来，北京市的全民阅读发展规划在全国具有引领作用，即站在全国的高度、全球的意识来加以认识和规划，但同时更具北京特色，让人们通过阅读认识北京。同时又有一定的厚度，可以让其他城市去学习，从而真正起到引领作用。换句话说，如果通过阅读可以很好地认识北京，那么，其他城市也可以去挖掘各自的内容与特色，通过阅读认识各自所在的城市与乡村。

第二，国际和国内。北京的阅读发展规划，不仅面向国内，还面向国际，具有国际意识。北京作为国际化大都市，不仅有众多的市民时常往来于世界各地，还有众多的国际人士长期在北京生活与工作。北京的全民阅读，应该考虑那些国际化阅读视野与眼界的读者，也应重视那些生活在北京的国际人士的阅读需求。因此，北京需要了解全球的阅读情况，并借鉴其他国家的阅读推广与发展经验。

第三，经典与流行。阅读发展规划具有经典的阅读品牌。唯有经典，才可能有阅读的可持续发展，与此同时，重视推荐好的流行作品，或者说普及性的作品，去吸引更多的人特别是青年人。一座城市的阅读发展规划，应该更多地面向青少年读者，引导并吸引他们进入阅读世界至关重要。

第四，长期与短期。近年来，北京市的全民阅读发展规划既有长期的发展思路，但也意识到 5 年或 10 年规划，不代表确立终极发展目标，也就是不要幻想把所有的目标与计划都压缩在这 5 年或 10 年之内，要有所为有所不为。

注重品牌建设，深化传播力影响力

"书香中国·北京阅读季"注重加强标识系统元素的综合应用来展示品牌形象。标识系统是用户对品牌外在形象的认知和评价，它包括品牌名、商标图案、标志字、标准色等品牌设计的外观。"书香中国·北京阅读季"中的"书香中国"表明是国家级层面主办的阅读推广活动，"北京阅读季"表明是在北京市举办的一个长期性的活动；就商标图案而言，左侧一部分是篆书书写的"阅"字，体现活动的实质在于阅读，右侧部分有中英文书写的"北京阅读季"，中间数字表明届数，十分醒目；就标志字而言，商标中篆书书写的"阅"字特别大和醒目，显示中华民族具有悠久的阅读传统；就标准色而言，全部图案呈现红黑两种颜色，对比突出、简洁明快。这些标识系统元素的综合应用，直接展示了"书香中国·北京阅读季"的品牌形象。

2022 年第 12 届"书香中国·北京阅读季"标识

"书香中国·北京阅读季"注重加强品牌组合开展系列阅读活动。品牌组合战略就是用战略管理的视野和方法来管理和控制品牌组合。在品牌组合中包括主品牌、担保品牌、子品牌等，这些品牌之间通过建立强势品牌、配置品牌资产、协调、平衡和指导未来发展等五大原则来实现品牌组合的最优化。"书香中国·北京阅读季"活动中拥有许多各具特色的有影响力的活动，如"名家讲堂""书香北京系列评选""全城尚读""读书形象大使"等，这些子品牌、担保品牌与"书香中国·北京阅读季"主品牌共同构成北京阅读推广品牌体系，在强化阅读品牌的同时，不断推动北京全民阅读活动的开展。

"书香中国·北京阅读季"注重品牌传播。品牌传播是通过广告、公共关系、新闻报道、人际交往、产品或服务销售等传播手段，以最优化地提高品牌在目标受众心目中的认知度、美誉度、和谐度。"书香中国·北京阅读季"通过媒体宣传、活动仪式、体验阅读、形象大使等活动对品牌进行传播。设立专门的媒体工作小组，一方面和中央及市属各大电视、广播、报纸等平面媒体联手宣传；另一方面与新浪、腾讯、网易、今日头条等新媒体平台合作，通过"两微一端"立体推广；此外，通过在公交车厢、地铁沿线、户外广告栏等张贴海报、赠送画册、发放活动手册等进行全方位覆盖。全媒体宣传使得全民阅读深入人心，成为市民重要的文化活动之一。

"书香中国·北京阅读季"注重"形象大使"的人际传播。第一届活动开始就聘请了梁晓声、蒙曼、毕淑敏、苏士澍、周大新、周国平、白岩松、春妮、李杨薇、冯远征、徐则臣、俞敏洪等知名人士作为读书"形象大使"。随着时间发展，根据社会关注点的变化，每届活动均不断更新形象大使。他们与读者面对面交流，为阅读代言，吸引读者参与到阅读活动中来，对品牌传播起了重要作用。

注重社会力量，提升公共服务效能

"书香中国·北京阅读季"开展 14 年来，一直注重借助全社会力量推动全民阅读。政府引入社会力量参与全民阅读的本意，是为了借用其更加专业化的运营管理方式，以提升公共阅读服务的效能。政府"以空间换服务"，力求让阅读产业资源效能最大化，在确保公益性的前提下积极引入社会资金、资源、人才等，构建多元的北京居民阅读体系。

"书香中国·北京阅读季"主要融合了来自三方面的社会力量：一是阅读行业的力量，如出版社、图书馆、书店、阅读电商平台等；二是知识界的力量，如高校、科研院所、数字出版商、知识付费平台等；三是跨界融合的力量，如旅游、环保、金融等行业衍生出来的阅读类活动或产业。目前已拥有 30 多家市级成员单位，100 多家合作机构；联结超过 400 家公共阅读空间、300 位社会知名人士、300 家民间读书会；汇聚了 500 多家出版和文化单位、1000 多家社会机构、100 多家主流媒体和万余名专业阅读推广人，年均举办阅读活动 30000 多场次，覆盖和影响市民超过 2000 万人。

此外，"书香中国·北京阅读季"通过评选金牌阅读推广人，构建民众阅读生态。近年来，从群众和基层中评选优秀阅读人、"书香家庭""书香之家"，对北京的全民阅读发挥示范和带头作用。在一些金牌阅读推广人的影响下，一些社区成长为区域内卓有活力的全民阅读活动示范区域。当前，阅读推广人的队伍在不断地壮大、成长，北京阅读季以每年培育 2000 名阅读带头人的发展速度，充分利用文化志愿者的力量助推全民阅读。

针对残障人士，北京各区持续完善特殊人群阅读服务平台。西城区第一图书馆、海淀图书馆、朝阳图书馆专门设有盲人阅览室。中国盲文图书馆通州区支馆内设视障阅览室，专门服务于弱势群体。视觉障碍人士可语音控制电脑，通过"盲人数字图书馆"获得与普通读者一样的数字信息资源，还可免费收听有声读物、音乐欣赏、在线讲座等丰富多彩的特色资源。近年来，门头沟区图书馆联合首都图书馆与影院合作，为残疾读者带来无障碍影片，受到热烈欢迎。

案例延伸

"书香中国·北京阅读季"历届回顾

第一届（2011 年）

首届"北京阅读季"由中共北京市委宣传部、北京市新闻出版局联合主办。活动期间举办"悦读好书共享精品"大众有奖荐书活动、

"诵经典忆光辉历程，赞幸福迎红色华诞"红色经典诵读活动、纪念建党九十周年红色知识竞赛、"百姓读书大讲堂""读书益民杯"有奖征文活动、"悦·读"读书风景摄影作品展览等一系列群众性读书活动，推动全民阅读活动深入开展，为"三个北京"和"世界城市"建设营造良好的读书氛围。

第二届（2012 年）

以"弘扬北京精神共享全民阅读"为主题的第二届"北京阅读季"由北京市委宣传部、市新闻出版局（版权局）、首都出版发行联盟、市直机关工委、首都精神文明办、市教委、市科委等 17 家成员单位联合主办。第二届"北京阅读季"在北京市委市政府的支持下，聚合各类优势资源，充分调动起北京市全部文化单位及部分中央文化单位的力量。

第三届（2013 年）

第三届"北京阅读季"以"阅读精品 助飞中国梦"为主题，开展大学生读书节、少年读书节等，扩大全民阅读覆盖人群。同时，开展北京市"十大读书人物"评选、北京市"书香家庭"评选、北京市"阅读示范社区"评选等活动以及"悦读好书共享精品"大众有奖荐书等活动。

第四届（2014 年）

第四届"北京阅读季"首次升格为全国首家国家级品牌的全民阅读活动，定名为"书香中国·北京阅读季"，活动于 2014 年 4 月开始，贯穿全年。据统计，2014 年有 200 多家出版机构贡献活动资源，200多位各界专家学者、书评人为北京阅读季出谋划策。北京市 16 个区县也根据实际情况，探索形成独具特色的阅读推广品牌，如房山区的

"诵读大会"、西城区的"儿童阅读周"、朝阳区的"少年读书节"、通州区的"亲子阅读月"等。

第五届（2015年）

第五届"书香中国·北京阅读季"继续深入打造综合服务平台，形成由书店、图书馆等构成的全民阅读公益活动平台，由50多家媒体和网站参与的全民阅读媒体平台，由200余家出版和文化机构参与的全民阅读资源平台，由上百位阅读推广人支持的全民阅读引导平台，由网站、微信、微博等自媒体组成的全民阅读服务平台，由数字阅读机构、新媒体机构等组成的全民阅读新媒体平台。通过搭建综合服务平台，"北京阅读季"打造了"书香西城""品阅书香 名家面对面"等阅读推广品牌，为营造"书香中国"提供了可复制推广的范本。本届北京阅读季阅读盛典上，还表彰了书香北京系列评选中获选的十大阅读示范社区、十大书香家庭和十大金牌阅读推广人，带动起群众参与阅读活动的热情。

第六届（2016年）

以"联结＋创变"为主题的第六届"北京阅读季"创新推出了"阅读＋我"行动计划，充分发动全民阅读中"我"的参与积极性，倡导个人和社会组织从"我"做起。北京16区开展各类阅读活动两万余场、受众1000万以上。"北京阅读季"已形成"六位一体"公共服务平台，联结了300余位著名作家、学者、出版家等多元阅读推广力量参与全民阅读活动。在第六届"书香中国·北京阅读季"盛典上，揭晓了2016年的"书香北京"系列评选结果，产生了北京十大阅读示范社区、十大书香家庭及十大金牌阅读推广人。

第七届（2017 年）

第七届"书香中国·北京阅读季"自 4 月 23 日世界读书日启动以来，以"联结社会力量，创变阅读价值"为主线，按照春夏秋冬四季呈现的模式，依次围绕创新、关爱、唯美、传承四个主题，不间断地推出 3 万场各类富有特色的阅读活动，影响人数超过 1000 万，居民人均纸书阅读量达 10.97 本，让京城始终充满着书香气息。

第八届（2018 年）

第八届"书香中国·北京阅读季"阅读盛典围绕庆祝改革开放 40 周年的主题，把北京全民阅读规划为"春诵水、夏阅山、秋览城、冬读人"四季阅读主题，并创新推出了"阅读马拉松""大运河阅读行动""扶贫扶智阅读计划"等各具特色的阅读活动，年度推广阅读活动 3 万余场。在阅读盛典上，为 10 个北京阅读示范社区、10 个书香家庭、10 名金牌阅读推广人、8 家"最北京"实体书店、16 家年度全民阅读优秀组织机构、10 家年度全民阅读优秀推广机构、40 家年度全民阅读优秀合作机构、17 家年度全民阅读优秀新闻传媒推广机构，以及"聚焦阅读"摄影大赛获奖作品颁发了相关奖项。此外，还发布了《2017—2018 年度北京市全民阅读综合评估报告》。

第九届（2019 年）

2019 年，北京全民阅读工作以"书香中国·北京阅读季"为重要抓手，以"壮丽 70 年，颂读新时代"为主题，创新推出了书香中国·北京阅读季启动式暨全城尚读系列活动、北京阅读马拉松、北京儿童阅读周、"一带一路"主题阅读等各具特色的活动。本届北京阅读季举办各类阅读活动 3 万余场。在阅读盛典上举行的北京全民阅读总结提升大会上，颁出了北京阅读季2019年度"阅读示范社区""书香家庭""金牌阅读推广人"等奖牌，此外，还同期举办了北京全民阅读成就展、"阅读+"对话活动和"阅一条街，读一座城"主题活动。

第十届（2020年）

第十届"书香中国·北京阅读季"紧紧围绕全面建成小康社会、决战决胜脱贫攻坚这条主线，抓住"典型活动、典型人物、典型场所、典型宣传"4个关键环节，在"精品精准""融合贯通""广泛深入"上下功夫，从阅读活动组织、基础设施建设、社会力量发动和典型示范带动等方面进行了积极有益的探索。全年举办各类阅读活动3万余场，影响和覆盖人群达2000万人次以上；实体书店同比增加611家，增幅47%，提前实现每万人拥有0.8个书店目标。

第十一届（2021年）

第十一届"书香中国·北京阅读季"按照疫情防控常态化工作要求，紧紧围绕庆祝中国共产党成立100周年这一主线，结合党史学习教育，以"颂读百年路 展阅新征程"为主题，加大阅读内容引领、优化阅读资源配置、引导社会力量参与、加强阅读推广示范、提升数字阅读水平、提高品牌活动影响，全市全年共统筹举办各类阅读活动3万余场，影响和覆盖人群达2000万人次以上。据中国新闻出版研究院发布的北京市居民阅读调查成果显示，北京市居民阅读总指数、成年居民综合阅读率、未成年人阅读率、数字阅读接触率四大指标均得到稳步提升。

第十二届（2022 年）

第十二届"书香中国·北京阅读季"通过"线上＋线下"的方式，在全市组织开展读书节、读书周、读书月等系列活动，重点推出"最美读书声""阅读中轴"等主题活动，全年联动全市近 800 家实体书店和特色阅读空间，覆盖线上近 30 家数字阅读平台，举办各类阅读活动 3 万余场。本届北京阅读季通过书香京城系列评选活动，培育挖掘文化名家、社会名人等"金牌阅读推广人"，发挥"书香家庭""书香社区"等典型带动作用，以点带面、以评促建，全面提升阅读感召力和群众参与度。

第十三届（2023 年）

第十三届"书香中国·北京阅读季"由北京市委宣传部主办，本届北京阅读季共举办各类阅读活动 3 万多场，影响和覆盖人群 2000 万余人次。共有 70 多家单位及个人作为 2023 年"北京阅读榜样"被评选为 2023 年度"书香机关""书香企业""书香社区""金牌阅读推广人"等。

案例二：江苏省全民阅读立法——开启地方全民阅读立法工作之先，有力促进政府履行公共职能

《江苏省人民代表大会常务委员会关于促进全民阅读的决定》（以下简称《决定》）于 2015 年 1 月 1 日正式实施。这是我国首部促进全民阅读的省级地方性法规。江苏全民阅读立法立足江苏经济社会发展、文化发展、公共文化服务和基层群众阅读需要的实际，在制度设计上紧紧围绕全民阅读工

作重点和重要环节，体现了全民阅读立足基层群众和公共文化服务等特点，具有很强的针对性、创新性。同时，《决定》又具有很强的可操作性，如《决定》第二条中规定的"三个纳入"，第十六条规定的应当制定"书香江苏建设"指标体系等，既明确了政府的职责，又明确了落实的手段、措施等。

江苏省全民阅读立法过程

《决定》被列为 2014 年江苏省人大立法正式项目后，江苏省人大教科文卫委员会会同江苏省新闻出版局进行了《决定（草案）》的起草工作。期间先后赴苏北、苏中、苏南五个地市开展调研，听取部分江苏省人大代表、政府及相关部门负责人、学校校长和教师、图书馆馆长、教育专家、阅读志愿者、书店负责人等近百人的意见和建议，并实地考察了 50 多家阅读场所，召开专题座谈会 10 多次。其间，江苏省人大常委会召开由江苏省财政厅、教育厅、司法厅、住建厅等 14 个厅局相关负责人参加的座谈会，直接听取意见，并征求了江苏省 13 个辖市人大常委会分管负责人意见。2014年 8 月 8 日，工作组专程赴北京就《决定（草案）》听取国家新闻出版广电总局有关领导、专家的意见。2014 年 9 月 22 日，江苏省十二届人大常委会第十二次会议对《决定（草案）》进行了初次审议。常委会组成人员认为"《决定（草案）》定位准确，结构合理，内容契合江苏省实际，具有一定的前瞻性和可操作性"。同时，也对《决定（草案）》提出了一些修改意见和建议。

《决定（草案）》初次审议后，江苏省法工委书面征求了部分省人大代表、立法咨询专家的意见，在江苏人大网上全文公布草案征求社会意见，会同江苏省人大教科文卫委、省新闻出版局到镇江、淮安等地进行调研，召开全民阅读专家论证会听取意见。草案修改稿形成后，召开了江苏省有关部门参加的座谈会，再次征求意见。2014 年 11 月 27 日，省十二届人大常委会第十三次会议审议通过《决定》。

江苏省全民阅读立法的特点

作为我国第一部系统、全面规范促进阅读的地方性法规，《决定》有不少创新之处和突出特点。《决定》共十九条，从全民阅读政府职责、社会力量参与、阅读服务场所建设、未成年人阅读促进等多个方面作出了具体规定。《决定》在起草过程中重点把握了国家政策与江苏实际、重点规范与鼓励倡导、定性表述与定量要求、成熟采用与逐步完善的关系。

具体而言，《决定》体现了五个特点。一是方向性，明确了全民阅读的价值导向和基本原则。《决定》开宗明义，明确作出决定是为了促进全民阅读，培养公民自觉阅读的习惯，提高公民的思想道德修养和科学文化素质，推进"书香江苏"建设。促进全民阅读，应当培育和践行社会主义核心价值观，继承和发展中华优秀传统文化，传播有益于社会文明进步的科学文化知识，并遵循政府引导、全民参与、公益普惠、平等便利的原则。二是约束性，明确了政府在全民阅读中的责任担当。《决定》明确县级以上地方人民政府应当将促进全民阅读纳入国民经济和社会发展规划，其公共设施建设纳入城乡建设规划，工作经费纳入本级财政预算；将促进全民阅读工作作为江苏基本实现现代化指标体系考核、社会主义精神文明建设和现代公共文化服务体系建设的内容，让政府促进全民阅读的工作职责更清晰。三是主体性，把满足人民群众阅读需求、激发人民群众阅读热情作为根本。《决定》中有关"公共阅读设施建设""举办江苏书展"等举措，都是为了更好满足公民阅读需求，有力保障公民阅读权利的实现。四是创新性，把全省各地各部门的成熟做法上升为法规。《决定》起草充分总结吸收了江苏省各地开展全民阅读活动的经验，如江苏率先将居民阅读率纳入现代化指标体系，率先建立全民阅读工作运行机制等行之有效的做法都被写入了《决定》。五是倡导性，充分调动社会各界参与全民阅读的积极性。《决定》中有关"鼓励、支持成立全民阅读公益基金会，依法接受公民、法人或者其他组织捐赠"等举措，有助于充分调动社会各界参与全民阅读的积极性。

江苏省全民阅读立法的经验启示

江苏省将地方成熟做法上升到法律层面，在全国率先颁布首部全民阅读地方性法规。这既是全国全民阅读事业蓬勃发展的缩影，也是我国文化法治创新发展的体现。《决定》实施以来，行政推动力度得到显著提升，阅读活动格次显著提升，标准化建设水平得到显著提升，组织健全程度得到显著提升。作为全民阅读立法的探路者之一，江苏省在阅读立法、普法、用法、执法方面积累了有益经验。

一是着眼科学立法，汇聚各方智力资源。科学性原则是法律创制过程中摆在首位的基本原则。推进全民阅读立法，首先必须建立在科学的基础之上。在《决定（草案）》起草过程中，江苏省立足经济社会发展实际和全民阅读工作实践，集聚省人大科教文卫委、省人大法工委、省委宣传部、省新闻出版广电局、省政府法制办、省社科院、南京大学、南京师范大学、南京图书馆等各界专家学者，组建了政界、学界、业界有机统一的立法调研团队。《决定（草案）》征求意见阶段，江苏省通过座谈研讨、专家咨询、问卷调查、网络调查等方式，全方位征询社会各界意见建议，进而作出修改完善、形成《决定》文本，最大限度追求立法的科学性、针对性、有效性和可操作性。

二是着眼全面普法，凝聚社会各界共识。让社会各界对《决定》产生认同感、信任感，是依法促进全民阅读的根本所在。在《决定》颁布以后，江苏省通过媒体报道、公益广告、宣传海报、专家解读等方式，宣传阐释《决定》在规范公共部门阅读推广职责、保障人民群众基本阅读权益方面的基本导向，努力使人们发自内心地认可《决定》、信任《决定》，使公共部门自觉将法律规定内化为责任担当，为依法促进全民阅读奠定思想基础。

三是着眼有效用法，细化依法推进举措。推动《决定》落地生根、发挥《决定》法律效力，前提是法定一系列务实的举措。在全民阅读立法过程中，江苏省以法律形式明确了一系列切实可行、行之有效的政策措施，特别是明确规定各级政府将全民阅读纳入一系列关系全局和长远的政策文件，开展一系列带动力强、影响力大的阅读品牌活动，实施一系列惠民生、解民忧的阅读关爱举措，使各级政府依法促进全民阅读能够有据可依、有的放矢，使人民群众在法治过程中有参与感和获得感，有效提高了《决定》的权威性和认可度。

四是着眼严格执法，加强法治监督检查。为保证《决定》贯彻有力、落实到位，江苏省通过人大执法检查和政府行政督查相结合的方式，依法督促相关职能部门和各级政府履行法定职责、落实行政执法责任制，依法充分发挥出版界、图书馆界、媒体和社会各界力量的协同作用，对社会各界依法促进全民阅读进行监督检查，特别是发挥江苏省人大常委会专项督查的推动作用，通过对专项工作进行专项评估、对地方政府进行工作质询，提高地方政府贯彻落实《决定》的自觉性和执行力。

案例延伸

江苏省全民阅读立法为国家和各地立法提供了有益借鉴

法律是社会控制的最有力工具，它规定了人的权利和义务，是一整套需要强制执行的社会行为规范。读者拥有的阅读权利是多方面的，包括利用图书资源和阅读空间的权利，参与组织阅读的权利，开展创作和创造的权利，创作和创造的成果受到保护和推广的权利等。阅读立法的目的不在约束读者，而在约束政府。法律的社会控制主要表现为明确和规范了政府在全民阅读推广中的作用和行为，保障读者的阅读权利；维护读物的生产传播秩序；保护出版者、著作者权利，促进社会阅读活动的可持续发展；管理读物内容的生产流通，保护未成年人的健康成长。

阅读作为人类特有的社会活动，为了维持阅读活动有序进行，人类很早就运用法律手段对其实行社会控制。如我国古代战国时期秦国秦孝公实行严刑峻法，对文化思想领域实行禁锢，开辟禁毁文化典籍实行统治的先河。欧洲1501年罗马教皇亚历山大六世下令大规模禁书并推行书籍审查制度。近年来，世界各国为了保障国民的阅读权利，推广、深耕阅读，在阅读方面都进行了专门的立法。如美国1998年通过的《阅读卓越法》、日本2001年实施的《关于推进中小学读书活动法》、韩国2006年通过的《读书文化振兴法》、西班牙2007年颁布的《阅读、图书和图书馆法》以及墨西哥2008年发布的《促进阅读和图书法》。

党的十八大以来，我国全民阅读立法工作进展加快。与此同时，各省、市、地区全民阅读活动领导小组也在积极酝酿推进地方阅读立法工作，有的走在了国家立法之前。《中华人民共和国公共文化服务保障法》于 2017 年 3 月 1 日起颁布实施，全民阅读被纳入其中。同年，国务院法制办审议并原则通过了《全民阅读促进条例（草案）》；《中华人民共和国公共图书馆法》也于 2018 年 1 月 1 日起颁布施行。目前，黑龙江省、吉林省、辽宁省、江苏省、河南省、湖北省、广东省、四川省、贵州省、宁夏回族自治区以及宁波市、深圳市、烟台市、常州市等地全民阅读法规和政府规章陆续出台，将地方实践经验上升为法律内容，以地方性法规的形式确保全民阅读活动能够常态化、规模化和持续性开展。其中江苏省在国内首开先河，对于各地加快全民阅读立法提供了有益借鉴，具有引领和示范作用。

案例三："中国好书"评选活动——好书推介传递正能量，推动和引导全民阅读

书目推荐是着眼于阅读主体路径的一种社会控制手段。推荐的书目作为读者的顾问和向导，有突出明确的教育性，体现的时代社会特征和编目机构的思想是构成推荐书目教育性的主要因素。推荐书目出现的根源在于阅读需求的不断分化以及大批量文献的产生与传播。面对汗牛充栋的文献，任何人都不可能穷尽所有，特别是在当今信息时代，更需要推荐书目。再者，随着社会各种读书活动的蓬勃开展，推荐书目成为开展读者阅读推广与宣传活动的工具。因此，推荐书目是阅读社会控制的重要途径和手段。

开展阅读推广活动，需要编制推荐书目。传播经典文化，需要编制经典书目，倡导经典阅读；对于社会热点和百姓关心的话题，需要实时编制畅销书目，倡导大众阅读；对于专业领域的研究，需要编制相应的专题书

目，开展专题文献推介，引导专业阅读。总之，针对不同人群编制书目，针对不同读者需要去推荐书目，对传承历史文明、提高国民素质都有着潜移默化的不可估量的影响。

"中国好书"是由中国图书评论学会主办的图书评选推荐活动，以"为好书找读者，为读者找好书"为宗旨，旨在通过好书推介传递正能量，推动和引导全民阅读。自2014年4月起，该机构每月发布"中国好书"榜，介绍推荐新近出版的优秀图书，并在每年"4·23世界读书日"发布"中国好书"年榜，推荐上一年度的优秀图书。入围图书的内容、作者、装帧设计等呈现了高水平、高质量的特点，使得"中国好书"榜在出版人和读者心中树立起较好的口碑，成为优质推荐书目的代表，也是体现中国文化原创能力的重要标志。社会对其认可度、好评度逐年提升，每年举行的"中国好书"颁奖盛典也成为出版界、文化界的一大盛事。

中国图书评论学会是我国权威的图书评测机构。为保证推荐图书的权威公正，中国图书评论学会每月根据内容质量、专家举荐、社会影响力、发行量等要素建立档案，形成覆盖面广泛的新书"基础书目"。书目主要来源有：全国各出版社申报的精品畅销新书，全国重点实体书店和重要电商销售排行榜上榜图书，中文图书市场零售数据权威监测机构发布的畅销图书排行榜上榜图书，全国主要媒体发布的好书排行榜入榜图书及重点推荐的优秀图书，知名书评人推荐的优秀图书等。新书基础书目确定后，学会邀请各领域专家学者组成复合型评选论证会专家队伍，经过初评、复评、终审三个环节，按人文社会科学类、文学艺术类、科普生活类、少儿类、翻译类等学科领域平衡比较，最终每月评选出入围图书，力争实现优中选优。作为国字号荐书平台，"中国好书"把握评选主题、基调，避免通病，拒绝模式化、跟风扎堆、拼凑之作，要求内容真实、表达朴实；避免生硬说教、过度拔高；要求聚焦主题主线，紧跟时代步伐，推荐立足新时代，满怀自豪，展现历史跨越、标志性成果，反映人民精神气质、勇气、品格，向青少年传达正能量的作品。

经过近 10 年的发展，"中国好书"已成为全民阅读领域的重要品牌，目前年榜已推出 286 种图书，每月各出版单位推荐图书千余种，170 余家出版社活跃在推荐活动中。《中国出版传媒商报》曾对 2014—2022 届"中国好书"入选图书进行分析报道。近年来，入选"中国好书"的图书更多聚焦弘扬主旋律、传播正能量，同时具有较高艺术水准，更适合当下中国读者的阅读趣味。在 286 种图书中，入选文学艺术类共 78 种，比重最大，为 30%；人文社科类位居第二，共 63 种，占比为 24.1%；第三是主题出版，共 44 种，占比为 16.9%；少儿类共 30 种，占比为 12%；科普生活类共 26 种，占比为 10%；年度荣誉图书共 18 种，占比为 7%。相比其他品类，文学艺术类图书一直拥有更广泛的受众市场。文艺类下属的文学、艺术、传记三个细分类均呈正向增长，带动文艺类比重扩大，体裁涉及报告文学、长篇小说、人物传记、网络文学等，作品主题更倾向于关注现实社会与传播传统文化。值得一提的是，每年的"年度荣誉图书"，大多为党和国家领导人的著作或中宣部、中共党史研究室等编写的其他重要图书。从入选图书数量来看，商务印书馆、人民文学出版社、中信出版社以 11 种并列首位；人民出版社有 10 种入选图书，位列第二；中华书局、北京十月文艺出版社凭借 9 种位列第三；生活·读书·新知三联书店、花城出版社各有 8 种，列第四位；作家出版社、北京大学出版社、江苏凤凰文艺出版社均以 7 种紧随其后。

以"中国好书"为代表的图书评论和推荐工作在全民阅读中发挥着重要作用。获得"中国好书"荣誉，既是出版社贯彻落实双效统一的具体表现，也是其专注精品战略、高质量出版的绝佳证明。在中宣部印发的《图书出版单位社会效益评价考核试行办法》中，出版单位入选年度"中国好书"是"文化和社会影响"考核指标中的一项重要加分标准，每入选1种可计2分。据调查，很多出版单位将"中国好书"视为与"五个一工程"奖、中国出版政府奖、中华优秀出版物奖同等重要的图书荣誉。有些出版单位将获得"中国好书"作为编辑的考核奖励标准之一，例如湖北长江出版传媒集团还针对"中国好书"入选图书给予专项资金奖励，一些入选图书作者的名头称谓也变为"中国好书奖得主"。同时，"中国好书"入选作品在良好社会效益的带动下，也取得了较好的经济效益，其影响力和权威性得到显现，已成为中国出版业的好书"风向标"。

案例四：中国图书馆学会阅读推广人培育行动——科学培育人才，推动全民阅读事业持续快速发展

阅读推广人，是特定阅读推广项目的策划者、组织者、实施者和管理者。阅读推广人的专业技能和素养对于阅读推广工作的开展效果具有决定性作用。优秀的阅读推广人通过专业化、个性化、具体化的阅读指导，能够帮助读者提高阅读修养，确立良好的阅读观，掌握科学的阅读方法和社会阅读规范，从而把个体的阅读行为从社会要求变为主题的自觉行为，提高阅读的社会效益。因此，加快培育一批专业、优秀的阅读推广人，能够促进全民阅读事业持续向好发展。

国内阅读推广人培训实践工作随着阅读推广人概念同步兴起。深圳是国内首个由政府牵头组织阅读推广专业化培训的地方，实践时间长，政策较完善。张家港、镇江和上海等地也都开展了阅读推广人培训工作。此外，国内还有社会机构、私立图书馆、绘本馆等机构从事与阅读推广人培训相似的工作。我国港台地区及国外对于阅读推广人有不同的称谓或培养方式，

但是对于人才培育都非常重视，无论是读者咨询员还是项目阅读大使或协调员，在阅读推广中都发挥着重要的作用。

我国图书馆界"阅读推广人"培育行动，是中国图书馆学会在长期从事阅读推广工作经验积累的基础上孕育而成的。2014 年 12 月，中国图书馆学会在常熟图书馆召开的全民阅读推广峰会上正式启动阅读推广人培育行动。2015 年，阅读推广人培训配套教材编写工作启动，并于年内正式出版《阅读推广人系列教材》首辑 6 种。阅读推广人培训课程分为基础级、提高级和研究级三个级别，分儿童阅读、经典阅读、时尚阅读、数字阅读四个方向。学员需逐级培训，逐步从基础实践向理论研究晋升。参加培训的学员在特定的时间内要完成课程、报告、实习、考核等多个环节的内容。2015 年 11 月，在黑龙江省举办的"少儿阅读推广人"培育行动（基础级）培训是阅读推广人培育行动第一期培训班。

截至 2024 年，中国图书馆学会阅读推广人培育行动已举办 19 期，共有 4750 余名"阅读推广人"参加培训，配套出版系列教材 30 余种，取得了很好的社会反响。该项目由文化和旅游部推荐参加国家新闻出版署组织开展的全民阅读优秀项目评选，荣获 2019 年全民阅读优秀项目，其中有许多宝贵实践创新经验值得学习和借鉴。

以立项研究的方式奠定理论基础

阅读推广人专业化培训强调培训的专业性，单纯依靠实践并不能满足培训的需求，甚至会走弯路，影响培训质量。2014 年，中国图书馆学会设立"建立图书馆阅读推广人机制研究"项目。通过项目形式，理论研究先行，调研分析需求，研究制定培训策略和步骤，阅读推广人培训的内容、课程体系等雏形初现。

组织机构建设为项目进展提供保障

阅读推广人专业化培训课程体系庞杂，涉及多学科、多专业，需要专业人员进行系统规划。中国图书馆学会在项目成果基础上，由中国图书馆学会及下属阅读推广委员会牵头，根据项目需求，邀请具备专业知识和培训经验的专家组成阅读推广人培育行动组委会。组委会注重项目整体规划，从顶层设计项目管理体系和课程体系。项目管理体系的制定能够优化项目流程，推动项目进展。

课程体系设定合理细化，让培训更有针对性

组织专家对课程体系进行设定。课程分级分类着重考虑需求，划分出热点、重点专题方向6个，包括基础工作、基础理论、经典阅读、儿童阅读、时尚阅读、数字阅读等，后续还将根据需求增加专题方向。在划分专题方向的基础上，划分级别，从基础级到提高级，层级进深，专业水平逐步提高，适应不同的阅读推广需求。由于阅读推广形式的多样性和内容的丰富性，每个专题每级的课程不仅局限于图书、情报学专业，还吸收跨专业跨系统内容，如文学、语言学、心理学、艺术学、管理学、编辑出版学、营销学等专业的基础知识。为满足学员需求，课程固定设置与学员选课相结合，按照学员选课结果进行培训。

出版教材，做好培训课程内容准备

组织专家编写教材，并在编写教材的过程中，进行课程体系的再探讨。教材浓缩培训内容精华，能够为培训提供基础，也是学员自学和课外拓展学习的指导手册。教材随课程体系的完善不断丰富，形成了培训的理论成

果。目前已出版了六辑共 35 种。

利用信息化平台进行培训，增强信息沟通

利用信息化平台开展培训管理工作，通过平台进行报名、报到、选课、考勤、考试、在线学习等，将培训流程信息化、合理化，增加学员和教师参与培训管理的机会和方式。提供学员与教师的沟通渠道，将留言与反馈、考试与评定结合，提高个性化服务能力。微信等新媒体应用，为学员提供报名参加培训，获取学习信息的便捷途径。

建立阅读推广人档案，实现阅读推广人力资源管理

建立阅读推广人档案，设立阅读推广人查询系统，让学员、单位及社会可以通过系统查询到阅读推广人才资源的基本情况，通过阅读推广人查询功能，实现线上线下阅读推广人力资源同步管理。为阅读推广人服务单位、服务社会、服务全民阅读提供人力资源推荐，促进阅读推广人学习成果转化，拓展服务社会的范围。

中国图书馆学会"阅读推广人"培育行动网址： https://www.lsc.org.cn/cns/categoryList?id=1198&siteGroup=1

案例延伸

《阅读推广人系列教材》书目

第一辑

《图书馆阅读推广基础工作》

《图书馆阅读推广基础理论》

《图书馆经典阅读推广》

《图书馆儿童阅读推广》

《图书馆时尚阅读推广》

《图书馆数字阅读推广》

第二辑

《图书馆家庭阅读推广》

《图书馆绘本阅读推广》

《图书评论与阅读推广》

《大学图书馆阅读推广》

《图书馆讲坛工作》

《中国阅读的历史与传统》

第三辑

《高校图书馆阅读推广理论与方法》

《阅读政策与图书馆阅读推广》

《社区与乡村阅读推广》

《读书会运营与阅读推广》

《地方文献与阅读推广》

《图书馆科普阅读推广》

第四辑

《中国图书馆的历史与发展》

《阅读与心理健康》

《真人图书馆与阅读推广》

《通识教育与阅读推广》

《中小学图书馆建设与阅读推广》

《全民阅读示范基地建设》

第五辑

《国外图书馆阅读推广》

《读书方法与图书馆阅读推广》

《中国书院与阅读推广》

《中国藏书的历史与传统》

《志愿者与图书馆阅读推广》

《图书馆空间设计与阅读推广》

第六辑

《推荐书目与阅读推广》

《传统文化与阅读推广》

《小学生阅读推广》

《中学生阅读推广》

《阅读的力量——读者访谈录》

第三节　启示与思考

阅读活动是人类文明传承传播的非常通道，是现代人生存和发展的重要手段。任何时代和社会都要推动和倡导阅读朝一定的方向和维度发展进步，这是社会的目的。通过国家制度、舆论、核心价值观等的规范作用，人们确立共同的社会阅读目标和共同的阅读行为准则，产生阅读思想和行为，从而实现阅读社会活动的进步。在我国"全民阅读"活动中，由于积极倡导社会主义核心价值观，广泛宣传优秀书刊，有意识地组织各种形式的读书活动，使读者自觉或不自觉地受其影响从而形成一种良好的社会阅读风气并逐步向学习型社会转变。

阅读的社会推广活动就是借助一种强大的外部力量，形成一种潜在的团体和社会吸引力，使读者产生从众等心理，自觉或不自觉地受其影响而去追寻向上向善的价值阅读。"书香中国·北京阅读季"作为地方行政管理部门组织开展的全民阅读活动，借助行政力量有效保障了全民阅读活动顺利有效展开。近年来，通过强化顶层设计、科学制定规划、创新品牌推广、整合社会力量，筑建起了"六位一体"的全民阅读公共服务平台：由书店、图书馆、益民书屋、大中小学校、市直机关、各类企业和社区文化中心等构成的全民阅读公益活动平台；由50多家媒体和网站参与的全民阅读媒体平台；由200余家出版和文化机构参与的全民阅读资源平台；由上百位阅读推广人和资深书评人引领的全民阅读引导平台；"北京阅读季"官网、微信、微博、短视频号、活动手册等自媒体组成的全民阅读服务平台；由数字阅读机构、阅读类新媒体机构、知名阅读推广人等微信公众号、APP组成的全民阅读新媒体平台。借助行政的力量，"书香中国·北京阅读季"建立并完善起行业对接机制，打通阅读与出版、旅游、文物、教育、环保、科技等众多行业资源渠道，实现了内容最优化、效益最大化的全民阅读发展新格局。

通过阅读法治，保障社会成员阅读权益，使阅读为促进和规范社会发展发挥最大效能，同时维护社会阅读自身秩序。江苏省全民阅读立法作为我国首部促进全民阅读的省级地方性法规，对保障读者阅读权利、促进社会阅读活动可持续发展提供了难得的历史机遇和有利条件。通过总结江苏省全民阅读立法的经验，并以此为参考分析近年来地方全民阅读法规的内容特点，可以进一步明确各级政府及相关立法部门在促进全民阅读工作中应承担的主体责任和义务，主要包括：建立全民阅读工作协调机制，统筹指导全民阅读；制定全民阅读发展规划和实施方案，拟定全民阅读公共服务基本标准；完善全民阅读基础设施建设，健全城乡全民阅读公共服务体系；加强数字阅读服务平台建设；组织开展多元化阅读活动，打造全民阅读品牌；净化阅读环境，推荐优秀出版物；组建全民阅读推广人队伍；保障重点群体和重点区域的基本阅读需求；建立全民阅读评价监督和激励制度；落实处罚责任。在社会参与方面，全民阅读地方性法规都对社会参与的多元主体和形式进行了明确具体的规定，通过法律手段（包括立法、普法、用法、执法）整合全社会资源以共同推进全民阅读广泛深入开展。

通过评选好书，弘扬正能量，引导社会成员有效阅读、精品阅读。旨在为好书寻找读者，为读者发现好书的"中国好书"评选活动，在大力推动全民阅读，建设书香社会的进程中，对形塑社会文明风尚，营造阅读氛围具有引导作用。"中国好书"评选标准注重图书的思想深度和文化传承，将作品的社会效益放在首位。通过对获奖作品的分析发现，获奖作品是对社会历史和时代进程中政治、经济、文化等重要变迁的记录，通过以小见大的叙事方式将民族记忆、历史风云、中华文明浓缩于精美的图片和有趣的故事中，为读者架起一座座与时代相通的精神桥梁。此举在线上线下有海量读物，社会普遍存在所谓"泛阅读""浅阅读"的今天，对引导读者有效阅读、精品阅读具有重要意义。

通过专业化、个性化、具体化的阅读推广、阅读指导，提高阅读的社会效益，能够帮助读者确立良好的阅读观，增强阅读修养，掌握科学的阅读方法和社会阅读规范，从而把个体的阅读行为从社会要求变为主体的自觉行为。阅读推广工作是我国全民阅读事业发展的基础，"阅读推广人"培育行动是中国图书馆学会在长期从事阅读推广工作和阅读专业指导体系建设的基础上孕育而成的，通过对阅读主体的认识和行为产生作用，从而对社会阅读活动进行积极促进和管理。培育行动邀请图书馆界、出版界、教育界专家学者成立专家委员会，搭建科学培育体系，出版系列专业教材，将专家授课与实践教学紧密结合，旨在系统培养一批具有一定资质、能够开展阅读指导、提升读者阅读兴趣和阅读能力的"阅读推广人"，促进我国图书馆及相关业界更加规范有效地开展阅读推广活动，进而推动我国全民阅读事业持续快速发展。

第一节　阅读的社会调查、监测与评估

对社会阅读状况开展调研、监测和评估，进行定量实证分析，是进行阅读社会学研究的基础、条件和重要方法，更是了解把握社会阅读动向和变化规律，有针对性地开展阅读产业和保障、服务，进行行业管理和决策的前提。

国外最早的阅读调查可以追溯到英国的 18 世纪 90 年代，当时的《苏格兰统计报告》调查统计英国的读者习惯和地方藏书情况。1887 年，俄国普鲁加文发表了《关于"民众阅读什么"》的调查资料提纲。之后读者及其阅读的社会学研究成为俄国图书馆学研究的重要内容。20 世纪 20 年代，十月革命胜利后，苏联开始重视阅读研究。列宁认为，识字与阅读是社会主义建设的头等大事之一。当时曾多方收集和了解有关新型工农读者面貌的资料，为保障社会阅读和开展工农兵教育提供参考依据。

20 世纪 30 年代，美国开始社会阅读调查；20 世纪 60 年代，匈牙利开始全国性阅读调查，每 10 年一次。此后，法国、德国、英国等都开展了社会阅读调查。进入 21 世纪，随着互联网技术在出版业的逐渐应用以及受信

息网络化时代生活方式的影响，各国出现不同程度的所谓"阅读危机"，一些出版大国也是阅读大国，纷纷开始加强对促进国民阅读的全国性调研，如美国、英国、德国、法国、俄罗斯、日本、韩国、新加坡等，都开展国民阅读需求调查，为制定全民阅读政策、开展社会阅读活动提供切实有效的定量分析。其中韩国的《国民阅读情况调查》是从 1993 年开始的综合读书指标调查，2008 年该调查被认定为"国家认证统计"。

我国随着 2006 年"全民阅读"活动的逐步展开，阅读调查工作也获得了较快的发展，成为我国全民阅读工作中的一个重要组成部分。各类阅读调查与监测能够反映不同地区、不同年龄、不同学历、不同性别等的阅读整体情况，不同的阅读工作主体可以了解读者阅读需求发展动向，掌握读者阅读变化规律，为各类阅读组织的管理、保障服务活动提供切实有效的依据。其中最有影响的是由中国新闻出版研究院（前身为"中国出版科学研究所"）从 1998 年开始的全国国民阅读调查，是一项为了解全国国民阅读倾向、发展趋势与文化消费现状而进行的连续性、大规模的基础性国家工程，也是最早的全国性阅读调研项目，至今已经完成 20 余次。

随着全球各地阅读活动持续升温，对阅读推广成效的评估以及个人阅读能力的评估需求也逐步提上日程。因此，对全民阅读的研究和对阅读推广效果评估也是各国的研究方向之一。个人阅读能力的评估方面，由国际教育成就评价协会（IEA）组织开展的全球学生阅读能力进展研究（PIRLS）和由经济合作与发展组织（OECD）开展的学生能力国际评估计划（PISA）是目前全球最具影响力的两项阅读评价研究，都是长期、定期开展的阅读素养评估计划，每 5 年一个循环。基于阅读的能力层次来评价学生阅读素养，从而帮助各国了解本国学生能力水平，发现影响阅读的因素，提供制订教育政策的有关建议等以促进学生阅读能力的发展。我国很多城市和地区都有参与此两项评估。PISA 与 PIRLS 除监测作用外，在预测学生未来发展、改进教学评估等方面也发挥多种积极作用。

国际图书馆界也十分重视阅读活动的评估，传统的评估指标主要包括规划布局、馆藏资源、经费投入等，旨在以布局得当的阅读设施、全面系统的馆藏资源、充分有效的经济保障为广大民众提供均等化的公共文化服务。从 2012 年起依据国际图联（IFLA）制定的《基于图书馆的素养项目指南》（*Guidelines for library-Based literacy*），定期评估阅读参与人数、用户评价、对社会的影响、用户素养是否提高、项目的结构等方面。

阅读评估是一项庞大而复杂的系统工程。宏观层面，可以由国家全民阅读主管机关在全国范围内开展全民阅读工作的综合评估，如通过阅读指数等相关指标反映整个国家的全民阅读状况；中观层面，由不同部门、不同地区在国家总体性指导框架基础上，制定相关评估标准，对职责范围内全民阅读工作进行测评，例如，通过公共文化服务体系评估标准对全国公共文化服务体系建设进行评价，省、市、县则通过地方全民阅读综合评估标准对该地区范围内全民阅读状况进行评估；微观层面，依照国家总体性指导框架以及各部门行业或地方评估标准，建立各单位的评估标准，如公共图书馆、高校图书馆全民阅读评估标准等。

这些调查监测与评估工作，对了解国民阅读水平发展变化趋势及地区差异，促进全民阅读工作的开展，提高全民阅读工作的针对性和有效性，都将发挥重要的作用。

第二节　专业监测阅读态势，科学推动书香发展

📖 案例一：张家港书香城市建设指标体系

张家港市（江苏省县级市，由苏州市代管）地处长江三角洲腹地，是一座新兴工业城市，改革开放以来，经济发展迅猛，各类经济指标一直位居全国同类城市前列。张家港市的发展思路和业绩曾被誉为"伟大理论的成功实践"，"团结拼搏、负重奋进、自加压力、敢于争先"的张家港精神闻名全国。在经济高速发展的同时，张家港市的社会、文化事业也获得了长足进步，除了国家卫生城市、国家园林城市等这些彰显城市形象的桂冠外，还获得全国文化先进市称号，公共文化建设扎实、全面。文化张家港的"养成"是阅读的滋养，推进书香张家港建设的一个重要支点是张家港人一直高度重视学习的核心作用。

在过去的 20 多年时间里，张家港人坚持在学习中创新，在创新中学习，为改革和发展注入了持续的动力。近年来，张家港人以全民阅读活动为切入口，以"全民阅读让张家港更文明"为主题，着力打造学习型社会，积

张家港城南文体中心图书馆

极探索"书香城市"建设模式，取得了一定成效。调查数据显示，张家港人对阅读重要性的认知程度普遍较高，市民综合阅读率处于国内领先水平。从全市阅读现状调查到"书香城市"指标体系研制，张家港人对阅读提升城市文化品质、文明层次保持着始终如一的自觉性。

组织开展全民阅读状况基础调查，掌握现状和需求

2012 年 4—6 月，张家港市与中国新闻出版研究院国民阅读研究与促进中心合作，在全市范围内开展了全民阅读基础调查工作，采集有效样本 2040 个，经问卷回收、电话复核、数据录入、科学分析、报告撰写等环节，形成了《2012 年张家港市全民阅读状况蓝皮书》。从调查结果来看，张家港市全民阅读主要指标明显高于全国平均阅读水平（18 周岁以上居民的各类媒介综合阅读率达到 89.5%，比同期全国水平 77.6% 高出约 11.9 个百分点）。从设施资源看，公共文化设施（社区图书室、农家书屋、公共电子阅览室等）的全设置并不代表服务功能的全覆盖，市民的知晓率、参与率并不高。

研究制定"书香城市"建设指标体系，量化目标指引

2012 年 11 月，张家港市正式对外发布了全国首个覆盖城乡的"书香城市"建设指标评价体系——《张家港市"书香城市"建设指标体系（试行）》。该指标体系的研制是基于上述 2012 年张家港市全民阅读调查结果，围绕丰富阅读资源、提升市民参与度等关键环节，邀请时任文化部公共文化服务专家委员会副主任、国家图书馆首席专家、北京大学李国新教授等 10 多位国内权威专家学者参与起草，并经多次研讨，反复修改完善后对外发布。该体系既具有鲜明的实践性，又具有很强的示范性，对全国城市的全民阅读活动产生有力的推动和促进作用。

该指标体系包括阅读设施、阅读资源、阅读组织、阅读活动、阅读环境、阅读成效及保障条件7个一级指标、44个二级指标和87个三级指标（包括82个定量指标和5个定性指标）。针对读者人群，指标体系按老人、儿童、成年女性等进行细分考核，其中，新市民的主题阅读活动参与率成为独立的考评内容。除了考核公共阅读空间建设、书店报亭建设等硬件设置，指标体系还将活动参与率、阅读满意率、图书利用率等纳入评价范畴，并设立了民间阅读组织、阅读推广人和星级评定制度，从标准和制度两个层面保障全民阅读活动向纵深发展。

张家港市"书香城市"指标体系研制，突出了三个方面：一是更加关注阅读设施资源的综合服务力。通过设立系统化的阅读活动、体系化的阅读平台，同时关注城镇书店、报亭设置率和消费情况等消费性阅读指标以及人均每年新增藏书、网络阅读平台、移动阅读平台点击率等指标，突出强调整合集成各类设施资源。二是更加关注全民阅读的内生引导力。通过设立民间阅读组织、阅读推广人队伍建设指标，以适应阅读行为个性化、兴趣化的特点，强调通过民间阅读成效交流来促进阅读的持续和深化。三是更加关注全民阅读活动的体系保障力。改变传统的节庆化活动方式，从硬件设施到资源配置，从活动指引到监测评估，从民间力量培育到政府激励保障，使全民阅读活动体系化、多样化、经常化。

张家港市是全国首批"书香城市"、江苏省首批"书香城市"建设示范市。张家港市"书香城市"建设指标体系（试行）荣获了江苏省宣传思想文化工作创新奖，并作为唯一一家县级市案例参加了2013年中国图书馆学会年会展览会。在深圳召开的2019年全国全民阅读工作经验交流会上，张家港市"书香城市"建设指标体系（试行）获国家新闻出版署颁发的2019年全民阅读优秀项目。书香已沁入张家港市的文明肌理，成为城市发展的不竭动力。

案例二：武汉市全民阅读综合评估指标体系（试行版）

自 2012 年武汉市建设读书之城开始，武汉全民阅读相关建设工作就已形成了以武汉读书之城建设工作领导小组为核心，各区各单位协办的建设格局。各城区在读书之城建设工作中，因地制宜，依据自身发展特色进行全民阅读建设并取得了一系列显著成果，如江岸区的金秋读书节、江汉区的金桥书评等成为武汉市品牌读书活动。为进一步推动武汉读书之城建设，推进全民阅读评价工作由"模糊定性"向"科学考量"转变，2014 年 4 月，武汉市委宣传部决定建立《武汉市全民阅读综合评估指标体系》（下文简称《指标体系》）。

武汉市汤湖图书馆－开架借阅区

指标体系设计原则

《指标体系》的起草制定由武汉市委宣传部委托华中师范大学信息管理学院历时一年完成。为确保《指标体系》的科学性、可操作性和特色性，武汉市委宣传部先后组织召开十五次不同层面的研讨会。经过反复论证，《指标体系》于 2015 年 4 月 8 日正式发布。

《指标体系》以武汉市各城区为评价对象。基于武汉 13 个城区全民阅读建设不均衡，为避免造成一刀切，同时凸显各城区建设特色，以城区为考察对象，有利于各个城区之间的横向比较，形成竞争关系。同时，通过最终的得分排名，可知各城区全民阅读建设情况孰优孰劣。对建设工作做得好的城区予以鼓励和宣传，扩大其影响力，形成良性循环；对建设工作做得不够的城区予以督促和支持，督促该城区加快完成全民阅读的基础建设，达到基本标准，同时加大扶持力度，使得该城区的全民阅读建设朝着更好的方向发展，达到"以评促建"的目的。

指标来源与参照标准

《指标体系》的每一项指标都是有依据、有参考、有引领目标、有推进措施。首先，指标来源于全民阅读立法草案和地方规章。例如，根据《全民阅读促进条例（草案）》第十五条、《深圳经济特区全民阅读促进条例（征求意见稿）》第三十五条以及《湖北省全民阅读促进办法》第二十二条，设置三级指标"阅读推广人"来考察武汉各城区阅读推广人员队伍建设。其次，指标来源于现有建设指南或标准。例如，根据联合国教科文组织发布的《公共图书馆发展指南》中"在城市和近郊，利用私人交通工具到达最近的图书馆的时间不超过 15 分钟"，设置三级指标"均衡"，要求实现武汉市民在中心城区步行 15 分钟、新城区步行 30 分钟就能享受图书服务；根据《公共图书馆宣言》之"公共图书馆"，设置三级指标"公平"，确保武汉全民阅读工程不分种族、性别、宗教、国籍、语言或社会地位，向武汉每位市民提供平等的服务。再次，指标来源于武汉市全民阅读活动的策划及实施方案。例如根据《2014 年"书香荆楚·文化湖北"全民阅读活动实施方案》

的"十进一创"，设置"设施设置率"来全面考察机关、学校、企业、村组、社区、工地、军营等图书馆或图书室的建设情况。依据《武汉市读书之城建设评先争优活动评选参照标准》设置"十佳阅读场所"来考察及鼓励"十进一创"工作中的先进代表。

由于涉及面广，《指标体系》需要与有关参照标准配合使用，相互补充。例如，根据文化部印发的《公共图书馆评估指标》，教育部印发的《普通高校图书馆管理规程（修订）》和《中小学图书馆（室）规程（修订）》，住房和城乡建设部、国家发展和改革委员会发布的《乡镇综合文化站建设标准》，原新闻出版总署发布的《农家书屋工程建设管理暂行办法》，以及中华全国总工会发布的《中华全国总工会关于开展全国工会"职工书屋"建设的实施意见》来确定《指标体系》中公共图书馆、高校图书馆、中小学图书馆（室）、街道文化站、农家书屋以及职工书屋建设标准，要求各类公共阅读基础设施必须达到相应标准的最低要求。

《指标体系》数据由"武汉市全民阅读办公室"及其成员单位负责各责任范围内相关数据的统计与收集，并按照指标体系，严格把关，加强数据的审核验证，确保其真实可靠。评估中涉及的调研数据主要委托第三方机构进行采集，如相关领域学者、图书情报学院或市场调查机构等。

设计思路与结构内容

力求多方位多角度来考察武汉市全民阅读建设状况的《指标体系》具体包括以下内容：（1）阅读条件的建设，以公共阅读基础设施建设为主，经营性阅读设施建设为辅的建设原则，确保图书服务体系的全社会覆盖。同时，顺应数字时代的发展趋势，大力倡导数字阅读，设置二级指标"电子阅读"，从电子阅读平台的构建、电子资源的建设、电子阅读设备的提供、阅读场所中无线网络覆盖情况4个方面引导武汉市数字阅读建设。（2）阅读氛围的营造，包括政府部门的宣传引领和民众的自发参与。（3）阅读感受的反馈，注重参与主体的心理与收获。通过深入全面的调查，获取市民对全民阅读的硬件设施、文献资源、阅读环境、服务态度等多方面的满意度情况，以改进现有工作中的不足。（4）持续发展的保障，包括政策、经费以及人才三大保障机制。坚持政府主导、社会各界共同参与的原则，成立领导专班，负责全民阅读建设工作的组织协调；制定规章制度，明确责任人及责任范围，从制度上确保全民阅读的顺利开展；建立专家委员会，发挥学界、业界专家在全民阅读中的作用；经费上保证硬件基础建设、文献资源建设以及阅读活动的投入并建立多元投入机制，鼓励社会各界对全民阅读建设贡献一份力量；人才上确保相关服务人员的岗位津贴，同时通过培训教育，提高服务人员素质，提升全民阅读服务质量。

分值设计与考核标准

《指标体系》分值设置为两部分：评分值160分，加分值40分，总共200分。其中评分值设为两个梯度，即达标值120分和目标值160分。5个一级指标的达标值分别为：基础建设36分；服务系统23分；阅读活动19分；阅读绩效18分；保障措施24分。目标值分别为：基础建设48分；服务系统27分；阅读活动25分；阅读绩效33分；保障措施27分。达标值的设置主要是为了考核武汉市各城区建设工作是否完成基本任务，达到合格标准。若某城区分数低于120分，各一级指标分值也未达到达标分值，则认为该城区全民阅读建设情况不佳。加分的设置主要是为了鼓励和宣传武汉市各城区全民阅读建设中具有示范性、带动性、引领性的做法，发扬长处，将这些工作亮点做大做好，成为城区全民阅读建设的特色。

《武汉市全民阅读综合评估指标体系（试行版）》基本框架

一级指标	二级指标	三级指标
1. 基础建设	1.1 设施设置率	1.1.1 公共图书馆设置率
		1.1.2 学校图书馆设置率
		1.1.3 街道／社区图书馆（含农家书屋）设置率
		1.1.4 企业图书馆设置率
		1.1.5 机关部门／事业单位图书馆设置率
		1.1.6 军警营图书馆／室设置率
		1.1.7 书店设置率
	1.2 十佳阅读场所	1.2.1 十佳书香街道＊
		1.2.2 十佳书香机关＊
		1.2.3 十佳书香校园＊
		1.2.4 十佳书香企业＊
		1.2.5 十佳书香社区＊
		1.2.6 十佳农家书屋＊
		1.2.7 十佳书香工地＊
		1.2.8 十佳书香军警营＊
	1.3 文献资源	1.3.1 人均藏书量
		1.3.2 千人年均新增藏书量
		1.3.3 特色资源
		1.3.4 盲人阅读资源
	1.4 电子阅读	1.4.1 电子阅读平台＊
		1.4.2 电子阅读资源＊
		1.4.3 电子阅读设备＊
		1.4.4 Wi-Fi 覆盖＊
	1.5 阅读组织	1.5.1 阅读小组数量
		1.5.2 十佳青年书香号＊
		1.5.3 十佳书友会＊
		1.5.4 十大阅读基地＊
		1.5.5 阅读推广人
		1.5.6 十佳阅读推广人＊

（续表）

一级指标	二级指标	三级指标
2. 服务系统	2.1 服务目标	2.1.1 公益
		2.1.2 公平
		2.1.3 均衡
	2.2 服务方式	2.2.1 自助图书馆 *
		2.2.2 通借通还 *
		2.2.3 图书流通车 *
		2.2.4 图书漂流 *
	2.3 服务宣传	2.3.1 传统媒体宣传
		2.3.2 新媒体宣传 *
		2.3.3 户外氛围
	2.4 产权保护	2.4.1 产权保护机制
		2.4.2 正版率
3. 阅读活动	3.1 举办情况	3.1.1 活动数量
		3.1.2 参与人次
		3.1.3 品牌活动 *
		3.1.4 活动层面 *
		3.1.5 资料合账 *
	3.2 增长情况	3.2.1 活动增长率
		3.2.2 参与人次增长率
		3.2.3 品牌活动增长量 *
4. 阅读绩效	4.1 设施覆盖情况	4.1.1 图书馆覆盖率
		4.1.2 书店覆盖率
	4.2 利用情况	4.2.1 人均访问量
		4.2.2 人均外借书刊文献册次
		4.2.3 电子阅读平台访问量 *
		4.2.4 人均参与活动次数
		4.2.5 市民对"读书之城"的认知度
		4.2.6 抽样调查当年人均购书消费

（续表）

一级指标	二级指标	三级指标
4. 阅读绩效	4.3 满意度情况	4.3.1 设施满意度
		4.3.2 资源满意度
		4.3.3 环境满意度
		4.3.4 服务满意度
	4.4 公众产出	4.4.1 市民创作
		4.4.2 读书明星＊
		4.4.3 十佳书香家庭＊
5. 保障措施	5.1 政策保障	5.1.1 政策指导
		5.1.2 组织领导
		5.1.3 专家指导
	5.2 人员保障	5.2.1 员工数量
		5.2.2 培训教育
		5.2.3 岗位津贴
	5.3 经费保障	5.3.1 经费扶持机制
		5.3.2 活动专项资金
		5.3.3 多元投入

注："＊"标注为指标体系中的特色指标，共 28 个。

案例三：深圳阅读指数指标体系

　　深圳阅读指数的设立、推出和发布，是 2014 年深圳读书月上的一项重点主题活动。作为一项学术性、指导性强的研究项目，该体系的建立由深圳市阅读联合会作为承办方，以专家组为依托，将项目的基础性研究、指标的测评、模型的建立、问卷调查和研究成果报告等工作委托给第三方独立机构——深圳大学传媒与文化发展研究中心实施，采用"民间机构＋高等院校＋相关专家"的团队模式，对深圳阅读指数进行系统研究。2016 年，新近成立的深圳市全民阅读研究与推广中心加入，并成为项目统筹机构。

深圳市盐田区图书馆海书房及新型阅读空间

深圳市坪山区图书馆－文武帝宫客家特藏馆

设计思路与指标结构

深圳阅读指数主要由城市居民阅读基本建设统计数据和居民阅读行为调查数据组合而成。城市居民阅读基本建设统计数据主要反映城市阅读设施建设、阅读资源供给、阅读组织保障和财政保障等基本条件，是城市居民阅读活动开展的物质基础、文化基础和社会制度基础，也是城市公共文化服务体系的重要组成部分。这一部分主要通过真实、可靠、可持续获取的统计数据来计算。城市居民阅读行为调查数据主要反映城市居民阅读行为的广度和深度以及阅读观念。这一部分主要通过以科学的抽样方法对居民进行调查获取。

深圳阅读指数由政府为阅读所投入的基本环境条件建设年度动态比较数据和当年市民实际阅读情况调查数据两部分构成。该指数由3个一级指标、23个二级指标和46项具体测评内容组成。基于对阅读概念的界定，并充分参照国家和其他省市相关研究和测评指标的成果，体系中第一项一级指标和第二项一级指标界定为阅读条件，将第三项一级指标界定为阅读行为。

指数赋值方法与年度分值对比分析

具体测评内容中有 25 项数据来自政府各相关部门、企事业单位和民间组织的年度统计数据，有 21 项来自年度问卷调查，各项测评内容按照科学的方法和权重，通过计算机建模并进行计算得到各指标的计算结果，各指标的计算结果即分值之和即为年度的阅读指数。

2014 年度深圳阅读指数为 105.8，其中，全民阅读基本建设统计数据的分值为 84.27，居民阅读行为调查数据的分值为 21.53。由于首次发布，这一指数无法进行横向纵向对比，因此深圳首个阅读指数是基础性的原数据。

2015 年，深圳阅读指数为 124.08，其中来自居民阅读行为调查的分值为 21.36，与上年度几乎相同；全民阅读基本建设统计数据的分值为 102.72，比上年增长 21.9%，报告对这一较大增幅的原因进行了深度分析，主要是前一年深圳获联合国教科文组织授予"全球全民阅读典范城市"称号，政府加大了对阅读的支持力度，阅读联合会获得财政性经费支持，深圳出版发行集团的"大书城、小书吧"战略开始发力；与此同时，社会各界对阅读普遍重视，举办的活动大幅增加，统计的范围相应扩大，许多民间组织和企业的读书活动也纳入其中。

从 2016 年开始，深圳全民阅读基本建设统计数据恢复常态化，经爆发式增长后归于平静，而且统计指标中传统的阅报栏、报刊订阅数和发行量呈下降趋势，更由于模型设计中对相关指标转换为分值时，为避免锐度太高，而对不同年度的指标给予的权重不同，越近就越大，越远则越小，2015 年的巨幅增长必然严重拉低随后年份的分值。这些因素最终导致当年的阅读指数下降至 97.35，2017 年则为 92.47。报告均未对此回避，而是客观真实地分析其中原委，并如常向社会发布。基于客观数据和科学模型而产生的阅读指数，作为一个常态变量，对于城市的相关决策者起到参考作用，也对包括全体深圳人关于客观数据的认知和接受产生积极的影响。

深圳阅读指数指标体系及权重

一级指标	一级指标权重值	二级指标代码	二级指标权重值	测评内容	测评内容权重
I-1 阅读设施与资源	24%	A1	12.0%	公共图书馆数量	2.0%
				千人阅览座位数	1.0%
				有效读者证量	3.0%
				人均拥有公共图书馆藏书册数	3.0%
				馆藏电子图书（含有声图书）种类	3.0%
		A2	6.0%	全市实体书店、书吧数量	3.0%
				实体书店年购书人次	2.0%
				实体书店年进出人数	1.0%
		A3	1.0%	深圳地区报纸销售量	1.0%
		A4	1.0%	深圳地区期刊销售量	1.0%
		A5	4.0%	深圳图书销售量	4.0%
I-2 阅读支持与保障	19%	A6	2.0%	阅读机构组织数量	2.0%
		A7	3.0%	阅读活动的形态种数	3.0%
		A8	5.0%	阅读活动的场次数量	5.0%
		A9	5.0%	财政性资金投入金额	2.0%
				社会资金投入金额	2.0%
				投入社会资金的机构数量	1.0%
		A10	2.0%	阅读推广人数量	2.0%
		A11	2.0%	报业集团阅读类宣传报道所占百分比	1.0%
				广播电视媒体年阅读报道时长	1.0%

一级指标	一级指标权重值	二级指标代码	二级指标权重值	测评内容	测评内容权重
I-3 阅读行为与活动	57%	A12	8.0%	公共图书馆进馆人次	3.0%
				公共图书馆外借册次	3.0%
				公共图书馆网站点击数	2.0%
		A13	9.0%	数字图书人均月浏览量	3.0%
				数字阅读渗透率	3.0%
				数字阅读月均访问用户数	3.0%
		A14	6.5%	平均每天阅读各类信息时长	1.5%
				平均每天图书阅读时长	2.0%
				平均每天报纸阅读时长	0.5%
				平均每天期刊阅读时长	0.5%
				平均每天数字化阅读时长	2.0%
		A15	4.5%	每周图书阅读率	1.5%
				每周报纸阅读率	1.0%
				每周期刊阅读率	1.0%
				每周数字化阅读率	1.0%
		A16	7.0%	每年阅读报刊数	1.0%
				人均每月在读数字阅读图书本数（本）	2.0%
				每年阅读纸质图书数量	2.0%
				每年电子图书阅读量	2.0%
		A17	2.0%	阅读内容广度：人文、科技、技能、教育等	2.0%
		A18	2.0%	阅读活动参与类别	1.0%
				阅读活动参与率	1.0%
		A19	5.0%	有藏书家庭百分比	2.0%
				家庭平均纸质书藏书量	2.0%
				家庭平均电子书藏书量	1.0%

（续表）

一级指标	一级指标 权重值	二级指标 代码	二级指标 权重值	测评内容	测评内容 权重
I-3 阅读行为与 活动	57%	A20	5.0%	平均每月的阅读消费	2.0%
				年度图书购买量	2.0%
				数字阅读人均月消费额	1.0%
		A21	4.0%	阅读资源满意度	2.0%
				阅读设施与环境满意度	2.0%
		A22	4.0%	阅读重要性认知	4.0%

案例延伸

　　随着全民阅读的广泛开展，各省市已陆续出台一些全民阅读及评估标准，这为各地区更好地开展全民阅读建设书香城市提供了良好的考核依据。除上述案例张家港市的"书香城市"建设指标体系、武汉市的全民阅读综合评价指标体系、深圳市的阅读指数指标体系外，较权威的还有中国图书馆学会发布的《书香城市（县级）标准指标体系》《书香社区标准指标体系》，以及覆盖九大分类指标体系的《书香江苏建设指标体系（试行）》。

中国图书馆学会书香城市（县级）、书香社区标准指标体系

　　中国图书馆学会多年来非常重视全民阅读工作的开展，特别是每年围绕"4·23世界读书日"，推出各类阅读推广活动。2014年，文化部公共文化司委托中国图书馆学会开展书香城市指标研究及推广项目。中国图书馆学会组织专家团队，通过充分的调查研究，结合国内实际及未来发展趋势制定出"书香城市（县级）""书香社区"标准指标体系。2015年年初完成了标准指标体系的制定，并面向各级图书馆

馆长、专家广泛征询意见，对标准指标体系完成了修改完善。2015 年世界读书日期间，中国图书馆学会联合内蒙古图书馆学会、宁波市图书馆、广西壮族自治区图书馆等多家单位面向全国图书馆发布了书香城市（县级）、书香社区标准指标体系，为我国书香城市的建设提供依据。此指标体系以阅读设施、阅读资源、阅读活动、阅读服务、阅读环境，以及保障条件作为标准体系的主要指标。考虑到我国地域广袤、区域经济发展和公共文化服务水平不平衡，借鉴创建国家公共文化服务体系示范区的经验，将指标分成东部、中部、西部三个部分。在分析相关数据时，也按此划分东、中、西部。此指标体系包括《书香城市（县级）标准指标体系》《书香社区标准指标体系》《书香城市（县级）、书香社区标准体系指标说明》三个部分，为我国各市县、社区构建书香城市或书香社区提供了可鉴经验。

江苏省书香江苏建设指标体系

为贯彻江苏省委省政府关于推动文化建设迈上新台阶的部署要求，2016 年江苏省全民阅读活动领导小组落实《江苏省人民代表大会常务委员会关于促进全民阅读的决定》，在全省开展书香城市、书香乡镇（街道）、书香乡村（社区）、书香家庭、书香校园、书香机关、书香企业、书香军营等测评和选拔先进典型工作。

1 个省级指标体系 +9 个示范点建设指标体系

《"书香江苏"指标体系》分为全民阅读设施、全民阅读服务、全民阅读活动、全民阅读成效、全民阅读保障 5 个一级指标，另下设二级指标 24 个，三级指标 97 个进行整体设计。此外，书香江苏建设指标体系还下设 9 个分指标体系，在《镇江市书香建设标准指标体系》

中就包含了这9类示范点的建设和评选标准，每项标准再对阅读设施建设、阅读氛围营造、阅读活动开展、个体阅读量、阅读成效等方面进行量化分析。这9类指标体系具体包括：

1.书香城市（省辖市）建设指标体系（见表1）。分为全民阅读设施与服务、全民阅读活动、全民阅读保障及全民阅读成效4个部分，共设4个一级指标、14个二级指标、43个三级指标。总分120分，其中基本分100分，加分20分。在省辖市建设指标体系中，江苏13个省辖市的指标体系建设也略有不同。例如《"书香苏州"建设指标体系》，是以苏州地方实际为基础，与苏州地方特色文化建设全面融合共设计了7个一级指标、56个二级指标、82个三级指标。

表1　江苏省书香城市（省辖市）建设指标体系

一级指标	二级指标	三级指标	分值设置	
			基本分	加分
1 全民阅读设施与服务（28+6分）	1.1 公共图书馆（8+2分）	1.1.1 市级公共图书馆建设	4	1
		1.1.2 县级公共图书馆建设	4	1
	1.2 基层阅读设施（16+3分）	1.2.1 乡镇（街道）与县级图书馆总分馆制建设	3	
		1.2.2 农家（社区）书屋与县级图书馆通借通还、资源共享	4	
		1.2.3 学校图书馆建设	3	1
		1.2.4 机关、事业、企业单位阅读设施与服务状况	4	
		1.2.5 公共阅报栏（屏）建设	2	
		1.2.6 阅读新空间建设		2
	1.3 出版发行（4+1分）	1.3.1 出版发行和推荐导读优秀读物	2	
		1.3.2 发行体系健全，实体书店健康发展，书报亭满足需求	2	1

（续表）

一级指标	二级指标	三级指标	分值设置	
			基本分	加分
2 全民阅读活动（31+5分）	2.1 重点阅读活动（6+5分）	2.1.1 重大阅读活动与贡献	3	5
		2.1.2 品牌阅读活动	3	
	2.2 阅读文化培育（6+0分）	2.2.1 阅读文化传承与交流	2	
		2.2.2 全民阅读宣传引导	2	
		2.2.3 全民阅读环境净化	2	
	2.3 书香系列建设（12+0分）	2.3.1 书香乡镇（街道）建设	2	
		2.3.2 书香乡村（社区）建设	2	
		2.3.3 书香家庭建设	2	
		2.3.4 书香校园建设	2	
		2.3.5 书香机关（行业）建设	2	
		2.3.6 书香企业（园区）建设	2	
	2.4 特殊群体阅读关爱（7+0分）	2.4.1 学龄前儿童阅读促进工作	2	
		2.4.2 农村"三留守"人员、进城务工人员及其子女阅读关爱	2	
		2.4.3 残疾人和生活困难群众阅读关爱	2	
		2.4.4 服刑、戒毒和社区矫正人员阅读援助	1	
3 全民阅读保障（20+6分）	3.1 组织领导（6+1分）	3.1.1 市委市政府关心支持全民阅读工作	2	
		3.1.2 全民阅读活动领导小组的作用发挥	2	
		3.1.3 法规政策实施与制度创新	2	1
	3.2 经费投入（5+3分）	3.2.1 工作经费纳入本级财政预算	2	
		3.2.2 政府购买公共阅读服务、落实村（社区）宣传文化公益岗位政策	3	2
		3.2.3 设立全民阅读公益基金		1

（续表）

一级指标	二级指标	三级指标	分值设置	
			基本分	加分
3 全民阅读保障 （20+6分）	3.3 人才队伍 （4+0分）	3.3.1 加强专兼职阅读推广队伍建设	2	
		3.3.2 全民阅读志愿服务队伍建设	2	
	3.4 社会参与 （5+2分）	3.4.1 全民阅读促进会和社会基层阅读组织建设	3	2
		3.4.2 社会力量参与阅读服务场所建设	2	
4 全民阅读成效 （21+3分）	4.1 居民阅读状况调查结果 （10+1分）	4.1.1 综合阅读率	5	
		4.1.2 阅读指数	5	
		4.1.3 人均阅读消费支出		1
	4.2 全民阅读先进典型（5+2分）	4.2.1 市级先进典型培育及经验推广	2	
		4.2.2 省级以上先进典型及经验推广	3	2
	4.3 公众对书香城市建设的参与和评价（6+0分）	4.3.1 公众对书香城市建设的知晓率	2	
		4.3.2 公众对书香城市建设的参与率	2	
		4.3.3 公众对书香城市建设的满意率	2	

2. 书香城市（县、市、区）建设指标体系（见表2）。分为全民阅读设施与服务、全民阅读活动、全民阅读保障及全民阅读成效4个部分，共设4个一级指标、14个二级指标、41个三级指标。总分120分，其中基本分100分，加分20分。

3. 书香乡镇（街道）建设指标体系。包括一级指标4个，二级指标22个，三级指标30个，其中：定量指标22个，定性指标8个。总分100分。书香乡镇（街道）的参评基准分为：苏南地区≥85分，苏中地区≥80分，苏北地区≥75分，按照好中选优的原则和计划名额确定。

4.书香乡村（社区）建设指标体系。包括一级指标4个，二级指标19个，三级指标24个，其中：定量指标10个，定性指标14个。总分100分。书香乡村（社区）的基准分为：苏南地区 ≥ 85分，苏中地区 ≥ 80分，苏北地区 ≥ 75分，按照好中选优的原则和计划名额确定。

5.书香家庭建设指标体系。包括一级指标4个，二级指标14个，三级指标14个。总分100分。具体测评工作由省妇联牵头实施，会同省全民阅读办组织力量抽查，按照计划名额和好中选优的原则综合评定。

6.书香校园建设指标体系。包括一级指标4个，二级指标12个，三级指标32个（同类指标合并统计）。其中，定量指标11个，定性指标21个。总分100分。省级"书香校园"的评价标准为：高校、苏南地区中小学 ≥ 90分，苏中地区中小学 ≥ 85分，苏北地区中小学 ≥ 80分。

7.书香机关建设指标体系。包括一级指标4个，二级指标12个，三级指标30个。其中，定量指标7个，定性指标23个。总分100分。省级"书香机关"的评价基准为：≥ 85分。

表2 江苏省书香城市（县、市、区）建设指标体系

一级指标	二级指标	三级指标	分值设置	
			基本分	加分
1 全民阅读设施与服务（27+5分）	1.1 公共图书馆 （5+3分）	1.1.1 县级公共图书馆建设	5	3
		1.1.2 乡镇（街道）综合文化服务中心（文化站）	4	1

（续表）

一级指标	二级指标	三级指标	分值设置	
			基本分	加分
1 全民阅读设施与服务（27+5分）	1.2 基层阅读设施（16+2分）	1.2.1 乡镇（街道）与县级图书馆总分馆制建设	3	
		1.2.2 农家（社区）书屋与县级图书馆通借通还、资源共享	4	
		1.2.3 学校图书馆建设	3	
		1.2.4 机关、事业、企业单位阅读设施与服务状况	4	
		1.2.5 公共阅报栏（屏）建设	2	
		1.2.6 阅读新空间建设		2
	1.3 出版发行（6+0分）	1.3.1 发行和推荐导读优秀读物	2	
		1.3.2 发行体系健全，实体书店健康发展书报亭满足需求	4	
2 全民阅读活动（31+7分）	2.1 重点阅读活动（6+5分）	2.1.1 重大阅读活动与贡献	3	3
		2.1.2 品牌阅读活动	3	2
	2.2 阅读文化培育（6+0分）	2.2.1 阅读文化传承与交流	2	
		2.2.2 全民阅读宣传引导	2	
		2.2.3 全民阅读环境净化	2	
	2.3 书香系列建设（12+0分）	2.3.1 书香乡镇（街道）建设	2	
		2.3.2 书香乡村（社区）建设	2	
		2.3.3 书香家庭建设	2	
		2.3.4 书香校园建设	2	
		2.3.5 书香机关（行业）建设	2	
		2.3.6 书香企业（园区）建设	2	
	2.4 特殊群体阅读关爱（7+2分）	2.4.1 学龄前儿童阅读促进工作	2	
		2.4.2 农村"三留守"人员、进城务工人员及其子女阅读关爱	2	
		2.4.3 残疾人和生活困难群众阅读关爱	2	

（续表）

一级指标	二级指标	三级指标	分值设置	
			基本分	加分
		2.4.4 服刑、戒毒和社区矫正人员阅读援助	1	
3 全民阅读保障 （21+6分）	3.1 组织领导 （7+2分）	3.1.1 县（市、区）党委政府关心支持全民阅读工作	2	
		3.1.2 全民阅读活动领导小组的作用发挥	2	
		3.1.3 法规政策实施与制度创新	3	2
	3.2 经费投入 （6+2分）	3.2.1 工作经费纳入本级财政预算	3	
		3.2.2 政府购买公共阅读服务、落实村（社区）宣传文化公益岗位政策	3	2
	3.3 人才队伍 （4+0分）	3.3.1 加强专兼职阅读推广队伍建设	2	
		3.3.2 全民阅读志愿服务队伍建设	2	
	3.4 社会参与 （4+2分）	3.4.1 全民阅读促进会和社会基层阅读组织建设	2	2
		3.4.2 社会力量参与阅读服务场所建设	2	
4 全民阅读成效 （21+2分）	4.1 居民阅读状况调查结果 （10+0分）	4.1.1 综合阅读率	5	
		4.1.2 阅读指数	5	
	4.2 全民阅读先进典型（5+2分）	4.2.1 县级先进典型培育及经验推广	2	
		4.2.2 市级以上先进典型及经验推广	3	2
	4.3 公众对书香城市建设的参与和评价 （6+0分）	4.3.1 公众对书香城市建设的知晓率	2	
		4.3.2 公众对书香城市建设的参与率	2	
		4.3.3 公众对书香城市建设的满意率	2	

8. 书香企业建设指标体系。包括一级指标 4 个，二级指标 16 个，三级指标 48 个。三级指标包括基本分指标 43 个，加分指标 5 个。总

分110分，其中基本分100分，加分10分。具体测评工作由省总工会牵头实施，会同省全民阅读办等部门组织力量抽查，按照计划名额和好中选优的原则综合评定。

9. 书香军营建设指标体系。书香军营评选范围为建制旅团和独立驻防的建制连队。本指标体系包括一级指标4个，二级指标17个，三级指标31个，其中：定量指标10个，定性指标21个。总分100分。

书香城市测评办法

首次书香城市测评年度为2013—2015年，之后每两年测评1次。每次选拔1—2个省辖市、3—5个县（市、区）为书香城市建设示范市（县、城区）。同时，选拔2—3个省辖市、4—6个县（市、区）为书香城市建设先进市（县、城区）。下一轮的书香城市建设示范市（县、城区）主要从书香城市建设先进市（县、城区）中产生。书香乡镇（街道）等书香系列建设先进典型，每2年组织测评选拔一次，2016年为首次，2017年开始与书香城市建设示范市（县、城区）、先进市（县、城区）相隔一年实施。每次测评选拔书香乡镇（街道）建设示范点50个、书香乡村（社区）建设示范点100个、书香家庭100个、书香校园建设示范点100个、书香机关建设示范点40个、书香企业建设示范点60个。此外还有书香军营建设示范点测评选拔。

书香城市建设示范市（县、城区）、先进市（县、城区）由省全民阅读办会同有关成员单位组织测评选拔。书香乡镇（街道）建设示范点、书香乡村（社区）建设示范点由省全民阅读办组织各省辖市测评选拔，书香家庭由省妇联牵头组织测评选拔，书香校园建设示范点由省教育厅牵头组织测评选拔，书香机关建设示范点由省委省级机关工委牵头组织测评选拔，书香企业建设示范点由省总工会牵头组织测评选拔，在此基础上，省全民阅读办会同有关成员单位和省辖市全民阅读办组织抽查复核。

书香城市建设示范市（县、城区）、先进市（县、城区）候选名单报省全民阅读活动领导小组会议研究审议后，向社会公示，接受社会监督。书香乡镇（街道）等系列建设先进典型，由牵头部门和省全民阅读办研究审议后，组织候选对象在指定范围、地方及行业媒体公示，接受社会监督。书香城市建设先进典型由省全民阅读活动领导小组通报表扬，其他书香系列先进典型由牵头部门和省全民阅读办通报表扬。评选结果由省全民阅读活动领导小组举办书香江苏建设成果交流展示活动，宣传推广书香江苏建设系列先进典型。

案例四：成功发布二十次成果的全国国民阅读调查项目

随着全民阅读工作的不断深入，各省市已陆续出台一些全民阅读及评估标准，这为各地区更好地开展全民阅读建设书香城市提供了良好的考核依据。但还需要一个综合性、系统的书香社会评估标准研究，可以为我国书香

社会建设的实际状态予以全面衡量提供依据，因此国民阅读指数应运而生。

书香社会指标体系——国民阅读指数

中国新闻出版研究院通过对居民的阅读率、阅读量、阅读观念、阅读公共服务普及度、利用度和满意度的考察，研究创设了国民阅读指数指标体系。这套指标体系涵盖居民阅读水平和阅读公共服务两个维度并基于长期的阅读理论研究、阅读调查经验基础上，对100多个指标层层遴选，本着全面科学、简洁精练、可行实用、可量化通约，同时兼顾易获取、代表性强的原则，共设计了25项具体指标。其中居民阅读水平是书香社会评价的核心指标，阅读公共服务水平是书香社会评价的重要指标（如下图，指标体系的数据来源均来自国民阅读调查数据）。

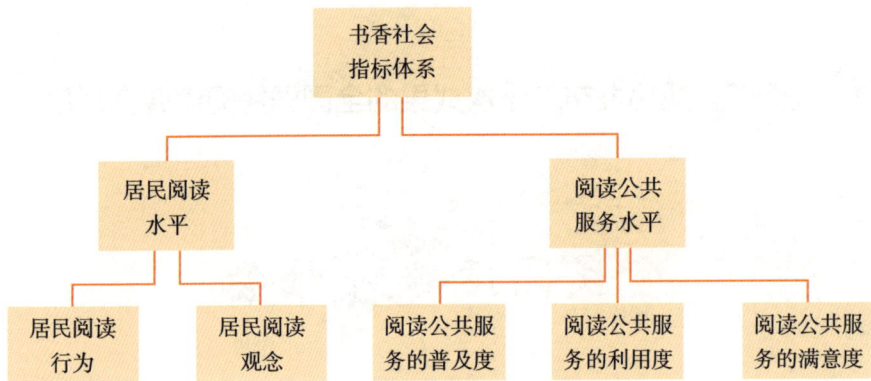

国民阅读指数指标结构图

书香社会指标体系和在此基础上形成的书香社会总指标，在全国范围内形成一个统一的、同口径的、可比较的数值系统，以客观明了的数据反映我国国民的阅读状况和各地阅读公共文化服务情况，让社会各界在关注全民阅读的同时，也积极关注阅读推广活动的成效，在全国范围内形成书香城市建设情况的综合比较，进而使城市阅读的活动内容更加丰富、形式更加多样、成效更加凸显，更具有吸引力，城市阅读促进活动的组织方面也更加持续深入。

国民阅读调查项目

为全民阅读提供基础性、权威性数据的全国国民阅读调查项目（以下简称国民阅读调查）自 1998 年首次启动，1999 年首次公开发布调查成果以来，至今已开展 25 年并成功向社会公开发布 20 次调查成果。国民阅读调查已经成为国家制定阅读政策、学术界进行阅读研究的一手数据。20 多年来，阅读的社会环境发生了巨大的改变，全民阅读已经发展成为基本国策被写入了党的文件、国家法律及政府工作报告中，全国各地全民阅读活动形式多样，国民阅读调查的推动作用是不能忽视的。阅读调查 20 多年，既有坚守也有创新，既尽量保持不变也在不断求变，以此满足社会各界对阅读调查的期待与关切，在变与不变中形成了自己的特点。

时间上的持久性。阅读调查从 1999 年开始，迄今为止作为一项大型社会调查，连续 20 多年不间断，这在出版领域是唯一的，在其他领域也是不多见的。由此而形成的全国国民阅读调查历史数据库，是我们研究中国阅读变迁最重要的数据。

地域上的广泛性。作为一项全国性的调查，地域的广泛性非常关键，调查之初因经费原因，样本没有覆盖所有省市区，在获得财政支持以后调查扩大到 29 个省市区，包括了直辖市、省会城市、地市级城市、区县及村镇，覆盖了东中西部的各类城市和乡镇，具有很强的广泛性。

样本上的全面性。国民阅读调查样本设计包含 70 周岁以下各年龄段的国民，凡是在中国境内的公民都是国民阅读调查的对象，涵盖少数民族人口，也涵盖城乡人口，都可能被抽样。调查问卷分为0—8岁、9—13岁、14—17岁和18岁以上成年人共四个年龄段。

内容上的丰富性。调查内容不仅包括谁在读、读什么、怎么读、在哪读等与阅读相关的问项，还包括与阅读紧密相关的内容，如图书购买渠道、图书价格、家庭藏书量、对于盗版的认知与态度、关于农家书屋的认知与使用等，不仅包括图书、报纸、期刊等传统出版物的阅读，还包括广播、电视等媒体的接触情况。特别是随着数字技术、信息技术、互联网技术的普及，以及与出版业不断融合，调查的内容也就从传统的纸质出版物延伸至各种数字终端。

方法上的规范性。作为一项大型社会调查，遵循社会学的基本规范，是获得科学数据的前提。国民阅读调查项目调研方法包括：（1）入户调查，由访问员携带问卷，根据分层抽样选中的样本，入户面访。（2）线上和电话调查，2020年因疫情影响，入户方式受到极大限制，调查采用手机端及电话等方式进行。

抽样方法采用多级分层方式，即按照人口规模、城市所属区域两个维度，对不同规模、不同区域的城市及乡村进行采样，以确保样本具有足够的代表性。

统计推断上通过城乡、性别等权等方法，推及全国0—70周岁人口，使数据具有普遍性的意义。这一整套的调查方法符合社会调查的基本规则。

口径上的一致性。20多年来，随着行业发展和社会需求的变化，一些调查内容势必需要调整，问项有增有减。为了确保数据的连续性，月度调查确立了"同口径、可比性"的调查原则，即核心指标的调查口径前后一致，核心数据前后可以对比。因此调查问卷的问项虽有增减，但是主要数据问项一直保持稳定，数据采集标准、口径也保持前后的一致。

影响上的广泛性。阅读调查开展以来，各界关注度越来越高，其影响越来越大。一是各媒体高度关注并予以报道，包括《人民日报》《光明日报》、新华社、中央电视台、中央人民广播电台等中央主要媒体及许多地方媒体和专业媒体，每年都会报道相关数据；二是阅读调查的核心数据被引入新闻出版广播影视业"十三五"规划、全民阅读"十三五"规划等多个文件，成为衡量文化建设的重要指标之一；三是阅读调查工作写入《中央宣传部关于促进全民阅读工作的意见》等党的相关文件；四是许多地方把阅读调查数据作为精神文明考核的重要内容；五是国民阅读调查的数据受到国内外阅读研究方面的广泛关注。调查数据在美国《出版研究》季刊等国外媒体发表，受到国外的重视。国内以调查数据为基础的研究成果也是层出不穷。

阅读调查数据中阅读趋势

二十多年来我国的阅读环境、阅读政策及阅读介质和阅读内容都发生了巨大的变化，通过 20 次阅读调查数据的对比分析发现：

图书阅读变中趋稳。20 次调查反映出国民图书阅读率呈现 U 字形的变化趋势，即从 1999 年开始逐年走低至 2005 年触底后开始反弹，到 2019 年数值开始接近 1999 年，并逐年小幅提升。由于现阶段全国人口绝对数量增加了，因此读书人数总量实际比当年增加。此外除了阅读纸书外，还有一些人阅读电子书，因此如果加上人均阅读 3 册的电子书，人均图书阅读量还是增长的。从人均每天的读书时长看，近 10 年来也是略有增加。二十多年来图书阅读的趋势是向好的，国民阅读虽然受到其他媒介的影响出现了波动，但总的来说，读书的热情在持续回归。

数字阅读异军突起。在开展阅读调查之初，并没有把数字阅读作为一种独立的阅读方式设置问项。1999 年我国成年国民互联网接触率仅有 3.7%。

2008 年首次对数字阅读独立设置问项，并得出 2008 年数字阅读接触率为 24.6%。从传统阅读率与数字阅读率的发展历程来看，2014 年是一个转折点，在此之前，图书阅读率一直高于数字阅读率，2014 年的数字阅读接触率为 58.1%，图书阅读率为 58%，数字阅读接触率首次超过图书阅读率。此后数字阅读一路高歌，而且数字阅读时长也超过传统阅读。

案例延伸

全民阅读与融媒体智库简介

从 2014 年起中国新闻出版传媒集团联合行业与社会力量，开始探索大数据和人工智能在出版行业、数字出版业、全民阅读等领域的应用，并于 2019 年 8 月成立了"全民阅读与融媒体智库"，其学术委员会邀请原国家新闻出版总署署长柳斌杰、韬奋基金会理事长聂震宁分别担任主席与副主席，聘请了国内几十家高校科研机构及行业专家和企业领军人物，形成了以政府智囊、行业专家、资深学者、技术精英为主体的专家队伍。其宗旨之一就是充分发挥中国新闻出版传媒集团在资源整合、技术创新等方面的优势，着眼全民阅读供给侧和需求侧，开展定性和定量研究。通过运用大数据、人工智能等技术对国家"全民阅读"工作的基本情况、公共服务体系的建设、全民阅读指数、全民阅读活动品牌的打造、阅读兴趣培养与阅读习惯养成、文化传承与创新等进行深入研究，分析"全民阅读"工作开展的规律、机制和路径，为"全民阅读"的推广提供数据参考和实际支持。

深入开展全民阅读研究

全民阅读与融媒体智库于 2021 年 4 月 23 日发布了全国首个通过大数据对全民阅读品牌活动进行传播影响力研究的报告——《2020 年

度"书香中国"全民阅读品牌传播影响力大数据研究报告》。该报告对 2020 年期间报刊网端的 400 多家中央媒体、13000 多家省市媒体、6500 多家区县媒体、100 多家商业媒体，近 7000 家自媒体账号和 350 多家短视频账号的超过 4 亿各地全民阅读品牌宣传报道数据进行采集，集中对涉及包括 31 个省（自治区、直辖市）和 10 个较早开展全民阅读活动的城市等 41 个地区的全民阅读品牌进行了大数据分析，发掘全民阅读品牌塑造中信息传播和舆论宣传的亮点，为各地全民阅读活动和品牌建设提供有益参考。同时于 2021 年 5 月 22 日和 6 月 25 日相继发布了"4·23 全国读书日"期间各地全民阅读品牌传播影响力大数据报告、《读书之乐　绿茵满窗——10 省、市全民阅读品牌活动成效对比研究》。未来，将持续开展"书香"品牌研究，每年发布各地"书香"品牌传播影响力研究报告。

"大众喜爱的阅读新媒体号"推荐活动

依据国民需求和技术趋势，全民阅读与融媒体智库于 2020 年对阅读微信公众号进行了范围拓展和结构调整，将音频和视频纳入推荐范畴，与中国新闻出版传媒集团、中国全民阅读媒体联盟联合举办了第五届"大众喜爱的阅读新媒体号"推荐活动。这是在前 4 届"大众喜爱的 50 个阅读微信公众号"推荐活动的基础上，以发挥优秀阅读类微信公众号在阅读推广领域中的引领示范作用，深入研究入选新媒体号在网络上的传播情况与表现，2021 年发布了《技术赋能内容　数字提升传播——第五届"大众喜爱的阅读新媒体号"入选账号分析报告》。2022 年第六届"大众喜爱的阅读新媒体号"推荐活动在首届全民阅读大会上揭晓。自 2016 年活动第一次举办以来，共计推荐入选账号 390 个。

少儿阅读产业研究及评价体系初探

智库持续关注少儿阅读领域并推出系列报告，为少儿阅读工作的开展提供行业分析与数据监测，为少年儿童和家长推荐优质内容咨询，努力塑造成为少儿阅读领域"成长风向标"，助力出版业、全民阅读事业与媒体融合发展向纵深推进。2020 年 5 月，智库发布《全民阅读视角下的少儿阅读观察》，目前，该报告已被新华社翻译成英文向海内外发布和传播，受到了广泛关注。2022 年，智库还重点开发与建设少儿阅读评价体系——少儿阅读指数，从"个人属性""区域属性""阅读程度""可用性"四个方面进行评价，全民阅读与融媒体智库致力于发挥自身优势，基于大数据与人工智能技术，建构起一套科学严谨的少儿阅读评价体系，使其成为推动中国少儿阅读事业扬长补短、持续成长的一项切实行动。

第三节　启示与思考

从 2006 年起，各地各部门开展了诸多形式多样、内容丰富的阅读活动，特别是党的十八大以来，全民阅读活动不断深入，社会影响日益深远。在这样的全民阅读热潮下，如何最大限度地盘活现有社会资源、激励各责任主体参与到建设书香社会中来，构筑起科学持久、多元高效的动力机制，营造出全民阅读的新生态系统，又该如何有效地驱动系统，持续监测和评估阶段性全民阅读的工作效果。

2012 年 3 月，全国政协委员、韬奋基金会会长聂震宁在"两会"期间，联合 13 位全国政协委员，提出了《关于将城市阅读指数纳入文明城市指标体系的建议》的提案，阅读指数进入社会公众视野。阅读指数可以全面反映一个城市、一个地区乃至一个国家全民阅读工作的总体水平，也可以反映居民个人阅读状况，反映阅读设施、阅读环境现状，具有综合性、整体性的特点。原国家新闻出版广电总局在 2016 年出台的《全民阅读"十三五"时期发展规划》中明确指出，应建立书香社会指标体系，定期开展全国国民阅读调查，建设全民阅读监测体系，监测全民阅读发展水平、阅读服务公众满意度、阅读服务标准实现程度；对全民阅读活动和工程效果进行第三方测评，收集群众反馈意见，对活动进行科学评估。

近年来，各级政府和行业组织相继开展对书香社会构建进行动态跟踪与质量监督，研究构建各类科学合理的书香社会综合指标体系，用以确保书香社会的顺利建设。这些评价方法有的叫阅读指数，有的叫指标体系，都是试图对阅读活动进行综合评价。已有的指标体系具有不同的特色，一部分指标体系侧重于"创建"指标，即关注"怎样去做"的创建问题，例如张家港市"书香城市"建设指标体系；也有一部分指标体系则侧重于"评价"指标，即关注"现状如何"的评价问题，例如深圳市阅读指数指标体系。还有一部分指标体系采用了对阅读方和供给方综合测评的指标体系框架，即对阅读供给包括设施与服务水平以及个人的阅读状况进行评测，例如中国新闻出版研究院研制的国民阅读指数。此外，还有的指标体系则只将阅读供给作为评测的主要内容，例如南京大学的书香社会综合指标体系，涉及体制机制、资金资源、组织人员、阅读行为表现、阅读资源绩效等 5 个维度 132 项指标，侧重从政府角度出发对阅读状况进行评价。

案例分别从县级市、省会城市和经济特区三个城市层级介绍指标体系设计特点，三套指标体系共性和差异性并存。

在阅读设施方面，主要分两大类，一类是公益性阅读设施，另一类是经营性阅读设施。三套指标体系都涉及了这两类阅读设施，但武汉市的"指标体系"在"设施设置率"二级指标中增加了"军警营图书馆"这一指标，还增添"十佳阅读场所"作为特色指标，首次提出了"Wi-Fi覆盖"，扩充了电子阅读设施的测量范围。在"阅读组织"二级指标中提出了"十佳青年书香号""十佳书友会""十大阅读基地""十佳阅读推广人"等特色指标，丰富了阅读设施中人性化指标的设置。

在阅读资源指标选取方面，三套指标体系都是以各阅读设施的阅读资源为测量对象，并使用总藏书量、人均藏书量、人均新增藏书量作为测量内容，同时设置数字资源的相关指标，达到全面反映信息时代阅读资源多样化的目的。其中，"深圳阅读指数指标体系"设置了报纸、期刊和图书这三类阅读资源的销售量，也是地方构建阅读指标体系中第一次将出版物资源作为测量内容。"深圳阅读指数指标体系"把"家庭藏书量"设置在"阅读行为与认知"一级指标下，同时提出"阅读认知"指标，加强对公众阅读意识的考察。

在阅读保障指标选取方面，三套指标体系涵盖的共同指标主要有政策、人才、经费、组织等。区别之处在于张家港市"书香城市"建设指标体系里只包括了组织保障、经费保障和人才保障3个指标，未设置"政策保障"。"深圳阅读指数指标体系"虽然没有设置"政策保障"，但增加了"阅读推广人"指标以及报业、广播电视等媒体支持指标。"武汉市全民阅读综合评估指标体系"将"政策指导""组织领导"和"专家指导"划分到了"政策保障"这一指标之下。

在阅读环境（阅读宣传、阅读服务和阅读氛围营造）指标方面，"深圳阅读指数指标体系"虽然没有设置"阅读环境"这一指标，但在"阅读支持与保障"中增加了相关的阅读活动指标和不同媒体的阅读报道时长指标。

在阅读成效指标方面，三套指标体系设置方式各有区别，但在具体内容上也有共同点。总体而言，主要包括对各类阅读设施的利用情况、图书消费情况、公众满意度、阅读活动参与率以及对个人阅读能力的测量。

国民阅读指数与全国国民阅读调查。全国国民阅读调查项目作为一项大型社会阅读调查，本项目连续 20 多年从未间断，这在全世界阅读界都是十分突出的。1999—2006 年期间开展的前四次国民阅读调查是由中国新闻出版研究院自筹经费、每两年开展一次。从 2007 年开始，全国国民阅读调查项目正式获得国家财政部专项经费支持，调查频次由每两年一次调整为每年一次。由此，全民阅读调查工作获得了巨大的提升和进步。20 多年来，阅读的社会环境发生了巨大的改变，全民阅读成为基本国策写入了党的文件、国家法律及政府的报告，形式多样的阅读活动绵延不绝，国民阅读调查的推动作用是不能忽视的。

纵观国际全局，多种形式鼓励国民阅读的政策，已经成为各国推动社会及文化发展的一种基本策略。指标体系建立之后，在一定程度上明确了书香社会构建的主要任务，同时也可以作为一种绩效，检视一定阶段我国书香社会或者书香城市的发展状态。在具体操作中，各类指标体系呈现"提出—质疑—修正"的循环模式，这一方面考虑到"书香社会"本身就是一个浩大且复杂的系统工程，依然处于发展初期，各方理论与数据都不成熟；另一方面指标体系的全面性和科学性设置受人为主观因素影响难免出现纰漏。很有必要加强社会阅读的调研、评估和考核机制建设，为全民阅读、推广阅读提供动力。相信随着阅读推广、构建书香社会政策的进一步落实，实践积累将继续促使理论研究的进步，推动全国书香社会综合指标体系和有关调研评估、考核机制建设的发展与完善。

参考文献

习近平：《在中国共产党第十九次全国代表大会上的报告》，人民出版社 2017 年版。

文化部图书馆事业管理局：《列宁论图书馆事业》，书目文献出版社 1984 年版。

［新西兰］史蒂文·罗杰·费希尔：《阅读的历史》，李瑞林等译，商务印书馆 2009 年版。

［法］罗杰·夏蒂埃：《书籍的秩序》，吴泓缈，张璐译，商务印书馆 2013 年版。

戴联斌：《从书籍史到阅读史——阅读史研究理论与方法》，新星出版社 2017 年版。

［美］戴维·迈尔斯：《社会心理学》，侯玉波，乐国安，张智勇等译，人民邮电出版社 2014 年版。

蒋多，杨矞：《互联网时代的阅读产业》，知识产权出版社 2016 年版。

柳斌杰：《阅读是个大学问》，《人民日报》2018 年 10 月 2 日。

中国新闻出版研究院，江苏省全民阅读办：《国外全民阅读法律政策译介》，译林出版社 2014 年版。

黄晓新等：《阅读社会学——基于全民阅读的研究》，人民出版社 2019 年版。

［法］弗雷德里克·巴比耶：《书籍的历史》，刘阳等译，广西师范大学出版社 2005 年版。

郑杭生：《社会学概论新修（第四版）》，中国人民大学出版社 2013 年版。

陈正宏，谈蓓芳：《中国禁书简史》，学林出版社 2004 年版。

王龙：《阅读研究引论》，天马图书有限公司 2003 年版。

黄晓新：《读者阅读需要及其社会保障》，《图书情报知识》1988 年第 3 期。

黄晓新：《阅读的社会控制：概念、目标、缘由和内容》，《出版发行研究》2021 年第 4 期。

黄晓新：《试论全民阅读的社会学研究——兼论阅读社会学》，《出版发行研究》2017 年第 6 期。

于殿利：《阅读是一种责任》，《光明日报》2015 年 4 月 21 日。

冉华，钟娅：《数字时代社会化阅读的价值再创与反思》，《出版发行研究》2019 年第 9 期。

王余光，汪琴：《中国阅读通史（理论卷）》，安徽教育出版社 2017 年版。

谢培：《清末和民国时期上海的识字扫盲教育》，《成才与就业》1996 年第 4 期。

中国新闻出版研究院全国国民阅读调查课题组：《第十八次全国国民阅读调查主要发现》，《出版发行研究》2021 年第 4 期。

张婷，徐雁：《阅读社会学对全民阅读的启示意义——评〈阅读社会学：基于全民阅读的研究〉》，《图书馆杂志》2019 年第 11 期。

全国农家书屋工程协调小组办公室编：《农家书屋管理员使用手册》，人民出版社 2011 年版。

《让书箱走得更远，让乡村流溢书香——首届乡村阅读推广论坛 12 月 7 日在北京举办》，平度政务网，2018–12–10. http://www.pingdu.gov.cn/n2/n766/ n767/n770/181210160541235512.html。

郝敏：《对公共图书馆创建阅读品牌的几点思考——以湖北省"长江读书节"为例》，《新世纪图书馆》2017 年第 4 期。

韩晓玲：《长江读书节举办 2.3 万场活动 入选全国全民阅读优秀项目推介名单》，《湖北日报》2022 年 1 月 27 日。

中国妇女报全媒体记者：《不止阅读，共同成长——全国家庭亲子阅读活动成效明显》，《中国妇女报》2021 年 4 月 23 日。

刘建华：《论阅读的社会心理》，《出版发行研究》2017 年第 2 期。

冯迎霜：《刘慈欣〈三体〉系列海外传播成功动因探析》，《名作欣赏》2022 年第 18 期。

吴瑾瑾：《中国当代科幻小说的海外传播及其启示——以刘慈欣的〈三体〉为例》，《山东大学学报（哲学社会科学版）》2021 年第 6 期。

刘舸，李云：《从西方解读偏好看中国科幻作品的海外传播——以刘慈欣〈三体〉在美国的接受为例》，《中国比较文学》2018 年第 2 期。

薛晓萍：《大道至简 银龄阅读推广之路》，《新阅读》2022 年第 7 期。

鲁艳敏：《关注老年阅读 关爱老年生活》，《新阅读》2022 年第 7 期。

杨浩瀚：《增强现实 AR 技术在实体书店阅读空间中的应用》，《丝网印刷》2022 年第 18 期。

黄连才：《在与书的相遇中，爱上苏州慢书房》，《新阅读》2019 年第 9 期。

杜恒波，朱千林：《新媒体环境下独立书店品牌形象塑造与传播策略——以苏州"慢书房"为例》，《出版发行研究》2016 年第 9 期。

张舰戈：《明清通俗小说的发展及启示》，《史学理论研究》2021 年第 6 期。

纪德君：《以传播学视角诠释〈金瓶梅〉研究中的新问题》，《河北学刊》2021 年第 4 期。

［美］罗伯特·达恩顿：《拉莫莱特之吻：有关文化史的思考》，萧知纬译，华东师范大学出版社 2011 年版。

［美］林·亨特：《新文化史》，姜进译，华东师范大学出版社 2011 年版。

郭畅，赵俊玲：《巴特勒阅读思想评析》，《山东图书馆学刊》2018 年第 4 期。

赵一丹：《〈哈利·波特〉对中国儿童文学的影响》，《湖南师范大学》2019 年硕士学位论文。

李武，谢泽杭：《社会化阅读的概念生成、发展演变及实践影响》，《现代出版》2022 年第 5 期。

张江：《作者能不能死》，《哲学研究》2016 年第 5 期。

于殿利：《商务精神 文化动力》，《出版发行研究》2020 年第 2 期。

杨剑龙：《商务印书馆与中国现代文学》，《东方论坛》2021 年第 6 期。

于殿利，沈世婧：《理解出版的本质 才可立于不败之地》，《教育传媒研究》2017 年第 3 期。

刘瑞龙：《出版社阅读推广策略探索——以商务印书馆阅读推广实践为例》，《出版参考》2023 年第 2 期。

王勤，祝小霖：《乡村阅读推进论坛暨 2022 "新时代乡村阅读季"启动仪式举行》，《中国新闻出版广电报》2022 年 4 月 25 日。

王京生，樊希安，尹昌龙：《全球全民阅读典范城市：为什么是深圳？》，《深圳特区报》2021 年 8 月 20 日。

徐雁，陈哲彦：《挥别"文化荒漠"，营造"书香之都"——在创意创新中发展的"深圳读书月"活动》，《出版广角》2021 年第 12 期。

谢晓如，封丹，朱竑：《对文化微空间的感知与认同研究——以广州太古汇方所文化书店为例》，《地理学报》2014 年第 2 期。

李金正，闫伟峰：《试论民营实体书店的消费美学救赎——方所书店的一个理论启示》，《出版科学》2014 年第 5 期。

侯宏虹：《阅读社交与自我呈现——实体书店的读者引导与营销策略研究》，《编辑之友》2018 年第 1 期。

张静：《 中国古典诗词的当代传承——以诗情滋养心灵》，《人民日报》2021 年 6 月 11 日。

《把中国文明历史研究引向深入 推动增强历史自觉坚定文化自信》，《人民日报》2021 年 5 月 29 日。

佘惠灵，宫丽颖：《社会化媒体时代数字阅读平台价值共创模式探究》，《出版发行研究》2020 年第 11 期。

吴赟：《阅读的嬗变：新媒体阅读的多维考察》，中国人民大学出版社2022 年版。

岳鸿雁，戴力农，于钊：《有声阅读平台用户的电子空间认知特征研究——以喜马拉雅 FM 为例》，《 出版发行研究》2022 年第 2 期。

习子伦：《吉林省全民阅读协会：让阅读推广人无处不在》，《中华读书报》2022 年 5 月 11 日。

张荣明，纪会：《推动全民阅读建设"书香山东"》，《新阅读》2018 年第 6 期。

朱永新：《中国中小学师生学科阅读书目》，《中国教育报·读书周刊》，2020 年 10 月 21 日。

刘江波：《人民出版社读书会在主题阅读中的引领作用》，《新阅读》2019 年第 11 期。

董云平：《"我是你的眼"公益助盲行动启动》，《黑龙江日报》2019 年 4 月 16 日。

李肖：《我国盲人阅读资源及阅读推广现状》，《新世纪图书馆》2013 年第 5 期。

焦建俊：《奋力书写书香社会建设的江苏答卷》，《新阅读》2021 年第 10 期。

王京生：《让城市因热爱读书而受人尊重：阅读与城市发展》，海天出版社 2019 年版。

唐汉隆：《深圳全民阅读发展报告（2022）》，海天出版社 2022 年版。

储节旺，夏莉：《图书馆文旅融合现状、问题及对策研究》，《国家图书馆学刊》2020 年第 5 期。

王亦君：《北京阅读季的社会力量发动途径——试论全民阅读整合资源的方式和模式》，《科技与出版》2019 年第 8 期。

胡鹏：《"北京阅读季"的经验与启示》，《人民论坛》2015 年第 7 期。

苗美娟：《我国全民阅读地方性立法的内容解读及特点分析》，《图书情报工作》2020 年第 23 期。

徐同亮：《江苏全民阅读立法经验与启示》，《科技与出版》2017 年第 12 期。

王坤宁，李婧璇：《赢在明天——〈江苏省人民代表大会常务委员会关于促进全民阅读的决定〉出台纪实》，《中国新闻出版广电报》2015 年 1 月 6 日。

曹建，殷晓阳：《"中国好书"榜的传播学分析》，《中国图书评论》2020

年第 9 期。

本刊编辑部:《为好书寻找读者 为读者发现好书——中国图书评论学会每月推出"大众好书榜"》,《中国图书评论》2014 年第 5 期。

谢锦:《从"中国好书"看当代文学出版的时代性》,《编辑学刊》2021 年第 4 期。

武晓丽:《大众图书出版的观念转型研究——基于"中国好书"获奖作品的实证研究》,《编辑之友》2019 年第 12 期。

张婧:《我国阅读推广人培育机制研究述评》,《河南图书馆学刊》2021 年第 11 期。

张章:《阅读推广人培训的现状与展望——以中国图书馆学会阅读推广人培育行动为例》,《图书馆杂志》2016 年第 8 期。

王余光:《书外賸语:〈阅读推广人系列教材〉的编纂》,《图书馆杂志》2016 年第 4 期。

黄晓新:《这是书香社会:全民阅读评估指标体系之我见》,《中华读书报》2019 年 10 月 9 日。

责任编辑：宰艳红

封面设计：吴燕妮

图书在版编目（CIP）数据

书香中国：全民阅读经典案例评析／黄晓新主编；
刘建华，屈明颖副主编 . -- 北京：人民出版社，2025. 9.
ISBN 978－7－01－027376－1

I. G252.17

中国国家版本馆 CIP 数据核字第 202536U4M4 号

书香中国：全民阅读经典案例评析

SHUXIANG ZHONGGUO: QUANMIN YUEDU JINGDIAN ANLI PINGXI

黄晓新　主编　刘建华　屈明颖　副主编

人民出版社 出版发行
（100706　北京市东城区隆福寺街 99 号）

北京中科印刷有限公司印刷　新华书店经销

2025 年 9 月第 1 版　2025 年 9 月北京第 1 次印刷
开本：710 毫米 ×1000 毫米　1/16　印张：19.25
字数：250 千字

ISBN 978－7－01－027376－1　定价：98.00 元

邮购地址 100706　北京市东城区隆福寺街 99 号
人民东方图书销售中心　电话（010）65250042　65289539